教育部哲学社会科学重大攻关课题攻关项目“中国海洋发展战略研究”
（03JZD0024）结项成果之一
教育部人文社科重点研究基地中国海洋大学海洋发展研究院资助
中澳海岸带管理中心资助

中国海洋法制建设战略研究

马英杰 等　著

海洋出版社
2014年·北京

图书在版编目（CIP）数据

中国海洋法制建设战略研究/马英杰等著．—北京：海洋出版社，2014.12
ISBN 978－7－5027－9016－5

Ⅰ.①中…　Ⅱ.①马…　Ⅲ.①海洋法－研究－中国　Ⅳ.①D993.5

中国版本图书馆 CIP 数据核字（2014）第 294423 号

责任编辑：任　玲　杨传霞
责任印制：赵麟苏
海洋出版社　出版发行
http://www.oceanpress.com.cn
北京市海淀区大慧寺路 8 号　邮编：100081
北京华正印刷有限公司印刷　新华书店北京发行所经销
2014 年 12 月第 1 版　2014 年 12 月第 1 次印刷
开本：787 mm×1092 mm　1/16　印张：16
字数：350 千字　定价：78.00 元
发行部：62132549　邮购部：68038093　总编室：62114335

“中国海洋发展战略研究”（03JZD0024）

结项成果

《中国海洋发展战略的历史与借鉴》	田其云 等
《中国海洋管理：运行与变革》	王　琪 等
《中国海洋法制建设战略研究》	马英杰 等
《海洋与社会协调发展战略》	崔　凤　唐国建

《海洋战略研究文库》总序

收入《海洋战略研究文库》的文稿大都是“中国海洋发展战略研究”大课题的各子课题的研究成果。“中国海洋发展战略研究”是教育部设立的“人文社会科学重大攻关招标课题”（项目批准号：03JZD0024；项目合同号：03JZDH024；批准时间：2003 年 11 月）首批课题之一。

对我国海洋事业的高度责任感促使我毅然承担这个课题。“海洋世纪”应当是海洋对人类的文明进步，对中华民族的繁荣昌盛贡献更加丰盛，作用更加无可替代的世纪，也应当是海洋科学学者、海洋人文社会科学学者为世纪航船规划航路、清理航道、控制航速、确保航行安全的伟大时代。

对我国海洋事业重要性的认识推动我和我的合作者坚定地实施课题研究。寻求民族复兴、实现和平崛起、抓住战略机遇期，这是一幅以海蓝为重要底色的伟大蓝图。《国务院关于国家海洋事业发展规划纲要的批复》（国函〔2008〕9 号）指出：“海洋问题事关国家根本利益。发展海洋事业对保障国家安全，缓解资源环境瓶颈制约，拓展发展空间，推动我国经济社会发展意义重大。”这是中央政府的声音，是激荡在新中国上空的如号角一般的声音，对于课题组成员来说是入于耳而铭刻于心的声音。

海洋是流动的，海洋也是历史的，在这个“时空”中展开的发展战略研究注定是一个浩繁的、复杂的、系统的和宏大的工程。空间、资源、主权、通道、环境、国际关系、历史与现状、开发与保护相交织；促进、依赖、竞争、合作多种关系，和平、发展、保护、军事斗争等多个主题，此起彼伏、消长时异。这些都是挑战，从而也就是海洋发展战略研究的重大意义之所在。

“中国海洋发展战略研究”课题的设计领域是全方位的，经济、政治、文化、社会、军事、科技、管理、法制都在规划方案之中，但课题的具体实施是局部的，比如，关于经济、政治、文化、社会的研究，关于军事、科技、管理、法制的研究等。尽管我们力图全面回答我国海洋发展战略的所有问题，但课题的子课题设计及它们自身的规定性、课题的设计条件和课题组实际拥有的条件等，决定了我们的答案又常常陷入局部而难以作全局性超拔。

课题的设计目标是解决中国的问题，中国海洋事业发展中的问题，为了中国海洋事业的发展而提出的问题，而课题的研究是在国际参照系下展开的。《联合国海洋法公约》《21 世纪议程》等国际法律文件，《日本海洋基本法》《加拿大海洋法》《美国海洋行动计划》等国外海洋法律和政策文件，《海权论》《美国海洋政策》《海底政治》《亚太地区的海洋政策》等学术著作既是我们的研究对象，也是我们判断中国海洋事业发展的得失、审验我们提出的或接受的关于中国海洋发展战略的某些结论的依据。

我们的研究工作跨越了好几个年头。这项持续多年的研究工作是在与国家海洋局海洋发展战略研究所、第一海洋研究所、第二海洋究所和第三海洋研究所，中国社会科学院法学研究所，山东省海洋经济研究所，海南南海研究院等研究单位不断交流研究信息，与北京大学、吉林大学、厦门大学、上海交通大学、中国政法大学、东北师范大学、大连海事大学、辽宁师范大学、福建师范大学等高等院校的专家学者不断交流研究心得的过程中展开的，是在有机会学习《中国海洋21世纪议程》《中国海洋政策》《国家海洋事业发展规划纲要》《海洋开发战略研究》《中国海情》《中国海洋发展报告》《中国海洋事业发展政策研究》等著作和文件的条件下向前推进的。与其说是课题组完成了这个巨大的课题，毋宁说是课题组在国内许多专家、学者和官员们的支持和帮助下取得了阶段性的胜利。

支持我使用“胜利”这个词的是课题组的团队力量。参与课题策划的庞玉珍、戴桂林、张广海、韩立民等，课题实施过程中我的主要合作者栾维新、季国兴（已故）、傅崑成、刘中民、曲金良、崔凤、王琪、马英杰、田其云等，他们对课题研究倾注了心力，课题成果浸透了他们的智慧。

徐祥民

2014年8月16日于青岛海滨寓所

目　　次

引 言

谈战略，人们容易联想到军事、政治、经济等，因为这些领域都存在“走一步看三步”，甚至看五步的必要性，成败也常常取决于三步、五步的长远规划是否科学合理。法制也有战略问题吗？我国立法机关曾制定立法规划，现在全国人大及其常委会的一些立法活动也都是按照立法规划实施的，但似乎没有“制定”过法制发展战略，好像也没有“讨论”过法制战略的问题。法制建设可以提高到战略的高度来认识，一个国家需要建立自己的法制发展战略吗？我们的回答是肯定的。

一、从立法方面看海洋法制建设战略

在不加特别说明的情况下，人们谈法制建设常常把更多的注意力放在立法上，把法制建设视同立法建设。即使是这样，海洋法制建设也需要做战略思考。立法并非与战略无缘。仅仅从立法方面来看，海洋法制建设也并不排斥战略安排。

法制可以随政治、经济、社会、文化等的发展而取得伴随性的进步，也就是立法“反映”国家的意志、人们的意愿，而意愿来自于政治、经济、社会等更深层的需要。如果说这是法制发展的常规的话，那么，法制建设也可以走“前瞻性”发展的道路——不是跟在具体的生活实践的后面，不是简单地对已经发生的社会状况加以规范，而是按照某种思路建设，走在实践的前面，引导社会的经济、政治、文化等的发展。让我们回顾一下 1978 年形成的一段文字：

为了保障人民民主，必须加强社会主义法制，使民主制度化、法律化，使这种制度和法律具有稳定性、连续性和极大的权威，做到有法可依，有法必依，执法必严，违法必究。从现在起，应当把立法工作摆在全国人民代表大会及其常务委员会的重要议程上来。检察机关和司法机关要保持应有的独立性；要忠实于法律和制度，忠实于人民利益，忠实于事实真相；要保证人民在自己的法律面前人人平等，不允许任何人有超越于法律之上的特权。[①]

这是什么？这是在经历了10年的“文革”之后，在饱尝了“无法无天”的社会状态带来的痛苦之后，一个政党代表国家发表的法制建设战略规划，一个虽然可以立即实施但却绝非可以一蹴而就的长期建设工程。正是因为有了这一次战略安排，才有了我国法制建

---

① 《中国共产党第十一届中央委员会第三次全体会议公报》，《三中全会以来重要文献选编》，人民出版社，1982 年版，第 11 页。

设30多年所取得的伟大成就，才使这个过程中发生的各种不利于法制建设的障碍和阻力得以克服。当人们今天感受社会主义法治国家带来的安全、稳定、各项事业的发达的时候①，我们应当记住1978年的法制建设战略。

海洋法制是一国（这里主要是指沿海国家）法律制度的一个重要组成部分，它也需要在一定的战略安排下开展建设。而在今天，在我国，研究和制定海洋法制战略还有其特殊的需求。②

第一，这是落实依法治国建设社会主义法治国家的治国方略的需要。如果说1978年党的十一届三中全会确立了“加强社会主义法制”的法制建设战略，那么，1999年的宪法修正案明确提出“依法治国建设社会主义法治国家”的治国方略，则是一个更加具有长久战略意义的大计方针。这一方略的确立给我国的法制建设以强劲的动力，使我国的法制建设进入了一个新的高潮期。应该说，不管是1978年以后的20年中，还是1999年以后的10余年中，涉海法律法规建设都取得了重大的成就。比如，1982年正式颁布《中华人民共和国海洋环境保护法》（以下简称《海洋环境保护法》），此后陆续颁布实施了一批与《海洋环境保护法》配套的条例。再如，1999年颁布《中华人民共和国海事诉讼程序法》、2001年颁布《中华人民共和国海域使用管理法》（以下简称《海域使用管理法》），等等。但是，仅仅这些成就还不能说已经充分落实了建设社会主义法治国家的方略。在海洋法制建设上，我们还有更多的工作要做，而且为了做好这项工作，需要把它提高到战略的高度，做出战略性的安排。

如果考虑到我国法制建设整体水平不高的情况，就更应该把海洋法制建设当成我们的战略任务。《中国21世纪议程》认为：

中国与可持续发展有关的立法尚面临着新的挑战：（a）中国可持续发展领域的法规体系尚待进一步完善，使环境保护与经济发展相协调的原则得以更充分、更全面的体现；（b）为适应中国社会主义市场经济体制的建立，对已有的与可持续发展有关的立法进行调整完善，引入符合市场经济规律和市场机制要求的法律调整手段；（c）地方立法需要进一步加强，使全国性的法律、行政法规确定的可持续发展原则在各地区得到有效的实施；（d）随着中国逐步加入国际经济大循环，在与可持续发展有关的立法以及技术规则和标准的制定中，中国需要尽快与国际立法和惯例接轨；（e）中国加入的有关可持续发展的国际

---

① 尽管人们对我们目前的法制状况还不是十分满意，事实上我国的法制建设中可能还存在这样那样的问题，比如发生在司法机关职司范围内的执行难问题，但这些不能说明我们的法制建设战略没有成就，相反，这说明法制建设绝不是一件容易做好的事情。在目前已经取得的成就的基础上，它还需要更长期的建设、更艰苦的努力才能取得让全社会满意的成效。而这一点更充分地说明，国家应当有自己的法制发展战略。

② 事实上，海洋法制建设已经是我国可持续发展战略的组成部分。《中国21世纪议程》第二章《中国可持续发展的战略与对策》第22条规定：“确立《中国21世纪议程》的国家战略地位，并将其逐步纳入各级国民经济和社会发展计划，积极推进实施。”而在这个具有“国家战略地位”的《议程》中规定的“可持续发展法律、政策体系”（第二章第14条）中就涉及海洋法律法规建设任务。

公约，需要通过国内立法和国家行动计划予以实施。[①]

这种情况在海洋法制建设方面表现得尤为突出。[②]

第二，顺应海洋世纪的要求，我们应当用战略的眼光看待海洋法制建设。21世纪是海洋的世纪，对这一点，已经达成共识。面对这样一个新的世纪，世界上许多沿海国家都相继制定了自己的海洋政策，对开发和保护海洋等活动采取了政治、经济、法律等措施。21世纪伊始，美国便发布了《2000年海洋法令》，设立海洋政策委员会，负责研究“综合的国家海洋政策”问题。[③] 该委员会于2004年9月20日向美国政府提交了以《美国21世纪的海洋蓝图》为题的政策建议书。此后，美国政府于同年12月17日发布了《美国海洋行动计划》政策报告，为一个“海洋大国”[④]“确定”“在海洋政策上要采取的行动”，包括“当前和短期内”的“行动”和“长期行动”。[⑤] 日本更是对海洋世纪的到来做出了积极的反应。《日本海洋基本法》的正式颁布充分表达了日本国家对海洋事务的积极态度。我国也是沿海大国[⑥]，对海洋世纪的到来也有明确的认识，并为迎接这个世纪的到来做了一系列政策、制度等方面的准备。《中国21世纪议程》在“自然资源保护与可持续利用”一章中有关于“海洋资源的可持续开发与保护”的规定。而《中国海洋21世纪议程》的制定更是对中国满怀信心地迎接新世纪的态度的充分表达。如果我们接受“海洋政策和法律是国家海洋执政的依据”[⑦] 的判断，那么，国家迎接海洋世纪，积极开展“海洋执政”就应该落实为对海洋政策和法律制定的重视。而对于我国这样一个法制建设还不十分健全的国家来说，就应该落实为对海洋法制建设的战略安排。事实上，《中国21世纪议程》制定了“可持续发展的战略与对策”，并且规定了涉及海洋法律法规建设在内的“健全法

① 《中国21世纪议程》第三章第7条。

② 《中国21世纪议程》提出的立法任务包括“根据可持续发展原则修订完善现行资源管理法律法规，并着手研究制订自然资源合理利用的法律，如资源综合利用法、节能法、野生植物资源保护法、海岸带法、海域使用管理法、海洋资源开发基本法、基本农田保护条例等”（第三章第10条）。十几年过去了，这些立法也没有完全建立。即使建立了，在今天看来，离健全的海洋法制还有相当大的距离。

③ 美国皮尤委员会编，周秋麟、牛文生等译：《规划美国海洋事业的航程》，海洋出版社，2005年版，第11－12页。

④ 美国皮尤委员会用语。见美国皮尤委员会编，周秋麟、牛文生等译：《规划美国海洋事业的航程》，海洋出版社，2005年版，第10页。

⑤ 《美国海洋行动计划》“引言”。

⑥ 国家海洋局编制的《中国海洋政策》称“中国是一个发展中的沿海大国”。国家海洋局：《中国海洋政策》，海洋出版社，1998年版，第1页。

⑦ 美国皮尤委员会编，周秋麟、牛文生等译：《规划美国海洋事业的航程》，海洋出版社，2005年版，第3页。

制，强化管理，运用法律和必要的行政手段保证可持续发展”的战略安排。[①]

第三，《联合国海洋法公约》实施带来的国际海洋法律发展要求我们对海洋法制建设给予更高度的重视。《联合国海洋法公约》是应全球各国，尤其是沿海各国分割海洋利益的需要而诞生的，而它的生效带来的是有关各国以它为依据，或利用它的规定中的某些空间谋求本国的利益，以立法、声明等形式争取更大的海洋利益。国内海洋法的建设一时成了沿海一些国家主张或者扩张海洋利益的手段。[②] 在这种国际形势下，为了维护我国的海洋利益，我们应该加强海洋法制建设，应该在有针对性地研究相关国家海洋立法、研究各国海洋立法发展趋势的前提下提出我们的海洋法制建设对策。

第四，我国的许多海洋政策需要转化为海洋法律。我国先后制定过《中国海洋政策》（1998 年）、《海洋强国战略》（2001 年）等政策性文件，提出了一系列海洋发展政策和海洋发展战略构想，其中不乏高瞻远瞩之论，对指导我国海洋事业的发展也起到了一定的作用，但由于没有法制化、定型化，或者说法律属性不明确，所以不具有强行性效力，不能得到很好的贯彻实施。[③] 最能说明这一问题的一点是，到目前为止，我国海洋法律法规，或者说涉海法律法规，没有一个共同的指导思想，从这些法律文件中看不到国家基本海洋政策的统帅作用。要改变这种状况，要使我国的基本海洋政策或者海洋发展战略发挥广泛的指导作用，产生持续性的规范效力，必须把政策层面的海洋战略转化为法律。而这个转化过程也许并不是很容易完成的。这不仅是因为把政策转化为更具规范性的法律从来都不是一件容易的事，还因为我国法制的整体水平还不够高。

二、从执法能力建设看海洋法制建设战略

毫无疑问，法制建设绝非仅指立法建设。“徒法不足以自行”的古训早已告诉我们，法制建设的重要方面是如何把“已公布的法律”[④] 付诸实施。如果说立法需要一个由不完善到完善的过程，而这个过程的客观存在给“战略”留出了展示的时间，那么，如何把已

---

① 《中国 21 世纪议程》第二章《中国可持续发展的战略与对策》第 17 条规定：“健全法制，强化管理，运用法律和必要的行政手段保证可持续发展：（a）建立可持续发展法律体系，并注意与国际法的衔接；（b）在进行政府机构改革和经济体制改革中，把强化自然资源和环境保护工作作为各级政府的一项基本职能；（c）建立健全科学的环境保护法规体系和标准体系，严格执法，完善和推行行之有效的管理制度和措施；污染防治逐步从浓度控制转变为总量控制，从末端治理转变到全过程防治；认真制定和监督执行环境保护的规划计划；强化环境统计和监测体系，逐步建立全国的环境信息网络，及时准确地掌握环境质量和污染动态；加强环境保护机构的建设，组织业务培训，提高决策管理者的素质；广泛深入地开展环境保护的宣传教育活动，普及环境科学知识，提高全民族的环境意识。”

② 傅崐成先生曾对陆地资源和海洋资源在归属上的不同作过对比：“海洋上的资源，一方面开发仍少，另一方面其归属仍然不很明确，容许大家合理地争取。”（见傅崐成：《海洋管理的法律问题·序言》，文笙书局，2003 年版）这大概就是沿海各国在海洋上开展争夺的原因。

③ 需要说明的是，即使是《中国 21 世纪议程》、《中国海洋 21 世纪议程》这样的文件，虽然可以说具有法律文件的必要特征，但法律约束力却不很明显。这是一个有待从理论上加以说明的问题。在实践中，人们似乎也应该改变对它们的态度。

④ 亚里士多德把法治的基本要件归结为“已公布的法律得到普遍的实行”。参见拙作《文化基础与道路选择——法治国家建设的深层思考》，法律出版社，2004 年版，第 3－10 页。

经公布的法律付诸实施对于国家来说，同样也需要有一个逐渐“完善”的过程，而这个过程可供战略家展示才华与国家经济建设过程可以为经济发展战略提供舞台，其道理是一样的。在以往的法制实践中，客观上存在国家执法能力逐步加强的过程，而从建设的角度看问题，国家的执法能力建设需要在恰当的战略的指导下展开。而在今天这个海洋的世纪里，海洋执法能力建设当然应该列入国家法制建设的战略之中，不仅要有明确的战略设计，而且应随时把战略设计变成能力建设的行动。

海洋执法能力建设是一项复杂的系统工程，不仅内容丰富，而且建设难度极大。

第一，执法队伍建设。司法需要审判人员队伍，检察需要检察人员队伍，诉讼制度的完善还需要相应的律师队伍；在刑事诉讼中还需要承担起诉准备任务的侦查、预审等队伍，有罪判决后还需要执行队伍，这些队伍的建设不是可以一蹴而就的。同时，队伍建设不只是添加人员的问题，这一建设的重要方面是人员的知识结构、专业结构、年龄结构、职业经验和业务能力提高等，而这些方面更不是靠“短平快”的办法所能奏效的。我国改革开放初期就大力发展的法学教育、培训，其中包括组织编写“统编教材”、组织全国范围的师资培训、对在职干部进行属于学历教育的培训等，可以看作是我国整个法制发展战略的一个组成部分。在公、检、法、司系统充实了必要的人员之后，国家组织“统一司法考试”，要求从事审判、检察等法律工作的人员都必须通过这种资格考试，这是提高法律职业队伍“执法”能力的一个重要举措。这可以看作是我国法制建设战略在执法能力建设上的一个新阶段。

海洋法制建设在执法队伍建设方面比一般行政执法更需要具有一点超前性的战略安排。这是因为海洋执法具有不同于一般行政执法的特点。比如，海洋执法人员必须具备一定的海洋知识，而这种知识不是人们在日常生活中可以自然习得的。再如，海洋执法人员应该具备全面的海洋法律知识，而不是环境法、国家权益法、矿产管理法、渔业资源管理法等某个特别领域的单一法律知识。[①] 这与陆地上的分科性的执法活动是不同的，而这种特殊性对执法人员的执法能力提出了更高的要求。显然，国家不能指望在短期内聚集起具有这种执法能力的强大队伍。又如，海洋执法具有涉外特点，而这一特点要求执法人员除了具有必要的法律知识之外，还必须具有涉外活动所必需的外语等能力。

第二，执法设施、装备、技术等的建设。马克思主义经典作家曾经把“监狱”等称为国家的“物质附属物”[②]。从法制建设的角度来看，国家不仅需要“监狱”这类具有“不动产”特性的设施，还需要车辆、戒具、刑事照相器材、用于探测分析涉案事物的仪器设备等装备，而在科学技术飞速发展的今天，执法技术也是执法的必要手段，有时甚至是关

① 统一海洋执法已经是不少国家行之有效的办法，我国也应朝这个方向发展。而统一执法对执法能力的要求显然高于多机关分别执法。

② ［德］恩格斯：《家庭、私有制和国家的起源》，载《马克思恩格斯选集》第4卷，人民出版社，1972年版，第167页。

键手段。这个方面的能力建设不只是要求拥有，即拥有车辆、设施、技术等，还要求发现、提高，比如提高对证据真实性的分辨能力，发现判断涉案事物之间因果关系的新方法等。

“拥有”不是一道命令便可实现的，因为不管是设施还是装备，都以经济能力为必要前提，“发现”更是难以良好愿望为转移。就像一定经济发展目标的实现需要用战略安排做保证一样，法制建设所需要的“拥有”和“发现”也应该按照一定的战略安排来谋求实现。

海洋执法所需要的设施、装备、技术要求远高于陆上执法。比如，没有大吨位的船舶便无法开展非近岸的海上执法，没有续航能力大的船舶，执法人员便难以行使紧追权，或者在公海上与海盗开展长时间的周旋。

第三，执法体制的建立与调整。执法是一定的国家机关系统统一协调运作的活动，不是单一机关按法律规范对具体行为做“对号入座”处理的简单操作。所以，执法能力建设不只表现为设置一定的机关，安排一定的人员，配备一定的装备、设施，还包括国家机关系统“统一协调运作”的体制、机制的建立和调整。这一建设任务不具有明确的指标特征，在大多数情况下不被人发现，甚至不被认可，但却是最为重要，也是最为艰难的。在存在体制或机制调整，尤其是体制变更任务的情况下，法制建设战略的意义就会显得十分重要。因为它涉及目标体制与现行体制的冲突，涉及不同国家机关体系之间、上下级机关、同一机关体系的不同职能部门之间权力、利益等方面的矛盾。

海洋执法不是可能遇到体制调整的问题，而是实际上已经面临着体制变革的需要。完成这个变革，以最小的代价实现建立更有利于海洋执法的体制的目标，不只是需要做战略安排，而是需要更科学的战略设计。

三、从法制建设与事业发展的统一看海洋法制发展战略

随着法制的不断进步，法律早已不再是尺度、权衡等简单的规范工具，而是与经济、社会、文化事业明显地融为一体，成为经济、社会发展的，尤其是经济发展管理的一个组成部分。经济、社会等的发展目标不再是独立于法律之外的目标，而是法律的要求，是由法律确定的目标；法律不再只是为实现独立于法律体系之外的经济的、政治的、社会文化的目标的手段，而是以经济、社会发展为内容的事业。恐怕没有谁怀疑由全国人民代表大会通过的“五年规划”的法律地位。每五年一次颁布的计划或规划纲要就是经济、社会事业与法律统一的法律文件。《“十五”规划纲要》第十五章第一节①规定：

组织实施重点地区生态环境建设综合治理工程，长江上游、黄河上中游和东北、内蒙古等地区的天然林保护工程，以及退耕还林还草工程。加强以京津风沙源和水源为重点的

① 第十五章是《加强生态建设，保护和治理环境》，其第一节是《加强生态建设》。

治理与保护，建设环京津生态圈。在过牧地区实行退牧，封地育草，实施“三化”草地治理工程。加快小流域治理，减少水土流失。推进黔桂滇岩溶地区石漠化综合治理。加快矿山生态恢复与治理。继续建设“三北”、沿海、珠江等防护林体系，加速营造速生丰产林和工业原料林。加快“绿色通道”建设，大力开展植树种草和城市绿化。加强自然保护区建设。保护珍稀、濒危生物资源和湿地资源，实施野生动物及其栖息地保护建设工程，恢复生态功能和生物多样性。“十五”期间，新增治理水土流失面积2 500万公顷，治理“三化”草地面积1 650万公顷。

这既是建设任务，也是法律，是法律规定的任务，是以任务为内容的法律。

我们也不应忽视《中国海洋21世纪议程》（以下简称《议程》）的法律地位，而这一文件也应当被理解为事业与法律的统一。《议程》第一章“战略和对策”第九条规定：“2000年前，海洋经济增长速度不低于15%，进入21世纪，增长速度略高于整个国民经济增长速度。采取各种有效措施，保护海洋的可持续开发利用，为实现国家总体战略目标做出应有贡献。2000年以后，逐步使海洋产业的产值，占国内生产总值的5%～10%，占沿海地区国内生产总值的20%～30%。海产食品占全国食品等价粮食的10%，工业用海水和大生活用海水占全国用水总量的10%以上。同时，探索新的可开发资源，发展新的开发技术，使更多的海洋有用元素、海洋能、深海矿产成为新的开发对象和形成新的产业。”过去在人们的观念中把这些规定仅仅理解为“任务”，没有把它当成法律，所以，在实践中这些任务就成了可以完成，也可以不完成的没有强制力的“宣言”。从法理上来说，当这类文件经立法机关批准之后，它们就变成了具有法律约束力的文件。

《议程》的第一章第24条的法律特点似乎更明显一些。该条规定：“建立海洋综合管理体系。逐步形成海洋开发和管理的综合决策机制，制定引导性的统一的海洋开发政策、海洋技术政策、海洋保护政策；逐步完善海洋开发和管理的协调工作，编制市县级海洋功能区划、海洋开发和保护规划，并建立规划协调机构和开展协调活动；制定和完善海洋综合管理法规，建立和健全执法系统，加强综合管理。”不管是“建立海洋综合管理体系”，还是“制定和完善海洋综合管理法规、建立和健全执法系统”等，都是明显的法律性规定，是一个国家法制建设的组成部分。

当我们把法律和事业联系在一起，用法律和事业发展相统一的眼光看待法制建设时，法制作为战略讨论对象的特点就更加明显了。事业是可以规划的，是战略研究的重要对象；法制与事业相统一，当然也可以规划，可以成为战略思考的客体。在解决了这个认识问题之后，对海洋法制，我们需要讨论的就不再是要不要做战略性思考，而是如何制定更好的海洋法制发展战略，从而也就是海洋事业发展战略的问题。《议程》对海洋生态环境保护有一个很好的目标性规定。它要求：

保证海洋的可持续开发利用有良好的生态环境基础。2000年海洋生态环境保护目标是减缓近岸海域污染和生态破坏的趋势，保持近海大面积水域的良好状态，使部分污染严重的河口、海湾环境质量有所好转，防止新开发区海域污染和生态环境破坏，力争减轻海洋环境灾害，改变海洋环境质量与经济发展不协调的局面。对全部国家管辖海域逐步实施环境管理。2020年基本控制住近岸海域污染和生态破坏的趋势，重点河口、海湾环境质量好转，溢油、赤潮等环境灾害减少，海洋环境质量与经济建设进一步协调发展。21世纪中叶，海洋生态环境保护工作达到更高的水平：在重要渔场和农牧化基地建立高产优质人工渔业生态系统；海水、底质和大气质量满足海洋功能的需要和自然规律，保证各种海洋开发利用活动有良好的环境；建立海洋自然保护区网，保护好重要生态系统、珍稀物种和海洋生物多样性。①

这是一个很好的战略安排。在海洋法制建设方面，我们不仅需要更系统地建立这样的战略安排，随着海洋事业的发展适时地调整战略安排，而且要把立法、规划中的法制变成执行、运作状态的法制。

美国人马汉认为："海军的出现是由于平时有海运，随着海运的消失，海军也将消失。"② 这是他的"海权论"的结论，是"武装押运"的海洋强国所信奉的理论。今天似乎已经不再是那样的时代，我国不希望那样的历史重演，也不会运用那样的逻辑谋求自己的所谓强大。今天，我们或许可以提出这样的设想：在经济全球化的趋势越来越明显的时代，在国际交往越来越法制化的时代，海洋法制会因海洋利益的需要而繁荣，海洋利益越重大，海洋法制便会越发达。

我们应该从战略的高度对待海洋法制建设，包括作为国内法的海洋法制和作为国际法的海洋法制。本书主要研究作为国内法的海洋法制建设战略。傅崐成先生为主完成的《国际海洋法的新发展与中国的对策》则集中讨论了作为国际法的海洋法制建设战略问题。

① 《中国海洋21世纪议程》，海洋出版社，1996年版，第4页。

② ［美］马汉：《海权对历史的影响》，解放军出版社，2006年版，第35页。

第一章　海洋法制的概念与特点

国家海洋局前局长张登义先生在为《中国海洋政策》写的序言中提到“中国海洋工作的主要任务”，其中第一项是“不断完善海洋法律制度，维护国家海洋权益”。[①] 由此可以看出海洋法制建设在整个海洋事业中的地位。这个地位主要是由需要决定的。国家“把发展海洋事业作为国家发展战略”，便需要实施这一战略的各种条件、各种保障措施等，海洋法制便是其中的一种条件或者保障措施。从这个意义说，为了实施国家的海洋发展战略，必须加强海洋法制建设。

然而，由需要所决定的海洋法制的高地位似乎不能说明海洋法制的发达，相反，急迫的需要说明我国海洋法制建设的不足，至少是与海洋事业发展的需要不相适应。事实上，面对海洋事业发展的强劲需求，海洋法制亟待加强建设。这是摆在我们面前的一项历史性的任务。

第一节　海洋法制的概念

海洋法制，在以往的教科书中和关于海洋的法学著作中并不常见。它应该算是一个崭新的法学术语。国家海洋局海洋发展战略研究所精通法学的专家们在《中国海洋发展报告》涉及为了海洋而建设的法律时使用了“海洋法律制度”[②] 的概念。他们使用这个概念至少表达了这样的意思，即海洋法制不同于以往的海洋法。

一、海洋法与海洋法制

在以往的法学著作中，我们比较熟悉的与海洋有关的概念是海洋法（law of the sea）。海洋法是国际法的一个分支，所以，不少学者干脆就把海洋法称为国际海洋法。例如，刘楠来、周子亚、王可菊著有《国际海洋法》（海洋出版社，1986 年版）。这一著作所论述的国际海洋法与屈广清新近主编的《海洋法》的知识领域没有明显区别。仔细对比，我们会发现，两者所讨论的海洋法都是国际海洋法，或者说是作为国际法的海洋法。刘楠来等称：

---

① 国家海洋局编：《中国海洋政策》，海洋出版社，1998 年版，序言第 2 页。

② 国家海洋局海洋发展战略研究所课题组：《中国海洋发展报告》，海洋出版社，2007 年版，第七章。

国际海洋法，是关于各种海洋区域的法律制度和调整国与国之间在海洋利用各个领域中的关系的原则和规则的总称。[①]

屈广清主编的著作对海洋法的理解与此并无明显不同。屈广清称：

海洋法是确定各种海域法律地位，并调整国际法主体，主要是国家间在各海洋领域内从事各项活动而形成的相互关系之原则、制度和规范的总体。[②]

两者所论都首先是关于“海洋区域”的法律制度，其次是国家间在海洋事务中的关系，不管是把这种关系叫作“在海洋利用各领域”中的，还是解释为“在各海洋领域内从事各项活动而形成的”。而从屈先生对海洋法的具体论述中我们可以更清楚地知道，他所论述的海洋法就是国际海洋法。从产生来看，海洋法是国际法。屈广清称：

自从人类开始认识到海洋的经济价值，就产生了占有海洋、控制海洋、开发利用海洋的要求，由于国家的存在、各国地理位置及海洋利益上的差异，以上要求难免要产生冲突。为保证人类的海上生产活动得以有序地进行，就需要运用法律手段解决这些冲突，在这种背景下也就产生了海洋法。[③]

很明显，按照这一论述，如果不是“由于国家的存在”，没有国家关系这个前提，也就不会产生海洋法。海洋法是因海洋的国际利用以及这些利用中存在的“冲突”而“产生”的。总之一句话，海洋法“是以国际法形式出现的，并且是国际法的一个重要分支”。[③]

我们今天所要讨论的和在法制实践中面对的海洋法制与我们以往所见的海洋法是不同的。这种不同主要表现在以下两个方面。

第一，海洋法制不只是国际法意义上的海洋法，而是既包括狭义海洋法[④]，又包括大量作为国内法的海洋法律法规的一个庞大的法律体系。比如，在这个法律体系中既有关于大陆架、专属经济区制度的法律规范，这些规范明白地写在《联合国海洋法公约》之类的明确的国际法律文件中，又有《海域使用管理法》这种仅仅在本国有效的法律文件。我们要讨论的海洋法制是包括国际法和国内法的海洋法律法规的一个庞大法律体系，而不是狭义的海洋法。

第二，海洋法制不只是规范体系，而是既包括法律规范，又包括支持法律运行的各种制度。它是规范体系与实施体系的综合。比如，海洋法制一方面表现为领海法、毗连区法、海洋环境法、海上交通运输法等法律规范体系，以《中华人民共和国领海及毗连区法》（以下简称《领海及毗连区法》）、《海洋环境保护法》、《海域使用管理法》等法律文件的形式存在，又表现为海上执法、海域使用管理、海事诉讼审判等实施制度体系，以海

① 刘楠来等著：《国际海洋法》，海洋出版社，1986 年版，第 1 页。

② 屈广清主编：《海洋法》，中国人民大学出版社，2005 年版，第 8 页。

③ 屈广清主编：《海洋法》，中国人民大学出版社，2005 年版，第 7－8 页。

④ 为了论述上的方便，我们把国际法意义上的海洋法称为狭义海洋法。

监、渔政、船检等管理机关的形式存在。本书要研究的海洋法制是包括法律规范体系及其实施体系在内的法律制度。

二、应海洋事业发展需要而形成的法律体系

由于海洋法这个概念先取得了国际法上的特定地位，在我们遇到作为国内法的海洋法时，为了与作为特定概念的海洋法相区别，便把后者泛称为涉海法，或者涉海法律法规。[①]这样的称呼避免了狭义海洋法与国内海洋法律法规的混淆，但却没有给涉海的法律法规这一法律事务一个准确的定位。

从规范层面来看，海洋法制是一个庞大的法律体系。[②]

首先，说它是一个庞大的法律体系是因为它涉及事务范围广泛。如果说狭义海洋法主要是解决海洋空间问题，那么，作为海洋法制的规范形式的海洋法律所调整的事务涉及范围更广泛。比如，海洋法律中关于渔业资源保护的规范。这类规范存在于1979年的《中华人民共和国水产资源繁殖保护条例》、1981年的《国务院关于设立幼鱼保护区的决定》、1986年的《中华人民共和国渔业法》（以下简称《渔业法》）等法律法规中。再比如，海洋法律中关于防治海洋污染的规范。这类规范存在于1974年的《中华人民共和国防止沿海水域污染暂行规定》、1983年的《中华人民共和国防止船舶污染海域管理条例》、1988年的《中华人民共和国防止拆船污染环境管理条例》等法律文件中。又如，海洋法律中还有调整海上交通事务的规范。1983年的《中华人民共和国海上交通安全法》、1989年的《中华人民共和国渔港水域交通安全管理条例》、1990年的《中华人民共和国海上交通事故调查处理条例》等提供了大量的调整海上交通事务的法律规范。此外，还有调整铺设海底电缆、开采海洋石油资源等事务的规范。

其次，海洋法制构成一个特殊的法律领域。传统的法律部门已经随着法律部门划分技术的不断完善和反复使用而使其独立法律部门的地位得到不断巩固，如民法部门、刑法部门、行政法部门等。按照划分法律部门的观点，在传统法律部门已经占据法律体系主体地位的情况下，海洋法律很难成为一个法律部门。狭义海洋法属于国际法，如存在于《中华人民共和国水产资源繁殖保护条例》中的调整资源管理事务的法律规范，存在于《中华人民共和国渔港水域交通安全管理条例》中的调整海上交通事务的规范等，都是国内法规范，显然不属于国际法，无法进入国际法部门。而“调整国与国之间在海洋利用各个领域中的关系”的狭义海洋法又属于国际法，把它们硬塞进国内法的某个部门也显然不合适。但是，如果打破民法、刑法、行政法等组成法律体系之“天下”的格局，暂时放弃国内法和国际法这一法律门类划分的先决地位，承认法律部门之间可以存在重合或交叉，海洋法

---

① 《国家海洋事业发展规划纲要》就有“涉海法律法规进一步健全和完善”的表述（见《纲要》第一章《机遇与挑战》）。

② 关于海洋法律体系的轮廓、结构等可参见本书第三章。

律在整体法律体系中的特殊地位便自然会显现出来。即使我们不情愿把海洋法律称为一个法律部门，海洋法律也完全可以在法律体系中赢得一个支系统的地位。海洋法律构成一个特殊的法律领域，可以形成一个具有有机联系的法律系统。

再次，在国家法律体系中存在海洋法律这个领域的基本依据是作为“地球重要部分”① 的海洋以及以海洋为依据的海洋事业。不论是海洋文化较为发达的欧洲沿海国家，还是内陆文化较为发达的中国、印度等国家，人类生存的基本空间都包括两部分，即陆地和海洋。在人类法律文明中存在的法律部分划分这一做法及其相关思想、学说，法律部门划分的具体实践，总体来说主要是在陆地空间利用中形成的，或者是以陆地空间利用为主的生产、交换、生活的实践中形成的。如此形成的法制文明与人们在对海洋空间利用中形成的社会关系，也包括国际关系是相适应的。比如，在这种利用中也必然地存在生产、交换、消费的过程，必然存在在这种过程中发生的各种各样的社会关系，也存在公司、合同、侵权、赔偿制度等。但是，人类不得不利用的海洋空间与陆地空间相比有若干不同，人们对海洋空间的利用活动中存在着与对陆地空间利用不同的要求。比如，海洋具有整体性，即作为由海水填充的一个地球空间的海洋是一个整体，一个供水生生物生存的完整的家、一个任凭船舶航行的完整的平台、一个每一个部分都禀赋着同样的咸和苦的涌动着的机体。人们无法像对待土地那样给它内设界桩，虽然今天的法律制度让海域享受像土地一样的法律地位；人们无法单独使用某个局部的海洋而不扰动另外部分的海洋，就像只在自己的田里插秧不会造成周围的土地异样，尽管对后者的利用也存在相邻关系需要处理。诸如此类的特殊性使得对海洋的利用，或处理与对海洋的利用有关的社会关系不能仅靠以陆地利用为根据而形成的法律制度。或者建立新的制度，比如，毗连区制度、大陆架制度等，或者对原有制度按照利用海洋的需要做某些调整，比如陆上交通关注车辆，而海上交通研究船舶。

最后，海洋法制的建设服从国家海洋政策，具有强烈的时代特点。海洋法律的发展大致经历了三个时期：古代沿海社会简单利用海洋时期。比如，古罗马时代的“罗得海洋法”、中世纪的“奥里朗法典”② 等；近现代交通、工、贸利用和民族国家分割海洋时期。20 世纪 30 年代的海洋法编纂就属于这个时期。这个时期的最大特点是国家间用海洋法分割海洋利益；耕海牧渔，全面开发海洋资源时期。③ 日本制定海洋基本法是这个时期的标志。这个时期的背景是陆地开发强度极大提高，陆地资源越来越贫乏。相应地，国家、社会把开发的注意力越来越多地投向海洋，海洋空间、海洋资源成为人们激烈争夺的对象。

① 《日本海洋基本法》第一条。

② 魏敏主编：《海洋法》，法律出版社，1987 年版，第 7－9 页。

③ 《中国海洋 21 世纪议程》的一段话反映了海洋开发的广泛性：“从 60 年代开始，人类由以捕鱼、海运和盐业为重点海洋产业的时代，进入了现代海洋开发的时代，开始大规模开发海洋油气资源，发展海上娱乐和旅游事业等。”（第一章第一条）

与此同时，海洋环境和生态遭到空前的破坏，给人们对海洋的正常利用带来严重的不利影响。海洋法律就是应国家、社会利用海洋的需要，顺应各国开发海洋的政策而于近半个多世纪才迅速发展起来的一个新的法律体系。

第二节　海洋法制的特点

海洋法制是应用于特殊领域的法律体系。它之所以可以成就为一个法律体系，是因为它成长在特殊的领域，而所谓特殊领域不是由立法者决定的，也不是由这种法制的词语内涵演绎出来的，而首先是由自然的海洋自身的特点决定的。海洋本身、海洋利用、充分利用海洋的时代等，赋予了海洋法制的若干特点。

一、追求多重价值，调整领域宽泛

不论是在人类法制文明的发展过程中，还是在人类法制文明已经发达到后现代的时候，法制对海洋的关注大都是从陆地看海洋。尤其是在人类法制文明的发展开始更多地眷顾海洋的时候，这个文明的载体（同时也是建设者）更是从由陆地利用为基础发展起来的现代法制的高度观察海洋的。这样的视点高度虽然难免会造成法律本身的“陆地本体倾向”，但却没有造成对海洋的忽视，相反，充分注意到了海洋的多重价值，因为这个视点高度所反映的理论和制度的成熟为充分认识海洋的多重价值提供了保障。

海洋在人类利用上的价值多重性是显而易见的。仅仅看海洋的空间价值，我们就应该作出价值多重的判断。比如，海洋的空间涉及国家主权范围，与国家安全有直接的关系。再如，海洋空间利用中的旅游娱乐利用既具有经济价值，又具有文化价值。

又如，海洋的资源价值。《中国海洋21世纪议程》的分析说明了海洋的资源价值以及中国对这种价值的渴望：

多种陆地资源日趋紧缺，有必要把眼光转向海洋。中国陆地自然资源人均量低于世界水平。人均占有陆地面积仅0.008平方千米，远低于世界人均0.3平方千米的水平，因此有必要向海洋要空间，包括生产空间和生活空间。全国多年平均淡水资源总量为28 000亿立方米，居世界第六位，但人均占有量为世界水平的1/4。矿产资源总量丰富，潜在价值居世界第三位，但人均占有量不到世界一半，居世界第18位。据对45种主要矿产（占矿产消耗量的90%以上）对国民经济保证程度分析，今后10年将有1/4不能满足需要，进入21世纪则有1/2不能满足需要，矿产资源将出现全面紧缺，有些资源还会面临枯竭的局面。要保障国民经济持续、快速、健康的发展，现有陆地资源开发形势将更加严峻。然而海洋中有丰富的多种资源，有可能提供巨量财富：① 中国海岸线长度、大陆架面积、200海里水域面积，在世界上排在第10位以内，在全球范围处于优势资源；② 港湾资源和出海通道是国家战略资源，利用优良港湾建设港口，保护和开辟更多的出海通道，利用全球航道发展对外经济联系，具有重要战略意义；③ 中国海域已记录海洋生物 20 278 种，30 米等深线以浅海域面积约 1.3 亿公顷，利用浅海发展增养殖业，建设海洋牧场，可以形成具有战略意义的食品资源基地；④ 海盐占全国原盐产量的 70% 以上，海上油田可以成为油气田的战略接替区，海水直接利用有可能代替沿海地区 70% 以上的工业用水，这些都是行业性的战略资源。[①]

正是基于对海洋的资源价值的这种认识，《中国海洋 21 世纪议程》指出："海水资源作为巨大的液体矿，将逐步进入综合开发利用阶段，其中包括海水制盐及提取镁、溴、钾、铀等化学元素；海水作为工业冷却水、耐盐植物灌溉用水、大生活用水等的海水直接利用，以及海水淡化也在向产业化方向迈进。""海洋油气资源勘探开发正在向 500 ~ 1 000 米深水区发展，石油产量 7 亿多吨，占世界石油总产量的 25%，21 世纪初可能达到 13 亿吨，占当时石油总产量的 40% 以上；大洋多金属结核、海底热液矿、海底钴结壳等矿物勘探活动也在发展，21 世纪将形成深海采矿业。海洋产业产值一直在迅速增长，1980 年为 3 400亿美元，1990 年为 6 700 亿美元，2000 年可能超过 15 000 亿美元。"[②]

因为海洋对人类具有多重价值，人类用以实现这多重价值的海洋法律必然关注着多重价值，而在法律的内容上的表现形式就是调整领域宽泛。对此，从《日本海洋基本法》的原则性规定可见一斑。该法的"基本政策"一章涉及"海洋资源的开发利用"（第十七条）、"保护海洋环境"（第十八条）、"海上运输"（第二十条）、"海洋安全"（第二十一条）、"海洋调查"（第二十二条）、"海洋科学技术"（第二十三条）、"孤岛的保护"（第二十六条）、"国际联合合作"（第二十七条）等。这些规定反映了海洋对人类价值的某些方面，或与海洋对人类的某种价值有关。

二、新近才发达，在当代的重要性大于以往

海洋法学的教科书总是要对海洋法的历史作一番追溯，但这种追溯留给读者的总的印象是：成体系的海洋法的历史并不长。司法部法学教材编辑部编审的《海洋法》第一章第二节标题为"海洋法的历史"。该节分三目介绍了"古代""中世纪"和"17 世纪以后"的所谓海洋法的历史。该章的第三节介绍"海洋法的编纂"，而编纂的历史是从 1930 年到第三次联合国海洋法会议。[③] 这个安排并不说明作者们"厚今薄古"，而是对海洋法的历史的真实的反映。作为一个系统的法律分支的海洋法，尤其在世界范围内有普遍影响的系统的海洋法基本上属于现代社会，存在于国际交往普遍化的人类历史阶段。2002 年海洋出版社出版了刘振民编著的《海洋法基本文件集》。该文件集中所收的"海洋法基本文件"主要是《联合国海洋法公约》及为实施该公约而制定的一些"文件"，诸如《关于执行

① 《中国海洋 21 世纪议程》第一章第 5 条。

② 《中国海洋 21 世纪议程》第一章第 3 条。

③ 魏敏主编：《海洋法》，法律出版社，1987 年版，第 7 – 28 页。

1982年12月10日〈联合国海洋法公约〉第十一部分的协定》等。把海洋法浓缩为以《联合国海洋法公约》为核心的一批法律文件，与国际海洋法制建设的实际并无太大的背离。①

如果说国际法意义上的海洋法的发达主要发生在20世纪30年代以后，那么，包含国际海洋法和作为国内法的海洋相关法的海洋法制，其发达的历史也只能与国际海洋法的编纂史同步。事实上，海洋法制中的国内部分的成熟时期一般都晚于《联合国海洋法公约》。国家海洋局海洋发展战略研究所课题组主编的《中国海洋发展报告》提供了“中国主要海洋法律法规及部门规章”的一览表。表中列举的法律文件共33项，其中1982年之前发布的只有4项。这个时间分布反映了世界大多数国家海洋法制发展的情况。

海洋法制发达得较晚并不等于它不重要，至少我们不能笼统地说它不重要。在历史上，它之所以不够发达，那是因为在历史上它不重要。在当代，它发达了，那是因为它在当代非常重要。《日本海洋基本法》的一些规定充分反映了海洋法制在当代的重要性，虽然这部法律所表达的重要性是对日本而言的。该法认为：

海洋开发和利用是我国（指日本——引者注）经济社会存在的基础，保护生物多样性、保护良好的海洋环境，是人类继续生存的基础。海洋是目前实现富裕的国民生活不可或缺的因素，鉴于此，为了能在将来继续享受海洋的恩泽，我们对海洋所进行的积极开发、利用，必须以保护海洋环境、实现可持续开发、利用海洋为主旨。②

该法规定：

我国（指日本——引者注）四面环海，确保海洋安全对于我国非常重要，必须积极地推进海洋的安全保护工作。③

该法还规定：

海洋开发、利用、保护等海洋产业，是维护我国（指日本——引者注）经济社会健康发展及国民生活安定向上的基础，我们必须谋求其健康发展。④

这些表达既说明了海洋的重要性，也说明了适用于海洋事务领域的海洋法制的重要。

三、开发与保护双线作战

海洋因其“纳百川”而被当成胸怀宽广的象征，多少年来它一直因此而赢得赞誉。然而，当环境时代来临时，人们发现，海洋不只是能容，有巨大的容量，而是还具有“忍气吞声”的特点。

---

① 傅崐成先生认为，《联合国海洋法公约》“将海洋所有相关的问题，基本上都规范在内了”。［参见傅崐成为其编校的《海洋法相关公约及中英文索引》（厦门大学出版社，2005年版）所撰写的序言］这个判断说明《公约》及与之相关的国际法律文件在海洋法体系中的地位。

② 《日本海洋基本法》第二条。

③ 《日本海洋基本法》第三条。

④ 《日本海洋基本法》第五条。

美国皮尤海洋委员会（Pew Ocean Commission）所调查的数据说明了海洋所承受的压力：

每8个月，街道和公路上散落并最终流到海洋的油类，其数量与“埃森·瓦尔迪茨”号油轮事故溢油量相当，即达到1 090万吨。

自工业化以来，人类活动排放到大西洋沿岸水域和墨西哥湾的氮量已经提高了5倍，如果这种趋势继续发展，到2030年则还要增加30%。[①]

海洋一直这样默默地担当着地球的“纳污器”，为陆地这个人类栖息的主要地球空间换来清洁和繁荣。然而，“工业化以来”的人类活动已经使任劳任怨的海洋不堪重负。海洋环境污染已经成为摆在世界各国面前需要认真对待的严重问题，而在这样的背景下走向发达时期的海洋法制不能不承担防治海洋环境污染的重任。《日本海洋基本法》第十八条的规定反映了海洋法制所面临的这项任务。该条规定：

阻止全球变暖，保护地球环境，对海洋有重大影响。因此，急需保护海洋生物多样性及改善海洋生物生长环境，减少污水排入海洋引起的海洋污染，迅速消除并防止船舶发生事故等造成的海洋油污及其他废弃物的污染；亟须采取保护海洋自然景观及环境的相关措施。[②]

然而，海洋即使在遭受了“自工业革命以来”大量污染物排放带来的巨大压力之后，它依然是人类所需要的各种资源的来源，是人类多种价值需求得以满足的供应者。皮尤海洋委员会虽然惊呼“美国的海洋处于危机之中”[③]，但该委员会却没有因这种危机的存在而忽略海洋对人类提供财富和创造财富的条件和作用，没有忽略对海洋的开发。他们期望美国有朝一日能在“海洋生物资源方面获得多倍的回报”。[③]中国政府当然也早已认识到了海洋污染这一严重问题的存在，但与这种认识同时存在的是另外一种意义重大的认识，即向海洋要资源，要经济发展。1998年形成的《中国海洋政策》确定的“海洋产业发展的战略部署”可以说明这一点：

改造和提高海洋捕捞业、运输业、海水制盐业等传统产业，发展海洋油气业、旅游业、海洋农牧业、海洋医药等新兴产业，积极勘探新的可开发海洋资源，发展海洋高技术，促进深海采矿、海水综合利用、海洋能发电等潜在海洋产业的形成和发展，推动海洋经济逐步成为国民经济的新增长点。[④]

在人类生存空间越来越显狭窄，陆地资源开发强度越来越大的今天，人类不可能不把索取资源的注意力更多地投向海洋，尽管以往一向被认为是无尽的宝藏的海洋在人类无尽的索取面前已经陷入了“捉襟见肘”的窘境。在这样的背景下走向发达的海洋法制不能不

---

① 皮尤海洋委员会编，周秋麟、牛文生等译：《规划美国海洋事业的航程》，海洋出版社，2005年版，第43页。

② 《日本海洋基本法》第十八条。

③ 皮尤海洋委员会编，周秋麟、牛文生等译：《规划美国海洋事业的航程》，海洋出版社，2005年版，第33页。

④ 国家海洋局：《中国海洋政策》，海洋出版社，1998年版，第4-5页。

把海洋开发纳入自己的调整范围，为人类的海洋开发活动提供保护。

四、以海洋为中心，兼顾陆、空

海洋法制是依附于海洋的一个特殊的法律领域。它的基本制度、主要的法律规范都是用来调整海洋事务的。但是，这样说并不意味着海洋法制只在海洋里发挥作用。海洋作为一个自然对象与陆、空的联系决定了海洋法制一方面指向特定领域，即海洋领域；另一方面，又无法拒绝海陆联系和海空联系。例如，海岸带是近年来沿海各国都高度关注的区域，而针对这个区域的立法无疑是“陆海相连”的。《青岛市海岸带规划管理规定》（1999 年）规定的海岸带包含“胶州湾及青岛市其他近岸海域和毗连的相关陆域、岛屿”，“其控制范围自海岸线量起：海域至10 海里等距线；陆域未建成区一般至1 000 米等距线，胶州湾西岸和北岸以环胶州湾公路为界（包括盐场）；陆域建成区一般以临海城市第一条道路为界，海泊河以北以铁路为界；特殊区域以青岛市人民政府批准的海岸带规划控制范围为准”。[①] 作为管理对象的海岸带是跨海和陆的，规范这种管理活动的法律不能不兼顾海和陆地。各国普遍实行的对海洋的综合管理，不管是叫海洋综合管理，还是叫海岸带综合管理，抑或是沿岸地区综合管理，都涉及海洋和陆地两个部分，而且有时还不只是涉及沿海一两千米之内的陆地区域，而是可以把入海河流的整个流域包括在内。

如果说防治海洋污染是使海洋法制不得不兼顾海陆的原因，那么，同样也是为了防治海洋污染要求海洋法制还必须把海洋和海洋的上空联系起来，兼顾海、空。皮尤海洋委员会的分析说明了海洋法制兼顾海空的必要性。其研究报告称：

大气沉降是许多重要的污染物，其中包括氮、铅、汞、滴滴涕和多氯联苯等有机氯化合物这些过去没有充分注意的重要污染源。这类污染物有的可以经过长距离大气运输后再降落到海洋或通过径流汇聚到沿海水域。大气运输是极地海域和开阔大洋等远离人类活动区的污染物的主要运输途径。

污染物从各种来源进入大气，经过若干途径的运输，最终到达各种场所。煤烟、氮氧化物和二氧化硫等物质来自自然来源（森林、火山和燃烧）以及人类活动（人为来源）。但是，许多大气污染物（如多氯联苯、氟氯烃）只来自人为来源。

大气沉降是氮、若干种痕量金属（如铅和汞）和有机氯化合物（如滴滴涕和多氯联苯）进入沿海和海洋环境的重要途径。[②]

正是因为大气沉降是海洋污染的重要污染源，所以要想有效防治海洋污染就必须在大气质量上做文章。而皮尤海洋委员会以应对海洋污染为目的之一的海洋政策建议中有成立海洋与大气局。这是一个兼管海洋与大气的国家专门行政机关，而不是只管海洋的机关。

---

① 《青岛市海岸带规划管理规定》（1999 年）第二条。

② 皮尤海洋委员会编，周秋麟、牛文生等译：《规划美国海洋事业的航程》，海洋出版社，2005 年版，第 201－203 页。

美国布什政府对皮尤海洋委员会所做出的回应之一是“寻求通过在商业部内成立国家海洋与大气局的《国际海洋与大气局组织法》”[①]。而其针对海岸带及其流域管理的方案之一是“通过制定新的法规，降低海岸带水域的大气污染”。其中包括实施《清洁大气洲际规则》、《清洁大气汞规则》、《清洁大气道路无柴油规则》等。[②]

五、跨法律部门

如果说狭义海洋法属于国际法，那么，只是在到了现代社会之后才发达起来的海洋法制不仅只是国际法的一个细小的分支，而且其国内法部分还具有跨部门的特点。如前所述，海洋法制是在传统法律部门已经占据法律体系主体地位的背景下才开始发达的。这种处境以及海洋事务本身的特点决定了海洋法制一定是一个跨越法律部门的法律体系。按照传统法律部门划分的标准，在海洋法制的整体中，我们可以找到多个法律部门的法律规范，甚至是完整的法律文件。比如，我国《海域使用管理法》（2001 年）的“管理”性的内容属于行政法，而其关于海域所有权、使用权的规定则应当属于民法。再如，我国《渔业法》（2004 年）对各级“渔业行政主管部门”“主管”权[③]的规定属于行政法，而其为“加强渔业资源的保护、增值、开发和合理利用”[④] 而做的各种规定则属于资源法。又如，我国的《海洋环境保护法》（1999 年）是我国环境保护法体系中的重要组成部分。这些法律，以及我们没有一一列举的其他许多法律法规都属于完整的海洋法制的组成部分。这全部的法律法规，用传统的法律部门划分的标准来衡量，它们分别属于不同的法律部门，但它们又都服务于对海洋事务的调整，同属于海洋领域，共同组成海洋法律体系。

六、既服从国际海洋秩序建设需要，又体现各国的特殊利益

海洋在水体上的整体性和海水的流动性为人类的共同利用提供了便利。这种特性以及可供人类共同利用的特性是建立全球统一的海洋的基础，即自然基础和人类需求的基础。海洋具有整体性，制定统一的海洋法才没有自然的障碍；不同大陆、区域的民族、国家、人群、个人普遍存在使用连成一体的海洋的要求，这种要求是制定统一的海洋法的动力。

适应海洋的自然特点，按照人们利用海洋的愿望而制定的海洋法的使命是建立统一的海洋秩序。但是，海洋的空间特性，主要是其横向空间特性以及这种空间与已经被分割为一个个的国家的陆地之间的连接，又赋予海洋可分割的特点，或者说又加给海洋以分别占有使用的特性。海洋及其与人类之间关系的这一特点决定了海洋法又可以是不统一的。人

---

① 《美国海洋行动计划——布什政府对美国海洋政策委员会的回应》第一章“提高海洋领导地位，增进海洋协调”。

② 《美国海洋行动计划——布什政府对美国海洋政策委员会的回应》第四章“管理海岸带及其流域”。

③ 《中华人民共和国渔业法》第六条。

④ 《中华人民共和国渔业法》第一条。

类可以把海洋分割为这样或那样的海域、可以这样或那样地在不同的占有者或使用者之间分配。已经依据某种人类规则占有或者拥有某一海域的人们，或者其陆地与海洋有这样的或那样的相邻关系的国家，可以对海洋的利用制定这样的或那样的规则，甚至可以特别地制定与其他国家已经存在的法律不同的规则。国家制定这类规则的目的是为了实现本国的利益，这种利益有时可能恰恰是其他国家所不愿意承认的。

海洋法，尤其是作为国际法的海洋法，或具有对外意义的国家海洋法常常都是既反映建立统一海洋秩序的需要，又反映本国的特别意愿，兼具国际统一性和国际竞争性。《日本海洋基本法》第七条的规定就反映了这一特点。该条规定："海洋是人类共有的财产。我国经济社会与国际相互依赖，关系密切，为了海洋政策的推进和海洋国际秩序的形成和发展，我国有责任担负起领导性职责，并以此为宗旨在国际性协调下经营、利用海洋。"① 这里表达了对"海洋国际秩序"的追求，体现了对海洋的人类共同利用所必然提出的秩序要求。但同时，这一规定又明显地表达了对日本本国利益的强烈要求。该条要"推进"的"海洋政策"更可能是日本的，当然也是体现了日本特殊利益需要的政策。该条要求日本"担负"的"领导性职责"实际上就是对"海洋国际秩序"的形成和发展进行"领导"。这种领导的方向性显然不会是与日本利益相反的。一些学者之所以常常把海洋法制建设与维护国家海洋权益联系起来，② 也是因为一国制定的海洋法制总是有利于维护本国的海上利益。

① 《日本海洋基本法》第七条。

② 国家海洋局海洋发展战略研究所课题组编写的《中国海洋发展报告》（海洋出版社，2007 年版）第 69 - 76 页列举了中国海洋法律制度的主要内容，其中第一项就是"海洋权益"。

第二章　我国海洋法制的历史发展

如果说“现代意义上的海洋法的产生”，“是资本主义的产物”①，那么，在资本主义茁壮成长的时代恰逢中国的清王朝时代，清王朝的统治不仅阻碍了资本主义在中国的成长，而且其闭关锁国政策阻碍了中国进入国际社会，从而也阻碍了海洋法在中国的诞生。清王朝之后，中国经历的北洋军阀统治、日本侵略和抗日战争等，使中国无暇顾及国家的法制建设，也包括海洋法制建设。所以，认真说来，中国的海洋法只有到了新中国成立之后才真正进入繁荣时期。这段历史告诉我们，我国当今的海洋法制建设的任务是繁重的。

第一节　中国近代的海洋法制活动

严格来说，对于中国，海洋法是舶来品。中国海洋法制发展的历史是从接受外来的海洋法基本概念开始的。而这个历史的起点还有另外一个特点，那就是：我们是在遭遇外来压迫的情况下，在依照当时已经成立的国际海洋法概念不断遭受海洋权益侵害的情况下接受西方传来的海洋法知识，或向外国人学习海洋法知识。

一、国际法的传入与近代中国领海主权观念的萌生

领海概念最早传入中国大约是在19世纪初。据专家研究，19世纪初，来华贸易的美国人和英国人在中国沿海曾发生冲突，而美国人寄希望于中国政府的保护。这些美国人曾向清政府的地方官员提出“抗议书”，要求他们“行其应有权力，主持公道”，并“保障”美国人“在中国领土内不再受任何侵犯”。“抗议书”认为，“所谓中国领土”“应将沿岸海面一并包括在内”。② 这是外国人第一次向中国地方政府介绍领海及领海主权的知识。但是，这一文件是否真的传到了清朝官员手中，以及是否把其中的领海概念变成中国人的知识则无从判定。

鸦片战争时期，中国开始接受国际法，而领水理论在中国的正式传播则应推到1862

① 周洪钧主编：《国际法》，中国政法大学出版社，1999年版，第148页。

② 田涛著：《国际法输入与晚清中国》，济南出版社，2001年版，第20－21页。

年至1863年《万国公法》的翻译之后。[①]《万国公法》（Elements of International Law），也译《国际法原理》[②]，为美国外交官惠顿（H. Wheaton）所著。因此书是在中国政府要求了解国际法知识的情况下，在清政府总理衙门的积极支持下翻译成功的，在一定程度上是“清政府所组织的一次官方翻译活动”的产物[③]，成书后又在清政府官员中传阅，所以对清政府有关官员产生了一定的影响。

《万国公法》首次向中国人介绍了领水理论。这一理论在随后的普丹大沽口事件中得到了运用。大沽口事件发生后，中方向普鲁士方提出抗议。中方照会称：“外国在中国洋面，扣留别国之船，乃显系夺中国之权，于中国大有关系。”普鲁士驻华公使李福斯复文声称扣留丹麦船只系“按照欧罗巴锁定军法，其扣留处所，相去海岸远近，亦属万国律例准拿敌船之处。是以专办此事之责，竟为我国家定夺，非本大臣所能干预。”总理衙门对其复文反驳道：

> 查此次扣留丹国商船处所，乃系中国专辖之内洋。贵国兵船前来中国，自当入境问禁，不得任意妄为。中国所辖各洋，例有专条，各国和约内均明此例。贵国合约内载有中国洋面字样，较各国知之尤切，何得云殊不可解。至欧罗巴所定军法，则不能强中国以必知。[④]

这里的“内洋”[⑤]是中国“境”内的领域，所以作为外国“兵船”的普鲁士人才需要入境问禁。而“中国”不“必知”“欧罗巴所定军法”的说法，则明确了在中国由中国政府行使管辖权，适用中国法的道理。

从总理衙门给朝廷的奏折可以看出，当时的总理衙门不仅有了领水的概念，而且对领海宽度也已有所了解。他们知道“外国所论，往往以海洋距岸十数里外，凡枪炮之所不及，即为公共之地，其间往来占住，即可听各国自便”[⑥]。这里“听各国自便”的区域属于公海，而“距岸十数里”内岸上枪炮之所及的区域属于内洋，也就是今天所说的领海，它归沿岸国所“辖”。这个区域是沿岸国可以自由设“禁”的区域，也就是行使管辖权的区域。

这次交涉，借助《万国公法》介绍的领海主权理论，总理衙门理直气壮地维护本国的

---

① 据田涛先生考查，丁韪良再次来华是1862年，并在这一年着手翻译《万国公法》。1862—1863年，中法之间教案交涉遇阻，总理衙门大臣文祥请求美国新任驻华公使蒲安臣介绍被西方国家认可的国际法权威著作，而蒲安臣推荐了《万国公法》，并通过与美国驻上海总领事西华德的信中得知丁韪良正在翻译此书。丁韪良1863年6月北上，在天津受到当时的北洋三口通商大臣崇厚的接待，后者答应写信给总理衙门大臣文祥，向其推荐丁韪良翻译的《万国公法》（见田涛著：《国际法输入与晚清中国》，济南出版社，2001年版，第34-38页）。

② 见杨泽伟著：《宏观国际法史》，武汉大学出版社，2001年版，第416页。

③ 田涛著：《国际法输入与晚清中国》，济南出版社，2001年版，第39页。

④ 转引自田涛著：《国际法输入与晚清中国》，济南出版社，2001年版，第57-58页。

⑤ 据陈德恭先生考查，1864年大清王朝曾与普鲁士签订了一项国际条约，其内容主要是处置侵入我国“内海”（陈先生的著作写为内海）的丹麦船只。根据该条约，普鲁士应将侵入中国内海的丹麦船只引渡给清政府处置（见陈德恭著：《现代国际海洋法》，海洋出版社，2009年版，第519页）。

⑥ 转引自杨泽伟著：《宏观国际法史》，武汉大学出版社，2001年版，第424-425页。

主权，迫使德方认错。这次交涉的成功，使中国官方对《万国公法》产生了很大兴趣，从而促进了国际法在中国的传播。此后在一些涉外事件中，中方官员开始把国际法当作重要的参考依据。例如，1868 年中美《续增条约》第一条就详细规定了水面管辖权利问题，说明当时清政府开始具备利用国际法来维护领水权利的初步知识。1874 年，荷兰公使提出由该国出面在中国设立救生船队。李鸿章明确提出船只必须由中方管辖，其理由是沿海离岸 10 里均归本国管辖。1875 年日舰到朝鲜沿海擅自测量海道而被朝鲜炮台轰击。那时的朝鲜属于中国的附属国，因而日本公使森有礼向中国提出抗议。李鸿章对其抗议予以驳斥，认为兵船测量他国海岸违反了《万国公法》。这是作为朝廷大员的李鸿章利用领海理论维护国家主权的典型事例。

就国际法的系统传入来说，《万国公法》只是一个起点。随后，有更多的国际法著作被翻译过来。随着这些书籍的翻译，领海理论在中国得到进一步传播。1876—1884 年是丁韪良主持翻译国际法的高峰期。《星轺指掌》《公法便览》《公法会通》《陆地战例新选》《公法新编》等著作都是这一时期的产物。在这些著作中，除介绍一般国际法的知识外，有的也论述了领水问题。其中《公法会通》是最有代表性的。它比《万国公法》更详细地阐述了领水理论。

除了丁韪良外，傅兰雅等也为国际法的传入做出了贡献。他翻译的《公法总论》[①]《各国交涉公法论》[②] 等书是 19 世纪末期国际法传入过程中的重要成果。就领水问题而言，《各国交涉公法论》是不可忽视的著作。该书共分三集，其中初集中第三卷论述了领海、领土获得、通商等问题，第四卷论述了国家管辖权问题；第三集第三卷至第七卷阐述了战时中立问题。在这些章节里，领水理论得到了更深入的介绍，对中国人接受这一理论产生了积极的影响。

1899 年清朝与墨西哥缔结的《友好通商条约》规定："彼此均以海岸去地 3 力克（即 9 海里）为水界，以退潮时为准。"这里的"水界"在一定程度上具有划定领海边界的意义。不过该规定的目的是为了明确"界内由本国海关章程切实施行，并设法巡缉以杜走私、漏税"[②]。它同现代意义上的领海还有所不同。

综观 19 世纪国际法在华传播情况，这些著作的翻译无疑对中国人接受国际法产生了较大影响，使中国人的观念发生了一定变化。但我们也不可过高估计当时国人的国际法观念。在领水问题上尤其如此。不管是恭亲王还是李鸿章，他们的领水主权观念都是有限的。总的来说，这时，中国人的领水主权观念还处在萌芽阶段。

---

① 一说为"英国傅兰雅、六合汪振声同译"（见田涛著：《国际法输入与晚清中国》，济南出版社，2001 年版，第 103 页）。

② 田涛先生认为是"由傅兰雅口译，俞世爵笔述，汪振声、钱国祥校正"（见田涛著：《国际法输入与晚清中国》，济南出版社，2001 年版，第 105 页）。

二、领水理论的深入传播与近代中国海洋法知识的传播

领水主权观念的真正勃发是在20世纪初。一方面，留日学生大量翻译国际法学者的著作，编写国际法著作；另一方面，许多报刊刊发包含海洋法知识的国际法文章。

据学者考查，20世纪初年，留日学生翻译国际法著作50余种。其中比较重要的有法国罗诺而著《国际法论》、李叔同译《国际私法》、汪郁年译《国际法学》、廖作勋翻译的《平时国际法》、卢弼等翻译的《国际公法》等。同时期，留日学生还自己编写了一些国际法著作，如江苏吴县留日学生杨廷栋编写的《公法论纲》、浙江温州留日学生王鸿年编辑的《国际公法论纲》等。这些著作不仅介绍了诸如疆域之类的国际法知识，如杨廷栋编写的《公法论纲》就论述了疆域的问题①，而且有对包括领水在内的海洋法知识的介绍。例如，王鸿年的译书计划中就有《海上国际公法要义》、林棨编译的《国际公法精义》就涉及公海和领海。②

这个时期在日本和中国出版的一系列报刊中都有对领水和其他海洋法知识的介绍。其中包括《译书汇编》《政法学报》《法政杂志》《新译界》等。这些报刊除介绍有关知识外，还讨论了一些与中国海洋利益有关的问题。如，《湖北学报》第一集第八册有日本人松原一雄著《旅顺口法权问题》，四川出版的《广益丛报》第244号发表有题为《渤海湾与国际法》的文章。③

这个时期介绍海洋法知识最多的报刊是《外交报》。该报自1902年创刊，出版到1911年，共出版300期。自第35期起设“公法”栏目，自第211期改为“国际法”。该栏目主要介绍国际法常识，发表编译的国际法论文。在这些知识介绍文章和论文中，不少都与海洋有关。如第201期有题为《禁止捕获海上私有财产》的译文，第246期上有题为《国际法上河与海之界域》的译文，第247期有邵羲的《论日本队与大东沙不得先占之理由》，第283期有邵羲的《论渤海湾渔业权》，第288期有孙观圻的《论军舰之特权》，第289期还有孙观圻的《论法律上之胶州湾》等。④

随着新一轮国际法知识的传入，领水理论、海洋法的知识都得到了更为广泛的传播。与19世纪国际法和海洋法知识最初传入的时候相比，新一轮的知识传播具有新的特点。

（一）使用了更为准确的术语

20世纪以前，传教士翻译国际法时还没有找到准确表达领海概念的词语。这种情况到20世纪初年才由留日学生加以改变。他们从日本人那里借用了一些名词。自此之后，“领海”“领海主权”“海湾”“公海”“海里”等一系列新鲜名词纷纷传入中国。以准确

---

① 田涛著：《国际法输入与晚清中国》，济南出版社，2001年版，第133页。
② 田涛著：《国际法输入与晚清中国》，济南出版社，2001年版，第134－135页。
③ 田涛著：《国际法输入与晚清中国》，济南出版社，2001年版，第147－149页。
④ 田涛著：《国际法输入与晚清中国》，济南出版社，2001年版，第150－157页。

的国际法专业术语代替模糊的词语是留日学生对国际法传入做出的贡献。准确的国际法、海洋法术语的传入有利于促进国际法的传播，特别是有利于中国人对领海、管辖权等知识和理论的理解与接受。

（二）知识传播途径增多

第一次国际法传播主要是通过传教士对欧美国际法著作的翻译介绍，而在这一时期的传播中，虽然著作翻译仍是重要的途径之一，但其他途径如报刊传播等也开始出现了。这一时期翻译的版本大部分是日本学者的著作或者讲义，翻译者的主体不再是传教士，而是留学生。留学生的翻译工作大概开始于1901年。[①] 在20世纪前10年，留日学生译介的国际法著作大约有50种以上。随着如此多国际法译著在国内的传播，中国人对于领海理论有了更新、更详细的了解。除了著作翻译之外，新式报刊对领水理论的传播也做出了较大贡献。报刊的参与使这一时期的国际法知识的传播更为迅捷，传播范围也更加广泛。

（三）领水法理论受关注的程度提高

与19世纪国际法在中国传播的情况相比，这一时期国际法传播更强调领水法的介绍。因为这一时期中国的领水纠纷较多，使人们把目光转向领水理论。除了国际法译著介绍领水理论外，报刊也出现了大量专门介绍领水理论的文章，其中包括具体研究中国领水问题的文章。例如，邵羲的《论渤海湾渔业权》，孙观圻的《论法律上之胶州湾》等。相对于国际法的其他知识来说，领水法受关注的程度最高，而且这一时期对领水理论的介绍已有相当深度，既包括领海概念的介绍及其界限划分，也包括领海管辖权的具体内容说明；既有领海理论的历史溯源，也有领海理论发展的现状介绍；既有理论本身的阐述，也有相关实例的介绍；既论述了领海问题，也述及了内水问题。可以说，这一时期的领水理论翻译和介绍是比较全面而深入的，对中国人准确而系统地掌握领水理论起到了重要的作用。

这一时期国际法的传播在国内产生了较大的积极影响。就领水理论的传播而言，不仅使中国知识分子掌握了比较系统的领水理论，而且使清政府原有的领水主权意识得以发展。此时的清政府真正开始形成近代意义上的领水主权观念。清政府多次运用这一理论捍卫中国的领水主权。

三、清政府运用国际领水理论维护国家主权的实践

20世纪初，清政府对领水问题有了进一步了解，并在对外交涉中开始运用领水理论来维护国家主权。例如，在日俄战争中的领水中立权交涉、澳门水界交涉、中日“二辰丸”案交涉以及东沙岛交涉等事件中，都或多或少地能够看出清政府的领水主权观念已经大大增强，运用领水理论来捍卫国家主权的自觉性大大提高。这主要体现在以下几个方面。

① 田涛著：《国际法输入与晚清中国》，济南出版社，2001年版，第132页。

（一）颁布有关领水中立权的法律条规

日俄战争期间，清政府颁布了《局外中立条规》。该条规有六条涉及领水中立问题。主要是就交战国军舰在中国中立领水内的权利义务作了规定。中立条规是清政府颁布的第一个有关领水主权问题的法律，是清政府的领水主权意识上升到国家法律高度的反映。

（二）明确采用领海的概念

《东方杂志》1904年第九期刊登了张謇咨呈两江总督议创南洋渔业公司的呈文。该文提到领海界限问题。此呈文向两江总督传递了“领海”概念。商部可能在1904年也接触过这一词语。因为张謇创办渔业公司不可能不向商部提出申请，申请的内容应该与上述呈文大致相同。此后，特别是1908年以后，“领海”一词在官方文书中经常出现。

（三）在维护海权的过程中运用领海法进行交涉

1908年2月，日本商船“二辰丸”号在路环岛附近海面私卸军火，被中国海关查获。日本政府反以查获地点不在中国领海范围为辞向中方提出抗议。葡萄牙也趁机抗议中国“侵犯”了它的领海主权。对于日、葡的无理取闹，两广总督张人骏多次予以反驳。他一再指出，案发地点在中国领海内，中国政府完全有权行使管辖权。从当时的交涉情况来看，清朝一些官员已经能够比较准确地运用领海法进行对外交涉，捍卫领海主权。

（四）为建立领海制度进行准备

清政府一直没有建立起自己的领海制度，但在清朝最后几年里也有过这种打算。1907年两广总督张人骏派水师提督李准率“伏波”“琛航”两舰巡视西沙群岛，为所到岛屿命名、旋旗勒石，放置牲畜、植物种子等①，是清政府对西沙群岛宣示主权的重要举措。“二辰丸”案后，清政府笼统宣布了广东领海界线。此外，清政府还在1909年正式着手讨论全国领海界线问题，认为“中国应绘完全领海全图”。② 这说明清政府有了主动建立领海制度的考虑，尽管清政府一直没有宣布自己的领海宽度，其领海制度的建设也处在准备阶段，划界、立法等工作都没有完成，但其为建立领海制度所做的努力还是值得肯定的。③

四、民国时期的领海制度

1840年之后在西方列强坚船利炮的攻击下，中国海洋门户洞开，沿岸航运权、港口管理权、内河航行权等海洋权益丧失殆尽。帝国主义列强根据不平等条约，控制了中国一切重要的通商口岸，控制了中国的海关和对外贸易，控制了中国的交通事业（海上的、陆上的、内河的）。面对西方列强的海上入侵，旧中国虽然对领海问题有所注意，但是并没有真正建立起独立的领海制度。民国时期则照搬英、美等国的领海宽度和划界法。

① 参见杨文鹤等编著：《20世纪中国海洋要事》，海洋出版社，2003年版，第15－16页。

② 刘利民：《国际法的传播与晚清领海主权观念的嬗变》，引自新浪网。

③ 引自网站：http：//bbs. qq. com/cgi－bin/bbsshowcontent？groupid＝150：30036&messageid＝5634。

在1930年的海牙国际法编纂会议上，中国国民政府发表声明，表示赞成3海里领海宽度。[①] 1931年，经海军部提议，国民政府行政院第二十一次会议通过并颁布《领海范围定为三海里令》，规定领海宽度为3海里，缉私里程为12海里，领海范围自低潮线（即正常基线）算起。[②] 这是中国第一次正式以法律文件的形式确定领海宽度。不过，这样狭窄的领海宽度实际上对中国不利，因为像中国这样贫穷落后的国家绝不会去侵犯一个强国的领海，而强国却可以肆无忌惮地到中国近海为所欲为。

第二节　当代中国的海洋立法

新中国成立后，国家重视海洋主权的维护和海洋事业的发展。毛泽东、周恩来等党和国家领导人都把海军建设同维护国家海洋主权结合起来考虑。毛泽东主席在1953年2月19日视察海军舰艇部队时说：过去帝国主义侵略我国大都是从海上来的。现在太平洋还不太平。我们应该有一支强大的海军。[③] 他连续5次为5艘军舰写了“为了反对帝国主义的侵略，我们一定要建立强大的海军”的题词。[④] 在1953年12月4日中央政治局扩大会议上，毛泽东指出：“为了肃清海匪的骚扰，保障海道运输的安全；为了准备力量于适当时机收复台湾，最后统一全部国土；为了准备力量，反对帝国主义从海上来的侵略，我们必须在一个较长的时期内，根据工业发展的情况和财政的情况，有计划地逐步建设一支强大的海军。”[⑤] 1958年6月21日，他在中央军委扩大会议上的讲话中指出：“必须大搞造船工业，建立海上‘铁路’，以便在今后若干年内建设一支海上战斗力量。”1970年9月25日，在会见巴基斯坦海军司令时他又说：“现在一些大国欺负我们，比如在海军、空军这些方面。什么印度洋、太平洋都被他们霸占着。所以我们也得搞点海军。”[⑥]

周恩来也多次与海军的有关领导交谈海军建设问题，把海军的建设放在国家权益维护的高度来认识。1951年，他在与大连海军学校的校长交谈时指出，我国是一个濒海的大陆国家，有很长的海岸线，我们一定要建立海上长城。1957年，周总理在胶州湾检阅海军部队时又指出：“我们祖国的领土、领海、领空决不允许任何敌人来侵犯。为了反对帝国主义来自海上的侵略，我们一定要建立强大的海军。”他向海军的同志提出希望，希望他们“努力工作，把海军建设好”。[⑦]

海军是一个多兵种的、综合性很强的军种。建设海军需要先进的海洋科学技术和发达

① 参见周洪钧主编：《国际法》，中国政法大学出版社，1999年版，第152页。

② 参见杨文鹤等编著：《20世纪中国海洋要事》，海洋出版社，2003年版，第42页。

③ 参见房功利等著：《中国人民解放军海军60年》，青岛出版社，2009年版，第73页。

④ 参见房功利等著：《中国人民解放军海军60年》，青岛出版社，2009年版，第76页。

⑤ 转引自倪健中：《海洋中国》，中国国际广播出版社，1997年版，第848-849页。

⑥ 李明春著：《海权论衡》，海洋出版社，2004年版，第160页。

⑦ 李铁民主编：《邓小平海军建设思想研究》，国防大学出版社，1997年版，第38-39页。

的海洋产业的支持。而海军又是维护海洋权益、海洋秩序和开发利用海洋的坚强后盾。邓小平同志对此有明确的认识，对超级大国在海洋上的霸权地位也有深刻的认识。他虽然不主张按照超级大国那种模式去建设海军，但却希望建设一支有战斗力的海军。1979 年 7 月 29 日，他在接见参加海军党委常委扩大会议全体同志时讲到："面临霸权主义强大的海军，没有适当的力量也不行。这个力量要顶用……要真正是现代化的东西。"① 这"顶用"的和"真正""现代化"的海军当然是有战斗力的强大的海军。1979 年 8 月 2 日邓小平同志给海军的题词表达了他的这一思想。题词是："建立一支强大的具有现代战斗能力的海军。"② 1984 年 10 月 22 日，邓小平同志就钓鱼岛和南沙群岛问题指出："我们有个钓鱼岛问题，还有个南沙群岛问题。我访问日本的时候，在记者招待会上他们提出钓鱼岛问题，我当时答复说，这个问题我们同日本有争议，钓鱼岛日本叫尖阁列岛，名字就不同。这个问题可以把它放一下，也许下一代人比我们更聪明些，会找到实际解决的办法。当时我脑子里在考虑，这样的问题是不是可以不涉及两国的主权争议，共同开发。共同开发的无非是那个岛屿附近的海底石油之类，可以合资经营嘛，共同得利嘛。不用打仗，也不要好多轮谈判。南沙群岛，历来世界地图是划到中国的，属中国，现在除台湾占了一个岛外，菲律宾占了几个岛，越南占了几个岛，马来西亚占了几个岛。将来怎么办？一个办法是我们用武力统统把这些岛收回来；一个办法是把主权问题搁置起来，共同开发，这就可以消除多年积累下来的问题。这个问题迟早要解决。世界上这类的国际争端还不少。我们中国人是主张和平的，希望用和平方式解决争端。"③

江泽民同志在 1991 年 10 月为海军东海舰队书写了"加强人民海军建设，捍卫祖国海洋主权"的题词。1992 年 10 月 12 日，他在党的第十四次代表大会上的工作报告中指出："中国人民解放军是人民民主专政的坚强柱石，是捍卫社会主义祖国的钢铁长城，是建设有中国特色社会主义的重要力量……今后军队要努力适应现代战争的需要，注重质量建设，全面增强战斗力，更好地担负起保卫国家领土、领空、领海主权和海洋权益，维护祖国统一和安全的神圣使命。"1994 年 7 月 22 日，他为国家海洋局书写了"振兴海业，繁荣经济"的题词。1995 年 10 月他在视察海军部队时，他又指出："我国是一个大陆国家，也是一个海洋国家……开发和利用海洋，对于我国的长远发展具有越来越重要的意义。我们一定要从战略高度认识海洋，增强全民族的海洋观念。"④

国家三代领导人的论述和题词，从国家利益和国际形势的全局上，指明了具有现代中国特色的海洋观、海权观和海防观，为当代中国的海洋立法奠定了坚实的思想基础。

---

① 中央军委办公厅编：《邓小平关于新时期军队建设论述选编》，八一出版社，1993 年版，第 70 页。
② 杨国宇：《当代中国海军》，中国科学出版社，1987 年版，第 709 页。
③《邓小平文集》第三卷，人民出版社，1993 年版，第 87 页。
④ 李明春著：《海权论衡》，海洋出版社，2004 年版，第 161－162 页。

新中国成立后的海洋立法大致分为以下三个阶段[①]。

第一个阶段从1949年到1978年。这一阶段的国内立法包括1951年的《中央人民政府政务院关于全国盐务工作的决定》，明确了“公私兼顾、按销定产、提高质量、增加产量、减低成本”等工作方针，同时采取了“提高税额”“税不重征”等政策。此阶段的涉海立法还有1950年的《进出口船舶、船员、旅客、行李检查暂行通则》，1954年《中华人民共和国海港管理暂行条例》，1955年《关于渤海、黄海及东海机轮拖网渔业禁渔区的命令》，1958年《中华人民共和国政府关于领海的声明》，1961年《进出口船舶联合检查通则》，1964年《外国籍非军用船舶通过琼州海峡管理规则》，1974年《中华人民共和国防止沿海水域污染暂行规定》，1977年《中华人民共和国国境卫生检疫条例实施细则》等。这一阶段的海洋立法数量有限，而且立法层次低，其中没有一部是国家立法机关创制的法律。

这一阶段我国国内海洋立法最重要的法律文件是1958年9月4日发布的《中华人民共和国政府关于领海的声明》。该声明的发布有两个背景：一是第一次联合国海洋法会议的召开。会议自1958年2月24日至4月27日在日内瓦联合国欧洲办事处召开。86个国家派代表出席了会议。由于当时中华人民共和国尚未恢复在联合国的合法席位，没有能够参加会议，因此亟须表明其在海洋法主要问题，特别是领海制度上的立场和态度。二是发生了台湾海峡危机。此文件的发布是为了维护中国的主权和国防安全。该声明确立了我国领海的范围和基本制度，是新中国成立后在20世纪中后期有关海洋权益方面的一个重要文件。

新中国成立后就采取了多种形式开展海洋领域的国际合作。1952年与波兰签订了合办中波轮船公司的协议。1955年4月，中日双方第一次在北京签订了关于黄海、东海渔业的协定，有效期1年。之后顺延到1957年。1963年11月，中日双方在北京第二次签订了关于黄海、东海的渔业协定。1972年中日两国正式建立外交关系后，1975年8月15日，中日双方在北京签订了《中华人民共和国和日本国渔业协定》。这个协定的效力一直延续到1997年中日两国签署新的中日渔业协定。1956年中国同苏联、朝鲜等签订的《太平洋西部渔业、海洋学和湖沼学研究的合作协定》是新中国发展国际渔业合作研究的开端。根据该“合作协定”，成立了中国、苏联、朝鲜、越南共同组成的“太平洋西部渔业研究委员会”，主要进行学术交流、资料交换、合作调查等方面的活动。该协定的签订对我国当时外部环境受限制的国内渔业、海洋科学研究，无疑是非常重要的。同时，也为后来开展国际合作研究积累了经验。此外这一时期我国还陆续与其他一些国家签订了“通商通航条约”“海运协定”“海运互惠换文”“渔业协定”和“渔业议定书”等。1971年10月恢复我国在联合国的合法席位。从1972年起，我国就参加了联合国海底委员会和第三次联合

---

① 高建军等:《中国与国际海洋法》，海洋出版社，2004年版，第4－6页。

国海洋法会议。我国陆续加入了一些国际组织，签订了一些国际公约。如1973年加入了《1960年国际海上人命安全公约》《国际海事组织公约》和《国际船舶载重线公约》，1975年加入了1974年的《国际海上人命安全公约》，1979年加入了《海员培训、发证和值班标准国际公约》《国际海事卫星组织公约》和《国际海事卫星组织业务协定》等。这些公约多与航行有关。

第二阶段是从20世纪80年代到90年代初。这一阶段我国的海洋立法情况有所改观，不仅海洋法律法规的数量大大增加，而且立法层次也提高了。在海洋资源管理与利用方面主要有：1979年《渔政管理工作暂行条例》和《关于对在我国沿海进行石油勘探的外国籍工程船、船员及随船人员的管理办法》，1980年《关于划定南海区和福建沿海机动船底拖网禁渔区线的意见》，1981年《关于东、黄海水产资源保护的几项暂行规定》，1982年《对外合作开采海洋石油资源条例》。1986年制定了《渔业法》。在航行安全方面，这个时期也制定了一些法律法规。主要包括1979年的《国际船舶试行电讯卫生检疫规定》和《对外国籍船舶管理规则》、1983年《海上交通安全法》。

这一阶段我国海洋立法的特点是制定了大量有关海洋环境保护的法律法规。1982年全国人大常委会通过了《海洋环境保护法》。此法是我国保护海洋环境的基本法律。为了实施《海洋环境保护法》，我国先后颁布了《防止船舶污染海域管理条例》（1983年），《海洋石油勘探开发环境保护管理条例》（1983年），《海洋倾废管理条例》（1985年），《防止拆船污染环境管理条例》（1988年），《防治陆源污染物污染损害海洋环境管理条例》（1990年），《防治海岸工程建设项目污染损害海洋环境管理条例》（1990年）以及由国务院各部门制定的海洋环境保护规章和标准等。这些法律法规基本形成了海洋环境保护的法律体系。

这一阶段我国积极参与了国际海洋法制活动，签订国际公约和双边协定的数量也有所增加。1980年加入了《国际船舶吨位丈量公约》，《1971年国际海上人命安全公约》，《国际海上避碰规则公约》，《国际集装箱安全公约》和《国际海上搜寻救助公约》；1982年加入了《国际油污损害民事责任公约》和《国际海事卫星组织特权与豁免议定书》，1983年加入了《1973年国际防止船舶造成污染公约1978年议定书》和《建立海关合作理事会公约》，1985年加入了《防止倾倒废物和其他物质污染海洋的公约》和《修正1969年国际油污损害民事责任公约的议定书》，1986年加入了《1973年国际防止船舶造成污染公约及其1978年议定书附则Ⅰ修正案》，《1969年国际油污损害民事责任公约的议定书》和《1972年集装箱关务公约》，1988年加入了《制止危及海上航行安全非法行为公约》，《制止危及大陆架固定平台安全非法行为议定书》和《关于简化和协调海关业务制度的国际公约》；1990年加入了《1969年国际干预公海油污事故公约》，《1973年干预公海非油类物质污染议定书》和《控制危险废物越境转移及其处置的巴塞尔公约》；1991年加入了《北太平洋海洋科学组织公约》和《禁止在海床及底土安置核武器和其他大规模毁灭性武器公约》等。可以看出，在这一时期我国参加的海洋方面的国际公约中，海洋环境保护方面占了很大的比例。这体现了我国对于海洋环境保护的日益重视。

第三阶段从1992年2月25日《领海及毗连区法》的颁布实施至今。这一阶段的特征是，随着1994年《联合国海洋法公约》的生效和我国1996年对公约的批准，我国制定和修改了大量的海洋法律法规，从而建立了我国海洋法律体系的基本框架。我国1992年颁布了《领海及毗连区法》，重点突出了我国领海及毗连区的空间范围、国家对领海的主权和对毗连区的管制权以及其基本制度。该法的起草符合《联合国海洋法公约》的原则，其基本内容与《联合国海洋法公约》的原则和有关规定是一致的。

1996年5月15日，中国在批准了《联合国海洋法公约》的同一天发布了《关于中华人民共和国领海基线的声明》，公布了部分领海基点。[①]

1998年全国人大常委会通过了《中华人民共和国专属经济区和大陆架法》。该法将中国对专属经济区和大陆架的主权权利和管辖权系统地确定了下来，与《联合国海洋法公约》的规定相协调。

1999年全国人大常委会通过了《中华人民共和国海事诉讼特别程序法》。该法弥补了我国海事程序立法方面的不足，对我国海事诉讼规范化起到了重要的作用。

1999年我国修改了1982年制定的《海洋环境保护法》。1999年修订的《海洋环境保护法》与1982年《海洋环境保护法》相比增加了“海洋环境监督管理”和“海洋生态保护”两章，并将原法第三章“防止海洋石油勘探开发对海洋环境的污染损害”修改为“防治海洋工程建设项目对海洋环境的污染损害”。修订后的《海洋环境保护法》对保护海洋生态提出了原则要求。

2000年和2004年对《渔业法》进行了两次修改，扩大了适用范围，内容涉及养殖水域、滩涂、苗种、病害防治等养殖管理制度；加大了对内水、近海捕捞业的控制力度，实行按资源可捕量安排生产；对渔船、渔具也作出了严格、具体的规定；明确了渔业行政部门及其工作人员不得参与渔业生产经营活动等。

为了加强海域使用管理，维护国家海域所有权和海域使用权人的合法权益，促进海域的合理开发和可持续利用，2001年全国人大常委会通过了《海域使用管理法》。《海域使用管理法》涵盖了海洋功能区划、海域使用权和有偿使用等核心制度。《海域使用管理法》是国家彻底解决海域使用及其资源开发中长期存在的“无序、无度、无偿”状态的重要举措，开创了海域使用管理的新时期。

2003年发布了《中华人民共和国港口法》（以下简称《港口法》)，填补了中国在港口管理方面的法律空白，也为提升中国港口的国际竞争能力提供了法律保障。《港口法》

① 此次公布的包括了大陆沿海49个岛屿和西沙群岛28个岛屿的领海基线（参见张乃根著：《国际法原理》，中国政法大学出版社，2002年版，第132页）。

明确表达了进一步扩大开放，引进竞争机制，提升港口市场化程度的要求。按照该法的规定，凡是符合法定条件的经营人都可以进入。该法鼓励国内外经济组织和个人依法投资建设、经营港口。这意味着中国将向外资更大程度地开放港口经营。《港口法》还重点调整了中国港口的行政管理体系，确立了港口由中央交给地方政府直接管理并实行政企分开的行政管理体制，港口企业将作为独立的市场主体，依法自主经营，按照市场法则，公开、平等竞争。

2004年，国家还对《中华人民共和国野生动物保护法》进行了修订。

除了全国立法机关制定的法律外，这一时期国务院及有关部委和地方人大及常委会还制定了大量的行政法规、规章和地方立法。行政法规包括1993年发布的《水生野生动物保护实施条例》《船舶和海上设施检验条例》；1994年发布的《中华人民共和国船舶登记条例》；1995年发布的《中华人民共和国航标条例》《国际航行船舶进出中华人民共和国口岸检查办法》；1996年发布的《涉外海洋科学研究管理规定》；1997年发布的《国务院关于修改〈中华人民共和国水路运输管理条例〉的决定》；2005年发布的《海洋特别保护区管理办法》；2006年发布的《防治海岸工程建设项目污染损害海洋环境管理条例》；2006年发布的《濒危野生动植物进出口管理条例》等。

2009年全国人民代表大会常务委员会通过了《中华人民共和国海岛保护法》，内容涵盖了海岛开发、保护和管理工作，涉及资源、生态、权益、社会经济等各个方面。

这一时期我国加入了大量的国际公约。例如，1993年加入了《建立印度洋金枪鱼委员会协定》；1994年签署了《中白令海狭鳕资源养护和管理公约》《1974年国际人命安全公约1988年议定书》《1966年国际船舶载重线公约1988年议定书》《1989年国际救助公约》《1974年国际海上人命公约1991年修正案》《便利国际海上运输公约》《国际海事组织公约1991年修正案》《1993年船舶优先权和抵押权国际公约》《国际海事组织公约1993年修正案》《1910年统一船舶碰撞某些法律规定的国际公约》；1996年签署了《执行1982年〈联合国海洋法公约〉有关养护和管理跨界鱼类种群和高度洄游鱼类种群的规定的协定》；1997年默认接受了《1972年国际海上避碰规则1993年修正案（Annex）》《1974年国际海上人命安全公约1995年修正案（ch－V）》《1974年国际人命安全公约1995年修正案（ch－II－1，II－2，III，IV，V，Vi）》；1999年加入了《修正1969年国际油污损害民事责任的1992年议定书》《修正1972年设立国际油污损害基金公约的1992年议定书（仅适用于香港）》；2001年加入了《1979年国际海上搜寻救助公约1998年修正案》《巴塞尔公约缔约方会议第三次会议通过的决定第Ⅲ/1号决定对巴塞尔公约的修正》，签署了《关于持久有机污染物的斯德哥尔摩公约》；2002年加入了《便利国际海上运输公约2002年修正案》等；2006年批准了《防止倾倒废物及其他物质污染海洋的公约1996年议定书》。

第三章 建设我国海洋法律体系的战略思考

作为完整法律规范体系的海洋法，可以调整广泛领域的海洋事务的海洋法，其历史，不管是在东方还是在西方，都很短。[①] 根据本书的考查，海洋法的一些基本概念等传入中国的时间在19世纪的六七十年代（见本书第二章）。以这些概念为基本构成成分的海洋法在中国的诞生毫无疑问应当是在接受了这些概念之后。一直到今天，海洋法律依然是一个年轻的法律分支。也正因为它年轻，又因为我们正经历一个海洋世纪画卷慢慢展开的过程，所以才有必要研究海洋法律体系的建设这样一个具有战略意义的课题。

第一节 建立我国海洋法律体系的必要性

在我们说建立某个法律体系的时候，一般都是表达一种立法观点。这种观点针对的往往是以下两种情况：一是面向未来建设一个尚不存在的法律体系；二是通过主动的建设把尚不完善的法律体系变得完善起来。本书探讨的建立我国海洋法律体系的问题属于第二种情况。我国并非没有海洋法律体系，虽然我国认真开展海洋法制建设的历史并不长，只是这个体系还不够完善，甚至立法者在制定某部处理海洋事务的法律时没有有意识地把它的产品放进海洋法律体系之中。所以，我们这里所说的“建立我国海洋法律体系的必要性”在很大程度上就是用明确的海洋法律体系的概念指导海洋法制建设的必要性。

在我国的确存在建设明确的海洋法律体系的概念下的海洋法律体系的必要性。

一、现行海洋法律体系不完善严重影响相关法律发挥作用

从新中国海洋立法史可以清楚地看出，我国不是先形成海洋法律体系的一般概念和对海洋法律体系的某种规划，然后再按照这个一般概念和立法规划逐步开展立法活动，而是需要什么就做点什么，什么要得急就先做点什么。“头疼医头，足疼医足”的话可以用来评价我国的海洋立法过程，尤其是新中国成立初期的立法过程。以下文件的陆续出台典型地反映了这一特点。

---

① 贾宇研究员在把我国海洋立法的历史“追溯”到1875年清政府关于领海的声明的时候，曾小心地给“立法”两字加了引号（见国家海洋局海洋发展战略研究所课题组编写，海洋出版社2007年出版的《中国海洋发展报告》第七章）。这个小心的处理说明中国实在并没有太久远的海洋立法的历史。

1950 年，《进出口船舶、船员、旅客、行李检查暂行通则》；

1951 年，《中央人民政府政务院关于全国盐务工作的决定》；

1954 年，《中华人民共和国海港管理暂行条例》；

1955 年，《国务院关于渤海、黄海及东海机轮拖网渔业禁渔区的命令》；

1958 年，《中华人民共和国政府关于领海的声明》；

1961 年，《进出口船舶联合检查通则》；

1964 年，《外国籍非军用船舶通过琼州海峡管理规则》；

……

这些文件之间互不统属，甚至互不相干，更不要说什么体系了。这样的法律虽然可以起到满足紧急需要的作用，比如发布了《中华人民共和国政府关于领海的声明》就明确了我国对诸如领海宽度等的态度，但却难以产生一个完整的法律体系在对海洋事务的调整上所具有的那种作用。

第五届全国人民代表大会以来，随着我国法制建设的逐步加强，海洋法制的这种凌乱的状况有所改变。可以说我国已经建立了一系列海洋法律法规，而这些法律法规在客观上也构成了一个体系，但如果用有机整体这样的标准来审视，就会发现这个体系缺少有机性，也不够完整。

我国立法权的统一决定了海洋法律法规必然趋向体系化。在统一的立法权的运行过程中，接受先法的约束，制定后法时照顾先法的规定是必然的选择。我们可以把这种做法称为“遵循先法”。这与判例法系国家审判活动中的遵循先例原则有些类似。“遵循先法”这种选择重复的次数越多，由统一立法权创立的法律的体系化程度就越高。比如，要“促进渔业生产的发展”[①] 就需要保护“渔业水域的生态环境”，而作为调整渔业活动的专门法的《渔业法》（1986 年）没有为保护渔业水域生态环境创立新的规范，而是援引了早几年生效的《海洋环境保护法》等法律，要求“各级人民政府”“依照《海洋环境保护法》”等法律的规定“采取措施”，“防治污染”。[②] 这种照顾前法，接受前法约束的做法把先后建立的法律连成一个整体，对加强一国法律的体系化发挥了积极的作用。事实上我国的海洋法律和其他法律部门一样，都是在这种“遵循先法”的反复实践中逐步丰富和发展的。

但是，这种看起来可以使法律体系走向完善的方法还没有使我国的海洋法律体系达到完善的程度。1986 年《渔业法》要求“各级人民政府”为了实现“渔业资源的增殖和养护”[③]，“依照《海洋环境保护法》”等法律的规定“采取措施”，“防治污染”，但却没有考虑养殖业对海洋的污染。对养殖活动中的污染行为未予过问的《渔业法》与《海洋环

① 《中华人民共和国渔业法》（1986 年）第一条。

② 《中华人民共和国渔业法》（1986 年）第二十六条。

③ 《中华人民共和国渔业法》（1986 年）第四章。

境保护法》“保护海洋环境及资源”[1] 的立法意图是不一致的。2000 年的《渔业法》似乎注意到了这个缺陷。该法第二十条规定：“从事养殖生产应当保护水域生态环境，科学确定养殖密度，合理投饵、施肥、使用农药，不得造成水域的环境污染。”这一规定从条文上弥补了 1986 年《渔业法》的不足。然而，这种弥补的意义主要表现在条文上，而没有落实为完整的法律规范。2000 年《渔业法》的“法律责任”章规定的对海上活动有效的追究法律责任的法律依据是《海洋环境保护法》，而该法并未提供对养殖污染行为如何处理的依据。它的“法律责任”一章的规定大多都用了“违法本法有关规定”如何处理的表达法，而该法所规定的污染只有“陆源污染”（第四章）、“海岸工程污染”（第五章）、“海洋工程污染”（第六章）、“倾倒废弃物”污染（第七章）、“船舶及有关作业活动”污染（第八章）五类，不包括渔业养殖污染。把这两部法律放在一起研读，我们发现，《渔业法》第二十条的规定其实只有号召意义，无法发挥法律，尤其是中国立法习惯下的法律应有的规范作用。

我国海洋法律法规中的这类不足，说明我们仍然面临着用体系的眼光继续开展海洋法制建设的任务。

我国海洋法律在经过了 30 年的建设之后之所以依然存在体系建设的任务，在很大程度上是由先后实施的立法缺乏统一的立法指导思想、立法规划和对所有海洋法律法规都具有统领作用的海洋法律基本制度、基本原则等所造成的。其直观的表现是：我国没有建立海洋基本法。现有的海洋法律法规，虽然在统一的立法权的统摄下形成了相互关联、后法依从先法的关系，但在脱离立法权的静态条件下，它们是没有“将军”的一群“士兵”。

二、部门分权影响了法律体系的内部协调

在关于我国海洋管理体制的讨论中，不少学者、官员都对所谓“多龙治海”或“多龙闹海”的状况提出了批评。这些批评是善意的，但有些批评却没有找到我国海洋管理混乱的症结之所在。这里有一点是需要先行明确的，那就是海洋管理，包括已经被世界上许多国家所接受的海洋综合管理，并不排斥国家管理体制中的部门分权。我们不能把海洋管理中的混乱简单地归结为管理部门的“多”。把全部涉海的管理都交给一个部门并不是解决问题的有效办法，而且也很难与国家管理上的职权分工体制相协调。

我国海洋管理中的混乱从根本上看不是来自于管理部门的多，而是来自于管理上的不统一。各部门各自为政（扩展权力，追逐利益，逃避责任）才是真正的症结所在。本章的任务不是讨论海洋管理体制的改革，但管理体制的问题却与海洋法律体系的完善有着密切的联系。简单来说，我国的海洋管理体制借助“部门立法”的立法手段，把各自为政的管理风气带进了海洋立法。我国海洋法律体系在一定程度上就是各自为政的海洋管理体制的

---

[1] 《中华人民共和国海洋环境保护法》第一条。

写照。农业部门只管农业，由其起草的渔业法是农业法下的渔业法；交通部门管交通，由其起草的与海上交通有关的法律都主要是出于交通便利考虑的法；环保部门管环保，由其起草的法律符合环保的要求，但却不一定是妥善处理了与交通、农业活动和相关管理活动关系的法律，如此等等。这些都严重影响了海洋法律法规之间的协调，从而严重降低了这些法规以及由这些法律法规组成的海洋法律体系的调整功能。

如果说我国的海洋管理体制需要改革，以便化解部门管理中的矛盾，提高管理效率，那么，我国的海洋法律法规相互间的不一致、不协调需要克服，我国需要把现有的海洋法律法规转化为真正具有内部有机联系的法律体系。

三、海洋事务的增长呼唤更合理的海洋法律体系

人类对海洋的利用从古到今呈逐步扩展的趋势。在人类利用海洋的早期历史上，海上贸易曾被视为“以生命和财产作极其冒险的赌博”[①]。《管子》为了说明人性自私的道理所举的例证之一是人为了从海里得到“利”可以在“深万仞”的海里“就彼逆流，乘危万里，宿夜不出”。[②] 海洋生产被看作是极其危险的事业。但到了今天，到了被我们称为海洋世纪的年代，在海洋开发和利用上，人们早已没有了对“危险”的担忧。人类对海洋的利用，不管是广度还是深度都已经大大超过以往的时代。如果说最初的海上贸易只是人类陆上生产活动和消费活动的中间环节，是为了连通生产和消费而不得不冒险实施的沟通活动，而渔业生产则是给人们主要取自陆地的消费品增加一点奢侈的“海味”，那么，现在人类的海洋活动早已不是如此单一。《中国海洋21世纪议程》的一段话可以从一个侧面反映人类海洋产业的丰富：

科学技术的迅速发展，加速了传统海洋产业的技术改造，促进了新兴海洋产业的形成和发展：①海洋空间利用日益多样化，人类的生产和生活空间逐渐向海洋推进。过去，海洋空间利用主要是港口建设和海上航运，目前已向多样化方向发展，港湾利用比过去内容更加丰富多彩。除物流、产业、生活三个基本机能的港湾空间利用之外，游船码头、基地、各种娱乐设施、情报信息网等也都是港湾利用的系统内容。海洋空间的旅游娱乐利用，已经成为正在迅速发展的主导产业之一，包括海洋文化、海洋医疗、水上运动、海上垂钓、水下观光等许多项目。另外，海上和水下城市、海底隧道、人工岛、海底仓储等也在发展。②海水资源作为巨大的液体矿，将逐步进入综合开发利用阶段，其中包括海水制盐及提取镁、溴、钾、铀等化学元素；海水作为工业冷却水、耐盐植物灌溉用水、大生活用水等的海水直接利用，以及海水淡化也在向产业化方向迈进。③海洋农牧化技术逐渐成熟，许多近海海域将成为蓝色的田野和牧场。④海洋油气资源勘探开发正在向500～

---

① ［美］G. 吉尔摩、C. L. 布莱克著：《海商法》，中国大百科全书出版社，2000年版，第3页。

② 《管子·禁藏》。

1 000米深水区发展，石油产量7亿多吨，占世界石油总产量的25%，21世纪初可能达到13亿吨，占当时石油总产量的40%以上；大洋多金属结核、海底热液矿、海底钴结壳等矿物勘探活动也在发展，21世纪将形成深海采矿业。①

仅仅在海洋产业的领域内，人类对海洋的利用就包括了5类，已远非历史上简单的海上贸易、海洋渔盐所能比。而在这5类的利用中，每一类的内容都十分丰富，这方面尤其以海洋空间利用为典型。

当代人类不仅拓宽了海洋利用的范围，而且已经形成了对海洋的更大程度的依赖。在这方面，日本的情况更加突出。“几乎全部的日本贸易量和近40% 的国内物质运输量均依赖于海上运输，同时，国民生活中供应的动物蛋白质的40%由水产品提供，而支撑这些活动的海运业、水产业、造船业等海洋产业，是维系日本经济、社会健康发展与国民生活安定有序的基础。”② 这里有三项指标值得重视：第一，海上运输的数量。运输是经济，尤其是贸易的支柱，海上运输在整个运输中的地位一定程度上就是其在整个经济发展中的地位的反映；第二，动物蛋白质的数量。40%绝对不是一个可以忽略的数字；第三，海洋产业在经济、社会发展和国民生活中的地位。“经济、社会健康发展与国民生活安定有序的基础”当然是不可不重视的。正是出于对这些指标以及海洋在国民经济和社会发展中的地位和作用的认识，《日本海洋基本法》不仅把“海洋的开发与利用”宣布为日本“经济社会发展的基础”③，而且明确树立了“海洋立国的目标”④。

这一切都说明，海洋事务已经从社会生活的边缘走到了中央。如果说海洋法律在历史上曾经是支离破碎的，甚至是依附于其他法律的，那么，在今天，这种状况就不得不加以改变了。在海洋事务非常简单的时代，调整海洋事务的法律一定不会太复杂。而在海洋事务已经成为一国经济和社会生活、对外交往的重要内容的情况下，担负海洋事务调整任务的海洋法律就不能不变得更加丰富。制定《日本海洋基本法》是日本的立法者对海洋法制建设需求的正确反映，也是完善日本海洋法律体系的基本保障。

我国要适应海洋事务繁多意义重大的客观形势，就必须进一步完善海洋法制，而这种完善的努力应瞄准整体的海洋法律体系。

第二节　建设我国海洋法律体系的指导思想

我们面临的海洋法制建设任务是“通过主动的建设把尚不完善的法律体系变得完善起

① 《中国海洋21世纪议程》第一章第三条。

② 金永明：《日本〈海洋基本计划草案〉书评》，《中国海洋法学评论》2008年第1辑。（香港）中国评论文化有限公司出版，2008年版。

③ 《日本海洋基本法》第二条。

④ 《日本海洋基本法》第一条。

来”，而不是重新设计、从头开始建设一个全新的法律体系。尽管如此，我们的建设也应当先明确如何建设、怎样完善的问题。这里要讨论的指导思想就是要明确如何完善、向哪个方向引导的问题。

一、发展的思想与环保的思想

上文谈到海洋事务增多对更完备的海洋法律的需要。海洋事务增多也就是人类对海洋的利用范围、形式等增多，也就是海洋对人类的生产、生活提供的服务增多。因为要从海洋中提取日本人民所需要的全部动物蛋白质的40%，所以日本才加大了对海洋的利用；因为其对外贸易的几乎全部货物都要经过海上运输运往国外，所以日本才有发达的海上运输线。这也就是说，对海洋的利用是与国家的经济和社会发展，尤其是经济发展联系在一起的。我们甚至也可以说，利用海洋是发展经济必不可少的条件，而且所谓海洋的世纪说到底是向海洋要发展的世纪。

中国是一个“沿海大国”，一个“发展中的沿海大国”。① 中国要实现自己的发展，就必须加大对海洋的利用，② 而海洋立法必须贯彻发展的思想。

然而，利用海洋发展经济并不是一个可以不加限制的选择。这是因为由开发利用海洋所带来的负面影响已经十分严重，现实已经不允许人类毫无顾忌地利用海洋。《中国海洋21世纪议程》指出：

现代海洋开发活动在迅速展现其巨大的经济效益的同时，也带来了一系列的资源与环境问题。比如，近海渔业资源严重捕捞过度使海洋生物资源破坏严重；入海污染物总量不断增加，致使某些海域环境污染加剧，生态环境趋于恶化；缺乏高层次的规划和协调机制造成用海行业之间矛盾突出，开发利用不合理；沿海岸段经济发展不平衡，个别地区还没有完全摆脱贫困状态，而在经济发达岸段，也存在着诸多的环境问题；全球气候变化及沿海地区经济活动增加使海洋性灾害频率增高，范围扩大，经济损失程度也相应增加，后果更严重。③

如此严重的环境问题告诉我们，在利用海洋的同时必须保护海洋，在利用海洋实现发展的过程中必须遵循可持续发展的原则。实现海洋资源的可持续利用，加强海洋环境保护是环境时代④对海洋事业发展的要求；保护海洋环境，保证合理开发、利用海洋资源，是

① 国家海洋局：《中国海洋政策》，海洋出版社，1998年版，第1页。

② 《中国海洋21世纪议程》指出：“中国的社会和经济发展将越来越多地依赖海洋。”基于这种判断，《议程》才“把‘海洋资源的可持续开发与保护’作为重要的行动方案领域之一”（《前言》）。

③ 《中国海洋21世纪议程·前言》。

④ 环境时代也称“生态文明的时代”。我们曾对生态文明时代做过一些探讨。参见徐祥民著：《被决定的法理——法学理论在生态文明中的革命》，载《法学论坛》2007年第1期。

“海洋世纪”的历史使命。[①] 在海洋资源的开发利用和海商、海事活动领域，应将资源有限、自然相关、环境污染和生态破坏具有不可逆转性等“铁的”生态规律作为行为的警示，建立起面向未来持续发展的前瞻性和预警性反馈机制，防止对海洋环境造成损害，实现海洋环境资源的可持续利用。

海洋法制建设也应贯彻可持续发展的思想，也就是说在贯彻发展思想的同时还要贯彻环保的思想。《加拿大海洋法》（Ocean Act）第二章（Part Ⅱ）是“海洋管理战略”（Ocean Management Strategy），该章要求把国家海洋管理战略建立在若干原则的基础上，而其提出的作为基础的原则中的第一项就是“可持续发展”。[②]《日本海洋基本法》更给我们树立了把发展与环保有机结合的榜样，也可以说是贯彻可持续发展思想的榜样。该法第二条的标题就是“海洋开发利用和海洋环境保护的协调”。该条规定：

海洋开发和利用是我国经济社会存在的基础，保护生物多样性、保护良好的海洋环境，是人类继续生存的基础。海洋是目前实现富裕的国民生活不可或缺的因素，鉴于此，为了能在将来继续享受海洋的恩泽，我们对海洋所进行的积极开发、利用，必须以保护海洋环境，实现可持续开发、利用海洋为主旨。[③]

我国业已制定的海洋法律、法规，涉及海洋资源合理开发和海洋生态环境保护的法律规范已占了相当的比例，在一定程度上反映了可持续发展的要求。这是一个良好的开端。今后的任务是从发展与环保的结合上完善我国的海洋法律体系。不仅专门规定海洋环境保护的法律、法规要将可持续发展原则奉为圭臬，而且海洋法律体系中的其他法律，包括具有突出的“营利性”特征的海商法，也要贯彻发展与环保相结合的思想。[④]

不管是发展，还是环保，这两种思想都会产生对科学的诉求。最简单的道理在于，海洋是人类正在探索的对象，而对它的开发和利用期待科学探索的发现；不管是环境保护的科学技术还是发展与环境保护的关系，都是摆在人类面前的科学难题。《加拿大海洋法》的规定反映了加拿大立法者对海洋科学技术的重视。该法第三章规定渔业与海洋部“部长的权力、责任和功能”，除了总括性的规定之外，列在首位的就是处理科学技术事务。其

① 2004 年世界环境日的主题是“海洋兴亡，匹夫有责”（Wanted！Seas and Oceans——Dead or Alive）。这一主题强调人类社会再也不能把世界海洋当成一个方便的垃圾倾倒场，或当成一个取之不尽的财富来源；要求各国政府和人民对如何对待海洋做出抉择，同时吁请我们每个人都尽力为保护海洋而采取行动。

② 《加拿大海洋法》第三十条。该条规定：国家战略应当建立在以下原则的基础之上：（1）可持续发展，一种满足当前需要但不危害将来世代满足他们的需要的能力的发展（sustainable development，that is，development that meets the needs of the present without compromising the ability of future generations to meet their own needs）。显然，该条中夹杂了“代际公平”理论的成分。实际上，可持续发展学说中需要的是一个现在和将来的时间概念，而不是世代概念。关于对“代际公平”理论的批评，拟在以后专门为之。兹不赘述。

③ 《日本海洋基本法》第二条。

④ 当前，《中华人民共和国海商法》（以下简称《海商法》）的修改已提上议事日程。海商法专家受交通部委托完成了《海商法》的修改建议稿。在正确预测国际海事立法发展趋势的基础上，《海商法》修改建议稿增设了船舶污染损害赔偿制度等内容。

中包括收集用以理解海洋和海洋生物资源、海洋生态的数据资料，参与海洋科学发展等10项。[①]

二、和平的思想和竞争的思想

要发展就需要有和平，没有和平就没有发展的机会，就没有发展的环境。要利用海洋为经济和社会发展提供助力，就更需要和平。这是因为对海洋的利用比对陆地的利用更容易牵连到国际关系。

不管是海洋资源的可持续利用，还是海洋污染的防治，都需要国际间的合作才能实现。海洋与人类利用之间的这种特点决定了人类要想从海洋上寻求可持续发展，就必须努力实现国际合作和国际和平。

当然，人类利用海洋的能力的提高也要求国家间加强合作，而不是相互对抗。傅崐成先生曾指出："这个地球的确正在快速地'缩小'。"他举例说："百年以前，当中国海军在甲午战争中惨败，许多人论辩中国与海洋的关系时，从中国航行到美洲尚需行船逾月。今天，此一航程仅需十数小时。"[②] 面对变小的地球和变小的海洋，各国之间就更需要加强合作，营造和平的海洋开发利用环境。

海洋既是一个展开国际合作的舞台，同时也是一个国际竞争的赛场。当一国把海洋宣布为"人类共有的财产"[③] 的时候，它既表明了海洋作为"地球的重要组成部分"对"维持人类和所有生物生命"所具有的"不可或缺"[④] 的作用，同时也说明了海洋利用上的可竞争性——因为是"共有"的，所以便可以是竞争利用的。这里的竞争可以是背对背的竞争，也就是市场规律作用下的竞争，比如同等条件下利用海洋，而科技水平高的国家所取得的利用收效大。日本显然注意到了这种竞争。《日本海洋基本法》第二十四条的标题就是"振兴海洋产业，提高国际竞争力"。该条规定：

为振兴海洋产业，提高我国的国际竞争力，需采取措施促进先进技术的研究开发、确保技术先进性及加强对人才的培养，并进一步确保获得具备竞争力的经营基础和对新事业的开发能力。

这是科学技术水平的竞争，是借助市场的中介使一国取得优势地位的竞争。

海洋上的竞争也可能是面对面的，即此消彼长式的竞争，或者说是争夺性的竞争。世界各沿海国家所说的维护自己的海洋权益多指防止侵夺，使自己应得的海洋权益不受损失。海洋权益的维护需要通过竞争来实现。一项具体的国家的海洋权益能否得到维护最后是通过竞争来实现的。我们和海上邻国之间存在着海洋划界等未决事项，而这些未决事项

① 《加拿大海洋法》第四十二条。

② 傅崐成：《海洋管理的法律问题·序言》，文笙书局，2003年版。

③ 《日本海洋基本法》第七条。

④ 《日本海洋基本法》第一条。

的解决以及是否能按照有利于我的方式解决，都需要经过一个竞争的过程，尽管《联合国海洋法公约》已经生效，尽管该公约已经为解决许多未决事项提供了某些法律根据。日本毫无疑问是注意到了这种竞争的存在的。这从《日本海洋基本法》的规定就能看得出来。其在“促进专属经济区等的开发事项”条中规定：

鉴于专属经济区开发利用及保全的重要性，我国需采取对策，开发符合海洋特性的专属经济区，并防止对我国专属经济区等拥有自主权水域的主权侵害。①

《中国海洋21世纪议程》对国际海洋形势的分析反映了海洋竞争的客观存在。《议程》称：

海洋权再分配进入新阶段，200海里以内海域逐步国土化，公海和国际海底向国际共同管理的方向发展。1994年11月16日生效的《联合国海洋法公约》，确定了12海里领海制度、200海里专属经济区制度、大陆架制度，以及国际海底区域及其资源是全人类共同继承的财产和公海的管理制度等。这些制度的贯彻实施将在以下几个方面引起重大变革：一是约1.3亿平方千米的近海（占海洋总面积的35.8%）将被沿海国以200海里专属经济区等形式划为管辖海域，脱离公海的性质，向国土化的方向发展；二是沿海国家将制定国内法律制度，陆续划定370多处国家间的海上边界；三是将对国际海底矿产资源逐步建立国际社会共同管理的制度，为全人类谋福利。②

我们必须正视竞争，在海洋法制建设中必须贯彻竞争的思想。如果忽略竞争，就会在战略上陷入被动。当然，竞争并不意味着冲突，更不意味着战争，而是追求公平，也就是以竞争的手段谋求对国家海洋权益的维护，为国家海洋事业的发展赢得和平的环境。

三、责任思想和国际合作思想

中国是个大国，一个海洋大国③，同时也是一个负责任的海洋大国。在海洋立法和海洋政策的制定中，我们必须考虑一个大国对人类大家庭的责任，对国际海洋秩序的责任。《中国21世纪议程》表达了中国作为一个负责任的大国的立场：

作为国际社会中的一员和世界上人口最多的国家，中国深知自己在全球可持续发展和

① 《日本海洋基本法》第十九条。

② 《中国海洋21世纪议程》第一章第二条。

③ 《中国海洋事业的发展》称我国为“沿海大国”，而且是“一个发展中的沿海大国”（《前言》）。该文件提供的以下数据足以说明中国是一个沿海大国：“中国拥有大陆岸线18 000多千米，以及面积在500平方米以上的海岛5 000多个，岛屿岸线14 000多千米；按照《联合国海洋法公约》的规定，中国还对广阔的大陆架和专属经济区行使主权权利和管辖权；中国的海域处在中、低纬度地带，自然环境和资源条件比较优越。中国海域海洋生物物种繁多，已鉴定的达20 278种。中国海域已经开发的渔场面积达81.8万平方海里。中国有浅海、滩涂总面积约1 333万公顷，按现有的科学水平，可进行人工养殖的水面有260万公顷，已经开发利用的有93.8万公顷。中国海域有30多个沉积盆地，面积近70万平方千米，石油资源量约250亿吨，天然气资源量约8.4万亿立方米。中国沿海共有160多处海湾和几百千米深水岸线，许多岸段适合建设港口，发展海洋运输业。沿海地区共有1 500多处旅游娱乐景观资源，适合发展海洋旅游业。中国海域还有丰富的海水资源和海洋可再生能源。”（《中国海洋事业的发展》第一章）

环境保护中的重要责任。中国在发展进程中，对自身经济发展产生的种种资源、环境问题的困扰和对因地球生态环境恶化而引起的各种环境问题威胁有了越来越深刻的认识。因此，中国政府将继续以强烈的历史责任感，高度重视自然资源和环境保护工作，以积极、认真、负责的态度参与保护地球生态环境，追求全人类可持续发展的各种国际努力。[①]

中国在海洋领域承担大国责任的最好方式之一是对国际海洋事务的广泛参与。因为参与就能产生影响，就能对国际海洋事务的公平和合理的处理发挥一定的作用。而参与的重要方式是国际合作，因为在和平年代国际事务的处理都是在多数国家及国际组织或多个国家及国际组织合作的情况下进行的。在这个意义上，负责任和国际合作是紧密联系在一起的。

我国一向重视海洋领域里的国际合作。《中国海洋事业的发展》曾明确宣布："中国积极参与联合国系统的海洋事务，推进国家间和地区性海洋领域的合作，并认真履行自己承担的义务，为全球海洋开发和保护事业做出了积极贡献。"[②] 事实上，我国也确实十分重视国际合作，重视履行国际义务。在参与国际海洋法条约方面，我国显示出积极的姿态。仅在 1980 年一年中，我国就先后加入 1972 年的《海上避碰规则公约》，1969 年的《国际油污损害民事责任公约》，1969 年的《国际船舶吨位丈量公约》，1972 年的《国际集装箱安全公约》和 1974 年的《国际海上人命安全公约》5 个国际海事公约。之后，我国批准或加入了更多的国际海洋法律文件。我国自始至终参加了 1973—1982 年的联合国第三次海洋法会议。1982 年 12 月 10 日，我国成为首批签署该会议通过的《联合国海洋法公约》的 119 个国家之一。我国还参与了该公约生效前对其第十一部分"国际海底区域"的重要修改，并在 1994 年 7 月 28 日形成《关于执行 1982 年 12 月 10 日〈联合国海洋法公约〉第十一部分的协定》的当天，签署了该协定。经过认真审议，1996 年 5 月 15 日，我国第八届人大常委会第 19 次会议批准了《联合国海洋法公约》（同年 6 月 17 日起该公约对我国生效），我国成为《联合国海洋法公约》的缔约国。

在《联合国海洋法公约》生效之后制定的《中国海洋 21 世纪议程》中，也把参与海洋事务的国际合作与交流列入，明确我国将"积极促进东北亚海域研究、开发和保护的国际合作；加强东南亚海域研究、开发和保护的国际合作；参加全球海洋研究、海洋环境保护、国际海底资源开发与管理、极地和极区海洋考察研究的国际合作。"[③]《中国海洋 21 世纪议程》就"综合性、基础性的国际海洋事务"规定了 7 个方案领域。它们是：A. 国际海洋立法；B. 公海生物资源保护和利用；C. 国际海底矿产资源研究与开发；D. 海洋科学研究的国际事务；E. 海洋环境保护的国际事务；F. 极地考察与和平利用；G. 亚太和西

① 《中国 21 世纪议程》第二章第二十五条。

② 《中国海洋事业的发展·前言》。

③ 《中国海洋 21 世纪议程》第一章第二十七条。

太地区性海洋事务合作与交流。[①]

我国官方文件已经做出承诺，现在需要的是履行承诺，在海洋法制建设领域继续贯彻国际合作的思想，尽快完善我国的海洋法制。

第三节　对完整的海洋法律体系的设想

尽管我们不是从头建设一个新的法律体系，而是对现有的海洋法制加以完善，也存在一个按照怎样的体系设想去完善的问题。如果考虑到海洋法制“新近才发达”，立法者还很少用海洋法律体系的眼光对待相关法律法规的建设这个现实，对还基本上“不成体系”的海洋法制进行体系建设的规划和思考就更显得必要了。

同样也是由于现有的海洋法制还很不成体系，我们所做的关于海洋法律体系的设想对海洋法制建设具有重大意义。我们认为，我国应当从战略的高度对待海洋法制建设。在这个意义上，我们的思考也是战略性的。

一、海洋法律体系的概念及其在我国法律体系中的地位

虽然已经分析了建立我国海洋法律体系的必要性，也提出了建立这样的体系应当贯彻的指导思想，但我们还一直没有明确何谓海洋法律体系。这个缺失不仅会使上述论证缺乏针对性，而且也会使下文将要展开的对海洋法律体系的设想无从展开。

本书所说的海洋法律体系是指在统一的经略海洋的思想指导下制定的，适用于海洋事务领域的法律规范体系。这个概念包含三个要点：第一，统一的适用领域，即适用于海洋事务领域。这相当于传统部门法概念下的涉海法律；第二，统一的服从海洋事务需要的法制建设方针。所谓经略海洋的思想就是指国家如何对待海洋的思想，包括开发利用的思想、维护海洋权益的思想等。在这些思想指导下，国家对海洋事务采取扶持、激励、保护、管理、控制等措施，把这些措施法律化就变成了海洋法律；第三，按照调整海洋事务的需要形成若干规范群，或者叫亚规范体系。

建立或完善海洋法律体系是完善一国法律体系的必要措施。在海洋世纪里，是否形成较为完备的海洋法律体系是检验一国（当然主要是指沿海国家）法律体系是否完善的重要尺度。以往学者们讨论法律体系的完善，主要把注意力放在宪法、刑法、民法、行政法等法律部门的健全以及各个法律部门内部的完善上。这样的判断在以往并不错，但在今天的海洋世纪里，仅仅关注这些传统的法律部门就不够了。

毫无疑问，法律是为调整社会关系而建立的。民事法律关系、行政法律关系等是社会生活中最常见的社会关系，反映在法律上就是民法法律和行政法律的发达。在民主社会，

---

① 《中国海洋21世纪议程》第十章第五条。

公民和政府之间的政治关系也是具有普遍性的社会关系，这种关系由于宪法的缔造而变得更加具体、细密。可以说宪法和宪法关系相互扶持，一起走向发达，从而给法律体系增加了一个重要的部门。现在，在海洋世纪里，海洋社会关系，不管它们是生活本身形成的，还是由政府管理设定的，变得越来越多样化，越来越复杂，在国家和社会生活中的意义越来越重大，法律应该反映这种关系，或者促进有益的海洋关系的形成。在国家和社会的发展已经或需要形成一定的海洋社会关系的时候，需要用法律来调整这种社会关系的时候，如果立法者没有满足这种需要，就会影响国家和社会的发展。用完善法制的眼光看问题，这种状况显然不能算是法律体系完善。

我们必须明确，海洋法律体系是一国法律体系的重要组成部分。越是走进海洋世纪，这个判断就越不容怀疑。越是走进海洋世纪，海洋法律体系在一国法律体系中的地位就越高。为了适应海洋世纪的需要，为了海洋事业的需要，也为了实现我国法律体系的完善，我们必须花气力完善海洋法律体系。

二、制定海洋基本法势在必行

海洋法律体系指的是规范体系，而非海洋立法体系。然而，我们完善海洋法律规范体系的努力要想产生理想的效果，必须从立法体系上做工作，即通过立法体系的某种提升实现规范体系的完备。当我们说海洋法律体系概念的要素之一是“统一的服从海洋事务需要的法制建设方针”时，我们强调的是海洋法律体系内容的一致性或其内部的联系，而从法律制定的角度来看，这一要素的意义在于指导具体法律规范、亚法律规范体系、法律规范体系的建设。没有这样的建设方针，就不知道该建立哪些规范，就不知道该建立怎样的规范体系。

一个法律部门如果在立法体系上找不到自己的权力依据，它就难以聚拢成一个严整的体系。海洋法律体系如果在立法体系中没有高位阶的立法作支撑，其众多的法律规范就会像散兵游勇，找不到归属，也难以发挥规范作用和法律应有的社会作用。①

海洋基本法之所以被称为基本法，除了其内容上的“基本”性之外，主要是因为它由最高立法机关制定，对其他海洋法律法规具有统帅作用。《日本海洋基本法》已经为我们展示了这种统帅作用。该法第一条规定：

海洋是地球的重要组成部分，是维持人类和所有生物生命不可或缺的要素。我国（指日本）四面环海，现以《联合国海洋法公约》和其他国际公约为依据，配合谋求海洋可持续开发和利用的国际活动，我国在国际组织的协调下，一直致力于保护海洋环境，实现

① 从立法体系的角度看问题，海洋法律似乎也应当在宪法中有自己的位置。我国作为一个海洋大国，但在宪法中却没有明确关于海洋“蓝色国土”规定。唯一隐约提到海洋，或可以解释为包含海洋的条文是第九条关于“矿藏、水流、森林、山岭、草原、荒地、滩涂等自然资源，都属国家所有”的规定。该条中的“矿藏”可解释为包括海底矿产资源、“滩涂”包括河岸滩涂和沿海滩涂。

海洋和平、积极、有效地开发和利用，坚持海洋立国，特此确定海洋基本理念，明确国家、地方、公共团体、海洋产业者及国民的职责和义务，制定海洋基本计划和其他相关海洋政策，设置综合海洋总部，有计划、综合地推进海洋政策实施。①

它明确国家对海洋、对海洋事务的基本态度，为各级政府和整个社会提供关于海洋的一般政策。有了这个一般态度和一般政策，立法者知道立法上的不足，执法者知道该如何解释、执行有关法律。

我国有众多的海洋法律文件，对这些文件我们可以借用按照传统法律部门划分的观点看待海洋法律法规的一个概念，即涉海法律文件。之所以可以这样评价，是因为它们有直观的涉海的特点，但却没有真正形成一个海洋法律的有机体系。一方面海洋法律文件很多，另一方面又没有真正形成海洋法律体系，出现这种情况的原因可能很多，但我国没有建立海洋基本法（当然也可以是叫其他名字的综合性海洋法律）是重要的不利条件。

为真正建立适应我国海洋事业需要的海洋法律体系，我们有必要尽快建立海洋基本法。从海洋法制完善的角度来看，这应该成为一项战略任务。

三、对我国海洋法律体系的构思

海洋法律体系的建设不应简单延续以往的国际和国内的海洋立法，尤其不能拘泥于以往立法所涉及的范围、所使用的名称、所形成的分类等，而应按照当代人类海洋利用活动的实际需要，重新思考这个法律体系的分支或组成部分。

我们认为，完整的海洋法律体系应当包括以下 10 个部分或分支。

（一）海洋法的基本制度、基本原则

任何一个法律部门都有其基本制度、基本原则，海洋法律体系作为一个有统一立法方针的规范体系，也应有自己的基本制度和基本原则等基本元素。《加拿大海洋法》的第一章是“加拿大的海洋区域”（Canada's Maritime Zones），主要规定了关于海洋空间的几项制度，其中包括领海制度（第四条至第九条）、毗连区制度（第十条至第十二条）、专属经济区制度（第十三条至第十五条）、渔业区制度（第十六条）、大陆架制度（第十七条至第二十一条）等。如果说这一章规定了海洋法中最重要的制度，那么，该法并不满足简单重复国际海洋法关于领海、大陆架等制度的规定，而是用专门的篇幅规定了反映加拿大国家对海洋的基本认识、基本态度、基本价值定位等的制度、政策等。比如，省法在不同海

① 《日本海洋基本法》第一条。

洋区域的适用[①]、法院裁判权[②]、证书制度[③]、总督定规则的制度[④]、海洋综合管理制度等。[⑤]

《日本海洋基本法》的基本任务似乎就是为日本的海洋法律体系确定一些基本制度和基本原则。例如，其第六条确定了综合管理的制度。该条规定：

海洋管理与海洋资源、海洋环境、海上交通、海洋安全等诸多问题具有密切联系，有必要对海洋事务进行综合讨论研究，对海洋的开发利用、保护等实行统一管理。

再如，其第十二条确定了海洋开发利用和保护中相关者的联合与合作原则。该条规定：

为了实现基本理念，国家、地方公共团体、海洋产业者和进行海洋活动的有关团体及相关人员必须联合起来，相互合作。

（二）海洋权益法

海洋法秉承其国际海洋法的传统，首先应当担当的任务是处理国家间“在空间上相连或相交”的“横向交叉”[⑥] 关系。海洋法所承担的这一任务具有两大特点：第一，它所调整的对象具有在空间上三维展开的物理特征；第二，这种物理空间的展开体现国家的海洋权益。这种权益主要表现为海水水体“相连或相交”国家间的利益界线。

在这方面，我国已经进行了大量的立法工作，为明确我国在海洋空间上的立场，划定我国海洋主权范围等发挥了重要的作用。属于这个方面的立法很多。例如，《中华人民共和国政府关于领海的声明》（1958 年，国务院发布），《中华人民共和国领海及毗连区法》（1992 年 2 月 25 日，第七届人大常委会第 24 次会议通过，当日起生效），《中华人民共和国专属经济区和大陆架法》（1998 年 6 月 26 日，第九届人大常委会第 3 次会议通过，当日起生效），《中华人民共和国政府关于中华人民共和国领海基线的声明》（1996 年，国务院发布）。

尽管我国海洋空间法的建设取得了较大的成就，并通过这些立法解决了对外关系中的一些重大问题，但这些成就还不能说明我国的海洋空间法已经达到了完备的程度。比如，南沙群岛及邻近海区面临着权益被侵犯的威胁，我国立法尚无有效的措施用以实现或维护我国的权益。再比如，国际海底区域制度已经得到《联合国海洋法公约》的确认，我国也参与了国际海底区域的开发，但对这种开发以及相关的国家权益，我国立法尚未做出具有自我保护意义的规定。

---

① 《加拿大海洋法》关于海洋区域的规定多处专门规定了省法的适用规则。

② 《加拿大海洋法》第二十二条。

③ 《加拿大海洋法》第二十三条。

④ 《加拿大海洋法》第二十五条至第二十七条。

⑤ 《加拿大海洋法》第三十一条、第三十二条。

⑥ 关于横向交叉的判断可参见拙著：《现代国际海洋法的实质及其给我们的启示》，载李耀臻、徐祥民主编：《海洋世纪与中国海洋发展战略研究》，中国海洋大学出版社，2006 年版，第 3 – 13 页。

由海水水体的物理空间属性所表现的国家海洋权益并非国家海洋权益的全部，在这种权益之外，国家还享有其他许多权益。比如，对公海的利用、对公海和他国专属经济区内的渔业资源的开发利用、海洋科学考察、对国际海峡的利用等。再如，打击海盗维护本国商业、渔业船舶安全的权利等。又如，对国际海洋事务管理的参与权等。在这些方面，我们还有很长的路要走。

（三）海洋资源和海洋生态保护法

在最初的海洋利用活动中，人们所利用或获取的最主要的资源是渔业资源和海盐资源，所以，对这两类资源的利用也较早地被纳入到法律的调整范围之内。

今天，被人类利用的海洋资源早已不只是渔业资源和矿产资源。渔业资源被一个外延更大的概念——海洋生物资源所取代，海盐资源则被海洋非生物资源所覆盖。除此之外，海水资源、潮汐资源、海浪资源、港口资源、航线资源、景观资源等是人类广泛利用的资源。海洋法律应当反映对这些资源的利用。如果说我国关于渔业资源开发保护、关于矿产资源开发利用的法律比较发达的话，那么，对于一些尚处于起步阶段的海洋资源开发活动，我国法律则关注不够。比如，我国尚未有调整海洋能源开发活动的法律法规。

在以往的海洋资源开发中，人们没有在意一种更具有前提意义的资源，那就是海洋空间资源。在当今时代，海洋的最重要的资源价值就是其空间价值。海洋权益法带给主权国家的除了其他权益和利益之外，最重要的就是国内生产、生活的空间资源。海洋是重要的空间资源，在陆地生存空间日渐狭窄的今天，海洋的空间资源价值越来越高。相应地，海洋法律所要调整的空间利用关系也越来越复杂。

海域是重要的海洋空间资源。我国已经就海域资源的使用制定了专门的海域使用管理法。2001 年 10 月 27 日，经第九届全国人大常委会第二十四次会议审议通过的《中华人民共和国海域使用管理法》，以国家主席令（第六十一号）的形式予以公布。这是我国第一部针对海域管理而制定的综合性法律。该法确立了三项基本制度——海洋功能区划制度、海域权属管理制度、海域有偿使用制度。①

自 2002 年 1 月 1 日《海域使用管理法》施行以来，国务院先后批准发布了《省级海洋功能区划审批办法》等 5 个规范性文件；国家海洋局也陆续制定、发布了《海洋功能区划管理规定》等部门规章，并会同财政部制定、发布了《关于加强海域使用金征收管理的通知》《海域使用金减免管理办法》等部门规范性文件。与此同时，在沿海 11 个省份中，

① 《海域使用管理法》出台之前，经国务院授权，财政部和国家海洋局曾于 1993 年 5 月 31 日发布了《国家海域使用管理暂行规定》。其后，国家海洋局、财政部还先后发布了多个部门规范性文件，如《国家海洋局关于印发海域使用登记工作方案的通知》《海域使用可行性论证管理办法》《财政部、国家海洋局关于加强海域使用管理工作的通知》等。这些部门规章、部门规范性文件的颁布、执行，在改善海上开发利用秩序、合理利用海域资源、保护用海单位合法权益等方面取得了一定成效，亦为《海域使用管理法》及其配套规章、规范性文件的制定积累了经验。

已有5个省份出台了地方性法规，3个省份出台了地方政府规章。[①] 此外，国家海洋局还积极推动海域物权法律制度建设。第十届全国人民代表大会第五次会议审议、通过的《中华人民共和国物权法》明确规定了国家海域所有权和海域使用权。

如果说海洋资源是人类挖掘、索取的对象，那么，人类的这种索取行为以及其他海洋利用活动也给海洋带来了麻烦，造成海洋生态破坏、海洋生物多样性降低等。为了实现人类对海洋的永续利用，海洋法必须抑制人类向海洋索取资源、注入有害物质等有害海洋生态的行为。对维护生物资源的可持续利用、保护海洋生态方面，我国已经建立了一些立法。比如，1981年国务院发布的《设立幼鱼保护区的决定》。一些省市自治区和较大的市也建立了许多这方面的法规、规章。再如，大连市人民政府在20世纪八九十年代连续发布了《关于设立大连三山岛海珍品资源增殖保护区的通告》(1986年)、《关于加强对增殖对虾的保护和管理的通告》(1987年),《关于在旅顺口区、金州区、长海县设立贝类增养殖区的通告》(1989年),《关于设立大连斑海豹自然保护区的通告》(1992年),《大连市特种海产品资源保护管理条例》(1994年),《关于加强南大沙滩涂贝类生产管理的通告》(1995年),《大连市沿海水域环境保护管理规定》(1997年),《蛇岛老铁山国家级自然保护区管理办法》(1997年) 等法规。

我国加入了一系列保护生态和维护资源可持续利用的国际公约。比如，《关于特别是作为水禽栖息地的国际重要湿地公约》(Convention on Wetlands of International Importance Especially as Waterfowl Habitat)[②],《国际管制捕鲸公约》(International Convention for the Regulation of Whaling)[③],《养护大西洋金枪鱼国际公约》(International Convention for the Conservation of Atlantic Tunas)[④],《建立印度洋金枪鱼委员会协定》(Agreement for the Establishment of the Indian Ocean Tuna Commission)[⑤],《养护和管理高洄游鱼类种群公约》(Convention on the Conservation and Management of Highly Migratory Fish Stocks in the Western and Central Pacific Ocean)[⑥] 等。

我国在海洋生态保护和生物资源可持续利用方面的立法成就是巨大的，但系统的海洋生态保护法制建设依然是摆在我们面前的任务。

(四) 海洋交通法

我国政府和立法机关比较重视海洋交通法制建设。1983年，国家制定了《中华人民共和国海上交通安全法》。在此之前，国务院发布过《外国籍非军用船舶通过琼州海峡管

① 以上资料的统计日期截至2007年8月31日。
② 1992年3月31日交存加入书，1992年7月31日对中国生效。
③ 1980年9月24日通知加入，同日对中国生效。
④ 1996年10月2日交存批准书，同日对中国生效。
⑤ 1998年10月14日交存接受书，1998年10月14日对中国生效。
⑥ 2004年7月9日核准，暂不适用于香港，2004年11月2日交存核准书，2004年12月2日对中国生效。

理规则》（1964年）；交通部发布过《老铁山水道航行规定》（1956年），《中华人民共和国打捞沉船管理办法》（1957年），《关于旅大沿海航行规定》（1958年），《关于禁止通过遇岩以内海区的规定》（1962年），《关于禁止外国籍船舶在万山、佳蓬、担杆诸岛连线以内的海区航行的规定》（1964年），《海港引航工作规定》（1976年），《船舶装载危险货物监督管理规则》（1981年）等。《海上交通安全法》实施后，国务院又发布或批准了一系列法规、条例，其中包括：《中华人民共和国航道管理条例》（1987年），《中华人民共和国渔港水域交通安全管理条例》（1989年），《中华人民共和国海上交通事故调查处理条例》（1990年，国务院批准），《中华人民共和国海上国际集装箱运输管理规定》（1990年），《中华人民共和国海上航行警告和航行通告管理规定》（1992年，国务院批准），《中华人民共和国船舶和海上设施检验条例》（1993年），《中华人民共和国航标条例》（1995年）。

我国还签订或加入了一些国际公约。如，《便利国际海上运输公约》（Convention on Facilitation of International Maritime Traffic）①，《1966年国际船舶载重线公约》（International Convention on Load Lines）②，《1966年国际船舶载重线公约1988年议定书》（Protocol of 1988 Relating to International Convention on Loadlines，1966）③，《制止危及海上航行安全非法行为公约》（Convention for the Suppression on Unlawful Acts Against the Safety of Maritime Navigation）④，《国际水道测量组织公约》（Convention on the International Hydrographic organization）⑤ 等。

（五）海洋污染防治法

早在1974年，国务院就批准发布了《中华人民共和国防止沿海水域污染暂行规定》，随着1978年我国第一次把“国家保护环境和自然资源、防治污染和其他公害”纳入宪法，我国海洋污染防治立法也走上了“快车道”。在我国环境基本法《中华人民共和国环境保护法》对海洋环境保护作了原则性规定之后，1982年全国人大常委会通过了《中华人民共和国海洋环境保护法》。后又于1999年进行了修订。为了实施该法，国务院又相继发布了《中华人民共和国防止船舶污染海域管理条例》，《中华人民共和国海洋石油勘探开发环境保护管理条例》，《中华人民共和国海洋倾废管理条例》，《中华人民共和国防止拆船污染海洋环境管理条例》，《中华人民共和国防治陆源污染损害海洋环境管理条例》，《中华人民共和国防治海岸工程项目污染损害海洋环境管理条例》。另外，国家环境保护部、

---

① 1994年12月29日决定加入，1995年1月16日交存加入书，1995年3月16日对中国生效。

② 1973年10月5日交存加入书，对公约附则二第四十九条和第五十条有保留。

③ 1994年12月9日核准，1995年2月3日交存核准书，2000年2月3日对中国生效。

④ 1988年10月25日签署，1991年8月20日提交批准书，1992年3月1日始对中国生效。不受公约第十六条第一款规定的约束。

⑤ 1979年5月15日通知承认，对公约第十七条持有保留。

国家海洋局、交通运输部等部门，沿海省、市、区还制定了相应的条例、规章、地方法规。

（六）海洋科学技术和文化教育法

《联合国海洋法公约》有关于海洋科学研究的专门规定，我国《海洋环境保护法》也有涉及海洋科学研究的规定，但总的来说，我国在这方面的立法相对欠缺。1996 年我国发布《涉外海洋科学研究管理规定》等。此后又发布了若干与海洋科学研究有关的文件，如 1997 年国家海洋局的《海洋标准化管理规定》《海洋信息工作管理暂行办法》，1999 年国家海洋局的《海洋预报业务管理暂行规定》等。我国也签订或加入了一些与海洋科学研究有关的国际公约。例如，《北太平洋海洋科学组织公约》（Convention for the North Pacific Marine Science Organization）①。

我们注意到，《日本海洋基本法》对海洋科学知识的“掌握”和“充实”给予了高度的重视。该法第四条规定：“为实现对海洋的适度开发利用及对海洋环境的保护，必须掌握相关的海洋科学知识。但对于海洋，还存在很多我们未知的领域，必须要充实相关科学知识。”按照该条的规定，日本所应采取的措施是对海洋科学研究和海洋知识宣传教育的鼓励和支持。②

《中国海洋 21 世纪议程》对海洋科技也给予了高度的重视。《议程》规定：

21 世纪是海洋开发的新世纪，海洋必将对未来社会进步产生巨大的作用，而海洋的可持续开发利用则依赖的是科学技术的支撑，正因科学技术的快速进步，才使现代海洋开发成为可能，并有可能进入持续开发利用的新阶段。目前，中国海洋科学技术水平与先进国家相比仍有较大差距，对海洋及其可持续利用所起的作用还比较小。为此，必须提高海洋资源开发和保护的科技水平，发展海洋高新技术及其产业，使其接近或达到世界先进水平。③

按照这样的认识，国家应当把发展海洋科学技术放到重要的建设位置，并用法律保证这种建设任务的完成。但我国立法的现状没有达到《议程》对海洋科学技术重要性的认识程度。

海洋文化教育是我国的弱项。为了把这个弱项加强起来，我们有必要制定更详尽的海洋文化、海洋教育的法律法规，这些法律法规甚至可以是立足于“促进”海洋文化和海洋教育的法律法规。

---

① 1991 年 10 月 22 日签署，1992 年 3 月 24 日对中国生效。

② 《日本海洋基本法》第八条（国家的责任和义务）规定：“我国须遵循第二条至第七条的基本理念（以下简称基本理念）制定综合性海洋政策，并有义务负责具体实施。”该条所要求的“综合性海洋政策”及其实施，应当包含对第四条精神的落实。

③ 《中国海洋 21 世纪议程》第六章第一条。

（七）海洋产业法

海洋不仅可以向人类提供资源，而且还是产业活动的基地。而海洋产业活动既可以在国家管辖海域内进行，也可以在国家管辖海域以外的海域和沿岸进行。在资源、产业竞争越来越激烈的今天，我们应当努力发展海洋产业，尤其是在管辖海域之外生产、交换的产业。

我国海洋法律中有渔业法，对海洋渔业产业的发展发挥了积极的推动作用。但是，在我国现有的海洋法律中，真正的产业法律还不够系统完善。比如，我国已经开始了对国际海底区域的勘探开发，但却没有促进国际海底区域矿业发展的法律。再如，我国加入了国际海洋渔业的一些公约、条约，制定了与远洋渔业有关的一些规定，但系统地促进远洋渔业及相关产业发展的法律法规却未建立起来。滨海旅游也是一项重要的海洋产业，但全面规范海洋旅游业的法律也没有建立。

（八）海事海商法①

海商法是为调整海上贸易事务而出现的法律。其主要内容与海上运输有关。美国著名海商法学家认为，“贸易和运输是不可分割的两个方面”②。“海商法产生于商务实践，它的形成和存在是为了通过法律途径来解决海上运输活动中产生的问题。”③海商法的使命就是解决“与这种运输（指海上运输——引者注）有关的‘法律’问题”④。

我国于1992年11月7日通过了《海商法》，该法自1993年7月1日施行。该法的制定使我国海洋法律体系中的海事海商法律⑤得到初步的完善。

（九）海洋管理法

这里所说的海洋管理法不是指调整具体的海洋管理事务（比如海洋倾废管理、海洋资源勘探开发管理等）的法律，而是关于海洋管理体制、基本海洋管理制度等的法律。

近年来，许多学者和官员对我们海洋管理中的多龙闹海提出批评，这种批评就涉及海洋管理法的一个核心问题，即海洋管理体制。

关于海洋综合管理的讨论、政策宣示等越来越多，我国的一些政府文件也接受这种提法，对海洋综合管理表示接受。《中国海洋21世纪议程》使用了“沿海区、管辖海域的综合管理”的提法。《议程》规定：

---

① 对海商法和海事法这两个概念，人们有不同的理解。有一种观点认为，它们其实差不多。美国学者吉尔摩等曾指出：“海事法是汇集调整水上客货运输关系之重要法规、概念和司法实践的大全。就实体法而言，海事法和海商法在美国事实上是同义词，前者是美国当代法律与英国法院实施的法律制度相结合的产物；或者所包含的内容更为广泛。”（见［美］G. 吉尔摩、C. L. 布莱克著：《海商法》，中国大百科全书出版社2000年版，第1页）

② ［美］G. 吉尔摩、C. L. 布莱克著：《海商法》，中国大百科全书出版社，2000年版，第3页。

③ ［美］G. 吉尔摩、C. L. 布莱克著：《海商法》，中国大百科全书出版社，2000年版，第7页。

④ ［美］G. 吉尔摩、C. L. 布莱克著：《海商法》，中国大百科全书出版社，2000年版，第2页。

⑤ 海商法关于海上运输的规定与海洋交通法的内容存在某种交叉，对这种“交叉”以及海洋交通法与海商法之间关系的辨别，拟单独探讨，兹不赘述。

沿海区、管辖海域的综合管理是保证经济和社会持续、快速、健康发展的重要途径。综合管理往往要通过行政、法律、经济、科技和教育等手段，对海洋开发活动进行组织、指导、协调、控制和监督。其目的是保证合理利用海区的各种资源，促进各行各业协调有序地发展，提高整个海区的经济效益、社会效益和生态环境效益。综合管理还体现在联合组织编制海域功能区划、海洋开发规划，协商解决开发过程中出现的各种矛盾和问题，以及在更高层次上进行决策磋商等方面。①

这些认识说明，海洋综合管理是我国应采取的海洋管理体制。但是，这种管理体制与长期以来我国实行的管理体制并不一致。《议程》注意到了这一点，所以才提出：搞好海洋综合管理工作，必须统一和深化对综合管理的认识，改变传统、片面的观念，拓宽建立管理新体制的思路；必须在高层次协调一致的基础上制定海洋发展的统一战略、方针和政策；理顺综合管理和行业管理、海域管理和陆域管理、资源资产所有权和经营使用权、宏观调控和市场调节之间的各种关系；要在立法执法、机构设置、能力建设和资金投入等方面对海洋综合管理给予充分重视。② 这说明，体制的建设最后还是要借助于法律的规定。但一直到今天，我们尚未建立这样的体制，尚未走出多龙闹海的僵局，尚未建立确定综合管理体制的法律。

我们的近邻已经在积累经验的基础上确定了海洋综合管理的体制。《日本海洋基本法》第六条规定："海洋管理与海洋资源、海洋环境、海上交通、海洋安全等诸多问题具有密切联系，有必要对海洋事务进行综合讨论研究，对海洋的开发利用、保护等实行统一管理。"我国应当学习日本的经验，把《海洋21世纪议程》确定的综合管理体制落实到法律中来。

《中国海洋21世纪议程》曾注意到"海上执法力量薄弱，对违法行为的监督、打击力度不够"等问题。这也与管理体制有一定的联系。正如《议程》所指出的那样，"现有巡航执法队伍分属不同部门，执行部门各自规定的使命。由于部门执法力量之间缺少配合与协作，不法行为有空可钻。"③ 仅仅从执法力量与执法效果的关系上就可以看出我国海洋管理体制存在的弊端。

（十）海事纠纷处理及诉讼法

海洋事务的增多在一定程度上也意味着海事纠纷的增多。为了海洋事务的顺利进行，尤其是为了海洋产业的健康发展、海洋管理的顺利实施，需要建立有效的纠纷解决机制，包括诉讼机制。

1958年国务院曾发布《中华人民共和国国务院关于在中国国际贸易促进委员会内设

① 《中国海洋21世纪议程》第七章第三条。
② 《中国海洋21世纪议程》第七章第四条。
③ 《中国海洋21世纪议程》第七章第九条。

立海事仲裁委员会的决定》。1982 年修改《中华人民共和国宪法》以及《中华人民共和国人民法院组织法》等的修订推动了我国司法体制的完善。1984 年全国人大常委会通过《关于在沿海港口城市设立海事法院的决定》。依照这一决定国家在大连、青岛、武汉、广州等地设立海事法院，为海事诉讼建立了专门的审判机关。1999 年，为满足海事诉讼的特别需要，全国人大常委会又制定了《中华人民共和国海事诉讼程序法》。经过多年的建设，我国海事纠纷处理、海事诉讼法有了一定的发展。但是，从我国仲裁法、行政复议法、诉讼法等的建设发展情况来看，还需要进一步完善。

如前所述，海洋法制既包括海洋法律体系，又包括支持法律运行的各种制度，是规范体系与实施体系的综合。在海洋法制的实施体系中，重要的环节就是纠纷解决和诉讼保障制度。如果说仲裁法、行政复议法等都能适用于海洋事务领域，那么，这些以传统法律部门划分理论为指导思想，以处理陆地管理事务为经验模型的规范和制度设计常常不能满足海洋事务特殊性的需要，就像普通的刑事、民事等诉讼程序不太符合海事诉讼的特别需要一样。我们应该根据海洋事务的特殊性对现行的纠纷解决制度做适当调整、改革，或某些补充。

第四章　维护我国海洋权益的法律对策

海洋权益是国家在海洋事务中依法可以行使的海洋权利和依据此权利可获得的海洋利益的总称。海洋权利是指主权国家根据国际公约、条约、协定以及国际惯例等国际法和单方面的国内立法而享有的有关海洋方面的法律权利。海洋利益是“国家在开发利用海洋方面实际享有的便利和收益，是国家海洋权利的具体体现和实际享有状态。”[①] 它是国家利益的重要组成部分，主要包括“政治利益、经济利益和安全利益”。政治利益主要是指“维护国家主权和领土完整”，行使主权、主权权利及管辖权；经济利益主要是指开发和利用海洋方面；安全利益包括传统安全领域及非传统安全领域。

随着我国综合国力的增强和在国际事务中的地位的提高，我国的海洋权益得到了较前更有效的实现与维护。但是，随着海洋开发的加深和相邻各国纷纷把索取资源等的注意力投向海洋，我国海洋权益维护却面临着比以往更严峻的形势。针对这种情况，我们除了通过增强国家的国际影响力，尤其是地区影响力，以使周边国家不敢觊觎我国的海洋利益外，重要的途径是加强国家海洋权益的法律维护。

第一节　我国的海洋权益

现行海洋法公约对国家的海洋权益进行了全面的规定，对于不同的海洋区域，国家享有不同的主权、主权权利和专属管辖权。

我国东部和南部毗连太平洋的边缘海，被黄海、东海、南海所环绕。渤海是我国的内海。海洋对我国的政治、经济和安全都有重要影响。根据《联合国海洋法公约》，中国可拥有约300万平方千米的主张管辖海域。中国管辖海域蕴藏着丰富的海洋资源，包括生物资源、油气资源、固体矿物资源、海水资源、海洋能源、海洋旅游资源等。我国有权根据国家的需要开发和利用这些资源，为国民经济的发展服务。

一、内水海域的海洋权益

中国领海基线向岸部分的海域属于中国的内水海域。内水海域是国家领土不可分割的一部分，国家对其享有完全的排他的主权。它与陆地领土的法律地位相同，沿岸国对其实

① 吴继陆：《维护国家海洋权益 促进海洋经济发展》，《中国海洋报》，2003年6月3日，第1214期。

行同陆地领土一样的主权管辖。对内海的侵犯，将构成对国家领土的侵犯，并引起相应的国际责任。外国的船舶未经许可不得在内水海域航行。外国商船要进入我国内海港口，必须遵照中国的法律、规章驶入；而外国军用船舶要进入中国内水海域必须经过外交途径办理一定的手续。

渤海海峡和琼州海峡位于我国内水海域，我国对其拥有排他性的管辖权与支配权。

二、领海的海洋权益

中国的领海宽度为12海里，领海基线划法采用直线基线法。领海是我国领土的一部分，我国对领海范围内的自然资源享有所有权以及开发、利用、管理方面的专属权利，未经中国政府批准在中国领海内进行非法海洋作业活动的，由中国有关机关处理。维护海上航行安全及进行海上交通、通信设施管理的权利，包括指定海道或规定分航道通航制、保护电缆和管道、保护助航设备和设施等。国家享有对领海上空的专属权利，外国航空器只有根据该国政府与中国政府签订的协定、协议，或者经中国政府或其授权的机关批准或者接受，方可进入中国领海的上空。国家对领海内的海洋科学研究享有专属权利，任何国际组织、外国的组织或者个人，在中国领海内进行科学研究，须经中国政府或者其有关主管部门批准，并遵守中国的法律法规，违法进行科学研究的由中国有关机关依法处理①。国家在领海内实施保护、管理、保全海洋环境等方面的权利。沿海航运及贸易权也是国家在领海内的权利。对于同属一国的沿海港口之间的海上运输，一般只准该国或该国的公民经营，并由该国的国内法来调整。② 同时，中国在领海还有一定的民事和刑事司法管辖权以及关税、移民、卫生监督权。此外，《联合国海洋法公约》有关领海内无害通过的规定，不妨碍我国按照法律规章要求外国军舰通过领海必须事先得到我国许可或通知我国的权利。

三、毗连区的海洋权益

中国毗连区的外部界线为一条其每一点与领海基线的最近点距离等于24海里的线，所以除去与领海重叠的12海里，毗连区的实际宽度为12海里。中国有权在毗连区内，为防止和惩处在我国陆地领土、内水或者领海内违反有关安全、海关、财政、卫生或者出入境管理法律、法规的行为行使管制权。中国有关主管机关有充分理由认为外国船舶在中国毗连区内违反中国有关安全、海关、财政、卫生或者出入境管理法律、法规时，可以对该外国船舶行使紧追权。

---

① 1996年《涉外海洋科学研究管理规定》实施了《联合国海洋法公约》赋予的这种权利。

② 《中华人民共和国海商法》第四条规定："中华人民共和国港口之间的海上运输和拖航，由悬挂中华人民共和国国旗的船舶经营。但是法律、行政法规另有规定的除外。""非经国务院交通主管部门批准，外国籍船舶不得经营中华人民共和国港口之间的海上运输和拖航。"

四、专属经济区的海洋权益

中国的专属经济区为中国领海以外并邻接领海的区域，从测算领海宽度的基线量起延至200海里 。中国在专属经济区享有以下权利。

（1）在专属经济区为勘查、开发、养护和管理海床上覆水域、海床及其底土的自然资源（包括生物资源和非生物资源），以及进行其他经济性开发和勘查，如利用海水、海流和风力生产能等活动，行使主权权利。国家在专属经济区的权益最主要表现在渔业和生物资源方面。任何国际组织、外国组织或者个人进入中国专属经济区从事渔业活动必须经中国主管机关批准，并遵守中国的法律法规以及中国与有关国家签订的条约、协定。中国主管机关有权采取各种必要的养护和管理措施，确保专属经济区的生物资源不受过度开发的危害。

（2）对下列事项的管辖权：① 人工岛屿、设施和结构的建造和使用，包括有关海关、财政、卫生、安全和出入境的法律和法规方面的管辖。中国主管机关有权在专属经济区的人工岛屿、设施和结构周围设置安全地带，并可以在该地带采取适当措施，确保航行安全以及人工岛屿、设施和结构的安全。② 海洋科学研究。任何国际组织、外国的组织或者个人在中国的专属经济区进行海洋科学研究，必须经中国主管机关的批准，并遵守中国的法律法规。③ 海洋环境的保护和保全。中国主管机关有权采取必要措施，防止、减少和控制海洋环境的污染，保护和保全专属经济区的海洋环境。

（3）在行使勘查、开发、养护和管理专属经济区的生物资源的主权权利时，为确保中国的法律法规得到遵守，可以采取登临、检查、逮捕、扣留和进行司法程序等必要的措施。对于在专属经济区内违反中国法律法规的行为可以行使紧追权。

五、大陆架的海洋权益

大陆架为领海以外依其陆地领土的全部自然延伸，扩展到大陆边外缘的海底区域的海床和底土。如果从测算领海宽度的基线量起至大陆边外缘的距离不足200海里，则扩展至200海里。依照《联合国海洋法公约》及我国国内法的规定，我国在大陆架享有的权利有：

（1）勘查、开发大陆架自然资源的主权权利。这里的自然资源包括海床和底土的矿物和其他非生物资源，以及属于定居种的生物，即在可捕捞阶段在海床上或者海床下不能移动或者其躯体须与海床或者底土保持接触才能移动的生物。

（2）对以下事项的管辖权：建造、使用人工岛屿、设施和结构；海洋科学研究；海洋环境的保护和保全。

（3）授权和管理为一切目的在大陆架上进行钻探的专属权利。任何国际组织、外国的组织或者个人在中国的大陆架上为任何目的进行钻探必须经中国主管机关批准，并遵守中国的法律法规。

（4）为确保中国的法律法规得到遵守，可以采取登临、检查、逮捕、扣留和进行司法程序等必要的措施。对于在专属经济区内违反中国法律法规的行为可以行使紧追权。

六、公海的海洋权益

《联合国海洋法公约》规定公海对所有国家开放，不论其为沿海国还是内陆国。中国在《联合国海洋法公约》和其他国际法规则所规定的条件下行使以下公海自由。

（1）航行自由。中国的船舶可以悬挂本国的旗帜在公海中自由航行。任何国家不得对在公海中合法航行的中国船舶加以阻碍。

（2）飞越自由。中国的航空器在公海上空享有飞行自由，任何其他国家对于这种自由不得加以限制或妨碍。

（2）铺设海底电缆和管道的自由。中国有权在大陆架以外的公海海底上铺设海底电缆和管道。这项公海自由是随着科学技术的发展逐步得到确认的。当然在享有这一自由时也还负有一定的义务。

（4）建造国际法所容许的人工岛屿和其他设施的自由。中国享有在公海上建造国际法所容许的人工岛屿和其他设施的自由，并且可以在其周围划定宽度不超过500米的安全地带。这种设施的设置应符合国际法的其他规则，包括不得设置于航道、设置物应符合有关的国际标准等。

（5）捕鱼自由。中国公民有权在公海中捕鱼，但在捕鱼中应遵守本国根据有关条约和协议就鱼种、数量、方法、区域等方面承担的义务。

（6）科学研究的自由。中国有在公海进行科学研究的自由。在进行海洋科研时应遵守国际间确认的一般原则。

七、国际海底区域的海洋权益

根据《联合国海洋法公约》，中国有按照国际法律制度为和平目的使用国际海底的权利。中国有权对国际海底进行科学研究、建立人工构造物等。

《联合国海洋法公约》第11部分规定，国际海底区域及其资源是人类的共同继承财产。任何国家都不能对国际海底区域及其资源主张或行使主权或主权权利。任何国家、自然人或法人都不能把国际海底区域及其资源的任何部分占为己有，对资源开发的一切权利属于全人类，由国际海底管理局代表全人类进行管理。国际海底区域的开发要为全人类谋福利，各国都有公平地享受海底资源收益的权利。对国际海底利用还应特别照顾到发展中国家和未取得独立的国家的人民的利益。国际海底区域的开发实行“平行开发制”。其具体的做法是，各国要开发国际海底，首先要与国际海底管理局订立合同，提出两块具有同等估计商业价值的可开发国际海底，并提交关于这两块矿区的有关资料。管理局可在45

天之内指定其中一个矿区作为管理局的保留区，留给企业部自己开发，或同发展中国家联合开发；另一块则作为合同区，由申请者自己开发。我国派代表全程参加了1983年起举行的国际海底管理局筹委会。我国常驻联合国代表李道豫大使于1990年8月22日，代表中国政府向联合国副秘书长南丹提交了“中国大洋矿产资源研究开发协会要求登记为先驱投资者的申请书”。1991年我国申请并成为国际海底开发的先驱投资者证明国。在联合国海底筹委会第九届夏季会议期间，我国常驻联合国大使李道豫、代表团团长陈炳鑫代表中国政府接受了联合国秘书长德奎利亚尔于1991年8月28日签发给中国大洋矿产资源研究开发协会的先驱投资者登记证书，从而完成了我国在北东太平洋向联合国申请登记15万平方千米以上金属结核资源开辟区的法律程序。

八、极地区域的海洋权益

极地区域是指纬度高于南北一定纬度的区域，一般指北纬60°33′以上，南纬60°33′以下的南极和北极区域。

按照国际上通行的概念，南纬66.5°（南极圈）以南的地区称为南极。它是南大洋及其岛屿和南极大陆的总称，总面积约6 500万平方千米。南极洲面积为1 400万平方千米。据最新研究资料表明，平均厚度2 200米的南极冰盖占全球冰川的90%，储存着世界淡水的72%。据计算，这里的淡水资源可供全世界使用7500年。这里又很少受到污染，因此南极洲是人类最大的淡水资源库。南极地区的矿产资源极为丰富。目前已经在南极发现矿床、矿点百余处，主要为铁、铜、铂、金、银、铬、镍、锡、锰、油气、煤等矿产，其中铁矿是南极大陆所发现的储量最大的矿产，初步估算可供全世界开发利用200年。南极洲还拥有世界最大的煤田。据估计，南极大陆冰盖下蕴藏的煤超过5 000亿吨。南极的动物主要有帝企鹅、韦德尔海豹、小鳁鲸、磷虾等。南极磷虾是地球上最大的单种生物资源之一，其现存量公认的数据为10亿~20亿吨。它支持着世界上最庞大的须鲸、海豹和企鹅等高层捕食者的种群，同时也形成巨大的潜在渔业资源。南极磷虾每年的可捕获量可达1亿吨，这相当于目前全世界每年鱼类和甲壳类渔获量的总和（0.99亿吨）。

从19世纪20年代起，到20世纪40年代，各国探险家相继发现了南极大陆的不同区域。英国、新西兰、德国、南非、澳大利亚、法国、挪威、智利、阿根廷9个国家的政府先后对南极洲的部分地区正式提出主权要求，使这块冰封万年的平静大地笼罩上国际纠纷的阴影。为保障和促进南极洲和平利用、科学考察自由和国际合作，由阿根廷、澳大利亚、比利时、智利、法国、日本、新西兰、挪威、苏联、英国、美国、南非12个国家于1959年12月1日在华盛顿签订了《南极条约》，1961年6月23日生效。条约由序言、14条正文和最后议定书组成。主要内容是：

（1）南极洲应只用于和平目的。一切具有军事性质的措施，如建立军事基地、建筑要塞、进行军事演习以及任何类型武器的试验等，均予禁止。禁止在南极洲进行任何核爆炸和处置放射性废物。

（2）保证在南极洲科学考察的自由和促进科学考察方面的国际合作。

（3）冻结各国对南极洲的领土主权权利和领土要求。

（4）缔约各方有权指派观察员在任何时间进入南极洲任何一个或一切地区进行视察。

（5）该条约适用于南纬60°以南的地区，包括一切冰架。

（6）条约协商国会议为条约成员国的决策机构。凡条约加入国如已在南极进行科学考察或建立科学考察站，均有资格申请成为协商国，但须经全体协商国一致通过。

中国于1983年6月加入《南极条约》，1984年6月成立第一支南极考察队，1985年2月在南极洲乔治岛上建立长城考察站。同年10月7日，中国获得《南极条约》协商国资格。1989年2月26日，中国科学工作者又在南极圈内的普里兹湾建立中山考察站。中国人民解放军海军的部分官兵也参与了对南极的科学考察活动。为了保护与合理利用南极海洋生物资源，澳大利亚、新西兰、美国等国于1980年5月20日签署《南极海洋生物资源养护公约》。中国于2006年10月加入该公约，2007年8月2日申请成为南极海洋生物资源养护委员会成员。①

北极区域指北纬66°33′（北极圈）以北的广大区域，包括极区北冰洋、边缘陆地海岸带及岛屿、北极苔原和最外侧的泰加林带。如果以北极圈作为北极的边界，北极地区的总面积是21.00万平方千米，其中陆地部分占800万平方千米。北极海洋中有着丰富的生物资源。北极地区是世界上人口最稀少的地区之一。千百年以来，因纽特人（旧称爱斯基摩人）在这里世代繁衍生息。最近，这里发现了石油，因而许多人从南部来到这里工作。《斯瓦尔巴德条约》，也叫作关于斯匹次卑尔根群岛的条约，是迄今为止在北极地区唯一的具有足够国际色彩的政府间条约。1920年2月9日，英国、美国、丹麦、挪威、瑞典、法国、意大利、荷兰及日本等18个国家，在巴黎签订了该条约。1925年，中国、苏联、德国、芬兰、西班牙等33个国家也参加了该条约，成为斯瓦尔巴德条约的协约国。该条约使斯瓦尔巴德群岛成为北极地区第一个，也是唯一的一个非军事区，该地区“永远不得为战争的目的所利用”。条约承认挪威“具有充分和完全的主权”。但各缔约国的公民可以自由进入，在遵守挪威法律的范围内从事正当的生产和商业活动。换句话说，中国人也完全有权进入斯瓦尔巴德群岛地区，建立北极考察的后勤基地，开展正常的科学考察活动。

如今，斯瓦尔巴德群岛云集了各国众多的科学家，建立了一大批极地科考站和研究所，对北极进行全方位的科学研究。

北极的海洋是冰盖住的海洋，就是冰洋，北极附近的岛屿、陆地，都被周边几个国家占领了。目前国际上关于北极的争议主要是海洋的问题，是冰下面的海洋和海水下面的海底问题。而这个争议的焦点是大陆架可以延伸到什么地方。现在俄罗斯、美国、加拿大、

① 海峡之声网2007年10月10日。

丹麦等国都在为他们主张的大陆架做准备工作。另外，由于气候变暖，北极南部边缘地区可以通航的时间变长，所以在北冰洋地区的航运也成为世界各国很重视的问题。

1984 年 10 月 15 日，党和国家领导人邓小平同志为中国首次南极考察队挥毫写下了“为人类和平利用南极做出贡献”的题词。在邓小平同志光辉题词的指引下，我国极地考察事业从无到有，由弱到强，书写了值得自豪的篇章。在南极，连续组织了多次多学科、多领域的综合考察，建立了长城站和中山站等科考站。在北极，也组织了多次北极考察，并建立了我国首个北极科学考察站“黄河站”。

我国极地科学工作者经过长期实地科学考察，获得了大批极其宝贵的数据、资料和样品，取得了许多具有重大科学价值的成果。在地质研究方面，通过对泛非构造运动的研究，进一步深化了对东南极地壳演化的认识；在生态学研究方面，深入开展了以磷虾生态为重要指标的生态学与环境气候变化相结合的研究；在冰川学研究方面，开展了中山站至冰穹 A 地区冰川学基本观测剖面的探测。在此基础上，开拓了埃默里冰架与海洋相互作用这一新的研究领域，使冰川学研究更广泛地与国际前沿研究相结合；在日地空间环境研究方面，开展了以中日合作为背景的中长期观测，发现并证明了午后极光等一批重要现象，并以中山站观测为基础，进一步拓展了北极观测站的建设，极大地推进南北极日地空间环境的联合观测；在南极近现代环境演化方面，创造性地提出了利用地球化学标型元素组合研究南极千年尺度的重要生物种群演化的新方法。此外，在气候研究、地形图测制、地震观测、南大洋物理海洋考察等方面也取得了优异成绩。

在科学考察取得显著成绩的同时，我们踊跃参与国际极地事务，并发挥了积极作用。1983 年，经全国人大批准，中国加入了《南极条约》，为确保南极自然环境不被污染，为人类和平利用南极做出了贡献。1985 年 10 月，我国被接纳为南极条约协商国，获得了在国际极地事务中的决策地位。在此后的会议中，我们阐明了我国在国际极地事务中有关领土、资源和环境等焦点问题上的原则立场，维护了国家权益，产生了极大的国际影响。1986 年，我国成为南极研究科学委员会正式成员国，为制定国际南极合作研究计划积极工作。1996 年，我国加入了国际北极科学委员会，并积极致力于“北极与全球变化”的相关研究，扩大了我国在北极方面的国际合作空间，提升了我国在参与北极事务中的地位。

第二节 中国海洋权益维护受到的挑战

目前中国实际上没有充分享有《联合国海洋法公约》赋予的权利。日本、韩国、朝鲜、菲律宾、马来西亚、印度尼西亚、文莱、越南等与中国海上相邻或相向的 8 个国家，都与我国有海洋争端。我国的专属经济区中有三分之一是周边国家也声称拥有主权权利的水域。根据相关调查，这些国家片面划定涉及我国管辖海域范围共约 150 万平方千米之多的海域为其专属经济区。所以有学者呼吁：“20 世纪 70 年代以来，我国的海洋国土在缩小，中国面临着依法维护海洋权益的艰巨任务。”① 岛屿主权争端、海域划界问题和海洋资源争夺使得我国的海洋权益正面临着前所未有的挑战。

一、岛屿主权争端

（一）中日钓鱼岛之争

钓鱼岛及其附属岛屿地理位置极其重要，周围海底蕴藏着丰富的油气资源，附近海域是重要的传统渔场。“钓鱼岛……主权产生争议的根本原因不在于这几个岛屿本身的资源，而是由于20世纪60年代末在该群岛周围海域发现了丰富的石油资源，因而人们更注重岛屿有可能为主权国家所带来的大陆架和专属经济区等海洋权利和资源。”② 日本处心积虑地侵占钓鱼岛有其政治、经济、军事三方面的企图。日官方认为：钓鱼岛是日本扩大海洋经济区的关键所在。如果不能争得这些岛屿的主权，日本将减少200万平方千米的海洋经济区。只有实现钓鱼岛的主权，日本才可以和中国划分东海大陆架，并进而夺取东海丰富的油气资源。在军事上，日本占据钓鱼岛，就可将其防卫范围扩大到日本四岛之外，向西扩展300多千米，建立一个既利于防御又利于扩张的前沿军事基地。钓鱼岛及其附属岛屿是中国领土不可分割的一部分。无论从历史还是从法理的角度来看，钓鱼岛及其附属岛屿都是中国的固有领土，中国对其拥有无可争辩的主权。无论日本对钓鱼岛采取何种单方面举措，都不能改变钓鱼岛及其附属岛屿属于中国的事实。

（二）南海诸岛之争

南沙群岛由许多岛屿、沙洲、暗礁和暗滩等组成，是南海诸岛的重中之重，号称“南海的钥匙”。南沙群岛在南海的南端，控制着南海的国际航道，是世界上海运最繁忙的地区之一。南沙群岛海域蕴藏着大量的矿藏资源，有石油和天然气、铁、铜、锰、磷等，其中油气资源尤为丰富。

但如今南沙群岛的岛礁、沙洲和礁滩，有许多已被越南、菲律宾、马来西亚所侵占。越南基本上控制了南沙西部海域；菲律宾基本上控制了南沙东北部海域；马来西亚基本上控制了南沙西南部海域。这些国家对所占岛礁进行填高和加固，进行无线电通信设备或机场等项目的建设，企图造成既成事实，达到永久占领的目的。事实是：南沙群岛最早由中国发现、命名，并持续对其进行主权管辖的。中国历代对南沙群岛及其附近海域拥有无可争辩的主权。

东南亚国家欲将南海问题国际化。东南亚各国建立了统一的联盟——“东盟”，在南沙群岛问题上，东盟十国协调立场，一致要求以整体的立场来和中国商谈南沙群岛问题。1994年东盟公开宣布东盟成员对外将以集体名义而不以双边名义接受谈判。同年底，又强

① 何传添：《中国海洋国土的现状和捍卫海洋权益的策略思考》，《东南亚研究》，2001年第2期。

② 孙伶伶：《从国际法角度分析钓鱼群岛主权问题》，http：//www. ijs. cn/files/geren/sunll/dyd. htm 2004. 10. 19。

调“美军在亚洲的存在是必要的”。这充分表明了东盟在南沙群岛问题上行动趋向一致，着力使南沙问题国际化。

美日也企图插手南沙问题。美国在南海问题上的态度，由“完全中立”、不支持任何一方的态度，转变为带有一定倾向性的“积极中立”政策，而现在又转向了“积极关注和介入”。这是由于近年来美国的全球安全战略变得越来越积极，对于南海这样的战略要地必然要强化其政治、军事的存在。而且越来越多的美国公司参与到这一海域的战略资源开发，也促使美国政府关注这一区域。同时，日本也为了在亚洲占领导地位，把发展同东盟的关系放在重要的地位，力图以东盟为突破口，把投资和外交重心向亚太地区进行战略转移。

中国在南沙群岛问题上，坚持对南沙群岛及其附近水域拥有无可争辩的主权。中国主张利用和平的方式解决争端，反对南海问题“国际化”。

二、海域划界问题

我国于1996年建立200海里专属经济区和大陆架制度。根据这一主张我国可以获得近300万平方千米的管辖海域。但是，“要真正得到这300万平方千米的管辖海域却是很艰难的”。我国需在黄海、东海和南海3个海域同7个国家进行海上划界。在黄海北部我国需与朝鲜划定各自的领海、专属经济区和大陆架边界；在黄海南部需与韩国进行专属经济区和大陆架划界；在东海需同韩国和日本进行专属经济区和大陆架划界；在南海，我国需与菲律宾、文莱、马来西亚、印度尼西亚和越南进行专属经济区和大陆架的划界。

2000年12月25日，中国和越南在北京签署《中华人民共和国和越南社会主义共和国关于两国在北部湾领海、专属经济区和大陆架的划界协定》及《中华人民共和国政府和越南社会主义共和国政府北部湾渔业合作协定》。2003年6月30日两协定生效，标志着我国第一条海上边界的诞生。

（一）黄海划界问题

黄海位于中国大陆和朝鲜半岛之间，东依朝鲜半岛，北靠辽东半岛，西连渤海及山东、苏北海岸，南以长江口北角至济州岛一线与东海分界。在黄海，我国需与朝鲜和韩国进行海洋划界。朝鲜未正式公布自己的领海制度，但根据国际惯例基本认定遵循12海里领海的原则，1977年宣布建立200海里经济区和大陆架制度，1977年8月1日在近海设定50海里军事警戒区。朝鲜在划界问题上主张以纬度等分线划界。我国与朝鲜的海洋划界问题相对容易解决。两国之间的海洋地理情况比较简单，也无领土争端。中朝海域划界，应坚持公平原则，考虑两国相关海岸线长度之间的合理比例。

除了与朝鲜的划界问题，我国还要在黄海南部与韩国进行专属经济区和大陆架的划界。与韩国的划界工作包括黄海和东海。比较而言黄海划界问题相对简单。虽然我国与韩国在海域划界问题上的立场各不相同，但因不存在领土争端，所以问题还不算复杂。中国与韩国已经建立了正式的外交关系，而且原则上都主张与相邻或相向国家间的专属经济区和大陆架划界，应在国际法的基础上协议划定。这就为两国在划界问题上的谈判奠定了良好的基础。

（二）东海划界问题

东海是中国、日本、韩国三国领土环绕的海域，总面积约为77万平方千米，西部大陆架约54万平方千米，东部冲绳海槽区面积21万平方千米，海底比较平缓，平均坡度仅58°，平均水深为72米，水深小于60米的占陆架面积的3/4。从东经124°附近的水深40米左右，逐渐向东南倾斜，到陆架外缘的转折处水深达150～160米，平均水深约159米。东海海底是中国大陆领土的自然延伸，同大陆组成一个完整的整体，整个陆架和大陆平原的连续性非常明显。东海有着丰富的海底油气资源，我国台湾省及其附属岛屿的周围海域和其他邻接中国的浅海海域蕴藏的海底石油，已被认为是世界上稀有的海洋油田之一。领土主权、海洋资源等问题纠缠在一起，使得东海海域划界问题变得异常复杂。我国在东海的大陆架是陆地领土的自然延伸，直达冲绳海槽。1974年1月30日，日本与韩国片面签订了所谓的《日韩共同开发大陆架协定》，并划出了“共同开发区”。对此，我国外交部于同年2月4日发表声明，指出他们背着中国在东海大陆架划定所谓日韩“共同开发区”，这是侵犯中国主权的行为，中国政府绝不能同意。此后，中国政府多次发表声明，根据大陆架是陆地领土自然延伸的基本原则，中国对东海大陆架拥有不容侵犯的权利。东海大陆架涉及其他国家的部分，理应由中国和有关国家通过协商加以划分。所谓《日韩共同开发大陆架协定》是完全非法的、无效的。

（1）中韩划界。韩国于1983年3月14日签署了《联合国海洋法公约》，并于1996年1月29日批准该公约。1996年8月，韩国正式宣布专属经济区。韩国在东海与日本大陆架划界上，主张适用自然延伸原则，在黄海与中国的大陆架划界，则主张适用中间线原则。

（2）中日划界。东海海域划界的难点主要是中国和日本之间的大陆架划界。中日两国隔海相望，由于在东海划界问题上立场完全不同，从1973年至今40多年的磋商毫无进展。而在钓鱼岛和冲绳海槽问题上的争议使得中日大陆架划界更加复杂艰难。在海洋划界问题上我国主张“通过协商，在国际法的基础上，按照公平原则划定”①。日本则主张海域划界特别是大陆架划界，适用中间线方法，提出中日在东海共大陆架，应该用中间线划界。我国在东海问题上的观点一直非常明确：东海大陆架是我国陆地领土的自然延伸，终止于冲绳海槽，中国对东海大陆架拥有不容侵犯的主权。冲绳海槽是一个大陆边外缘盆地，它的地质构造具有大陆地壳向海洋地壳过渡的特征，是东部大陆架的外部界线。同时，该海槽也是我国在东海的陆架和日本琉球群岛的岛架各自向海中自然延伸的终点。冲

① 1996年5月15日全国人大《关于批准〈联合国海洋法公约〉的决定》第二项。

绳海槽的存在证明了中日并非共大陆架国家，而它正是中日两国间的天然分界线。钓鱼岛面积小、无人居住、不能维持本身的经济生活，不能拥有自己的大陆架和专属经济区，不具有划界效力，东海大陆架划界问题与钓鱼岛主权问题可以完全分离。日方的主张则完全相反，认为冲绳海槽对于划分东海大陆架不是决定性因素，它只是两国大陆架连续上的偶然凹陷。日本的200海里大陆架主张不受海槽的影响，在两国的东海大陆架划界中应忽略海槽的法律效力。对于钓鱼岛日方主张其拥有自己的大陆架，并打算将其作为东海大陆架的划界基点，按等距离中间线划分东海大陆架。

（三）南海划界问题

南海是中国周边最大的海域，总面积约为350万平方千米。然而几乎大部分海域都存在着争议。中国地图的右下角都附有一个南海诸岛的小地图，标有9条断续的国界线即常称的“九段线”。我国在“九段线”以内的海域约200万平方千米。目前，南海周边国家都宣布了200海里专属经济区和大陆架，并且自划海疆，开发油气资源。这些自划的海上界线很多都互相交叉，重叠区域约80万平方千米，而且绝大部分都在“九段线”之内。由于涉及复杂的岛屿主权纠纷，近期内在南海难以进行海域划界。

（四）图们江出海口问题

图们江地区地处东北亚区域的中心部位，是中国、俄罗斯、朝鲜三国领土的交界点，以图们江出海口周围俄罗斯、朝鲜众多的天然良港为基础，以丰富的自然资源为条件，对朝鲜半岛、俄罗斯远东与西伯利亚地区、中国的东北与华北地区、蒙古国和日本列岛以及美国的阿拉斯加州形成辐射，因此说，这一地区是东北亚环日本海地区的辐辏中心。优越的地理位置不仅使图们江地区有条件成为东北亚地区重要的水陆交通枢纽，而且完全有可能成为东北亚地区商品、资金、服务和信息的交流中心和最佳交汇点。图们江地区是东北亚地区成为世界又一经济中心的核心地区。图们江大部分河段为中、朝两国的天然国界，但入海段则流出中国国境，成为朝鲜与俄国远东的边界河，最后注入日本海。由于边界所限，中国虽拥有图们江的大部分河段，但出海却受到了限制。所以中国应当加强与俄罗斯和朝鲜的合作，共同开发图们江地区的资源，发展此区域的经济。

依照《联合国海洋法公约》的规定和中俄有关边界协议的约定，我国在图们江上有进出日本海的入海航行权。我国将加快与俄罗斯、朝鲜的商谈，加快实现我国入海权的步伐，打通我国吉林省乃至整个东北地区通过图们江进出日本海的通道。

为早日实现入海权，可先从渔船等小型船舶，从旅游、科学考察等项目入海开始，逐步实现大吨位船舶的进出。为提高图们江的通航能力，我国应就疏浚河道、修建码头、改建或拆除碍航桥梁等设施等问题，与俄罗斯、朝鲜尽快达成协议。

我国中央政府、吉林省人民政府曾就图们江区域乃至“大图们江区域”共同开发与俄罗斯、朝鲜及其有关地方政府进行过交涉，并取得了一些进展。我国将在争取行使图们江出海权的基础上积极推进该区域的共同开发。

三、海洋资源的争夺

在东海和南海，渔业问题比较严重。我国传统捕鱼权受到严重损害。在东海我国与韩国和日本都存在渔业纠纷。东海有 14 个渔场，在东海各渔场作业的有中国、日本和韩国的渔民。在南海主要是中越在北部湾和南沙海域，中菲、中马之间在南沙海域的渔业纠纷。目前我国已基本丧失了南沙西部的传统渔场的捕鱼权。

为了实现渔业资源的可持续利用，我国已经与日本、韩国、越南等国签订渔业协定，约定为开展养护和合理利用海洋生物资源的科学研究或者为渔业科学研究和海洋生物资源的养护而加强合作。这些协定的签署为保护渔业资源的适度开发利用奠定了良好的法律基础。为实现跨界渔业资源的“可持续利用”①，我国将加强与相关国家的合作，在资源调查、科学研究等方面采取共同的或一致的行动。

我国海洋油气资源也受到来自日本等国的侵犯。在东海东部的大陆架上，存在着大片中日、中韩、日韩大陆架主张重叠区。1974 年 11 月 30 日在未经我国同意的情况下，日韩为了勘探油气资源，签订了《日韩东海大陆架共同开发协定》，在东海海域片面划定了大面积的大陆架作为日韩的“共同开发区”。双方约定共同投资，资源平均分配。该协定所划定的共同开发区深入东海大陆架的中部，包括了我国所主张的大陆架的一部分。中国于 1974 年 2 月 4 日对日韩提出强烈抗议。日韩无视我国的抗议实施了该协定。同年 7 月日本政府派出调查船在中日东海争议海域单方面进行海底资源调查，我国通过外交渠道向日方提出严正交涉。

在南海海域，从 20 世纪 70 年代开始，由于发现蕴藏着丰富的石油、天然气资源，一些国家或派驻军队，或与外国签订开采石油合同，或通过单方面立法侵占我国的海洋资源。在南海南沙群岛附近有争议海域的大陆架上，文莱、菲律宾、马来西亚、越南和印度尼西亚等国分别通过引进外资和技术手段，积极勘探和开发油气资源。南沙石油已成为越南国民经济的第一大支柱产业。马来西亚、菲律宾和文莱也大肆开采南海石油。其中文莱已通过开采南沙石油，由穷国变成了富国。

四、海上安全问题

在当今世界，国家安全问题不仅仅是传统意义上的安全问题，还有非传统安全问题。威胁传统安全的因素主要是指国家面临的军事威胁及威胁国际安全的军事因素。按照威胁程度的大小，可以划分为军备竞赛、军事威慑和战争三类。战争又有世界大战、全面战争与局部战争，国际战争与国内战争，常规战争与核战争，等等。传统安全威胁

① 《中华人民共和国政府和越南社会主义共和国政府北部湾渔业合作协定》第五条。

由来已久。自从有了国家，也就有了国家间的军事威胁。非传统安全是相对传统安全威胁因素而言的，指除军事、政治和外交冲突以外的其他对主权国家及人类整体生存与发展构成威胁的因素。非传统安全问题主要包括：经济安全、金融安全、生态环境安全、信息安全、资源安全、恐怖主义、武器扩散、疾病蔓延、跨国犯罪、走私贩毒、非法移民、海盗、洗钱等。非传统安全问题有明显的跨国性和不确定性。它不仅是对某个国家构成安全威胁，而且是关系到其他国家或整个人类的安全利益的问题。非传统安全威胁不一定来自某个主权国家，往往由非国家行为体，如个人、组织或集团等所为。海上安全既有传统安全领域的问题也包括非传统安全领域的问题，而且非传统领域的安全问题越来越突出。

（一）海盗、海上恐怖主义影响国际海运线路安全

海盗对船只的袭击在过去 10 年间增加了 2 倍，正处于现代历史上最猖獗的时期。最令人不安的是，海盗活动和恐怖主义的祸患往往交织在一起。公海上的海盗活动逐渐成了恐怖主义团体使用的关键战术。当今的许多海盗是海上恐怖主义者，具有意识形态倾向和广泛的政治背景。海盗行为和恐怖主义的勾结对能源市场的危害尤其巨大。世界上的大部分石油和天然气是通过全球海盗最猖獗的水域运输的。

中国拥有大面积的海域，中国的对外贸易和能源进口也大多通过海洋，而海运主要通过马六甲海峡。从这个角度讲，中国在马六甲海峡有着巨大利益。马六甲海峡这条“世界经济的生命线”，长不过 1 000 千米，最窄处不足 600 米，全球贸易中 1/4 货物的运输和差不多一半的石油运输都要经过这里。狭长的海峡，每年过往的商船超过 6.3 万艘。然而，就在这 1 000 千米海峡之内，根据“国际海事局海盗报告中心”的统计，仅 2004 年，有记录的海盗事件就有 37 起。如果算上马六甲海峡西部的印度尼西亚海域和南海，这一数字达到了惊人的 169 起，占了 2004 年全球海盗案件数的近 60%。在这些海盗袭击事件中，总共有 30 名船员被杀害，另有 30 人至今下落不明，生死未卜。①

（二）专属经济区的安全

外国军用船舶的军事测量活动和军用设施对我国的国家安全造成严重威胁。

美国频繁在我国管辖海域活动，搜集我近海军事情报和海洋资料，先后派“鲍迪奇”号、“萨姆娜”号、“黑森”号海军测量船和“常胜”号电子侦察船等深入我国管辖海域进行非法军事测量。据不完全统计，自 2001 年以来，美国已实行了多次非法调查，作业时间不断加长。

俄籍军事间谍船和调查船也经常在我国管辖海域出没。2001 年 9 月，俄罗斯测量船“GEO ARCTIC”曾进入我国黄海专属经济区进行非法作业。2002 年中国海监在对日本打捞东海不明沉船的监管过程中曾发现舷号为“CS7”和“CCB208”的俄罗斯电子侦察船

① 引自网站：post. baidu. com/f? kz = 27578591 27K 2006 - 6 - 15。2007 年 1 月访问。

在附近海域进行侦察活动。

随着我国与日本海洋权益之争的升级，日方的海上军事调查活动也影响着中国，对我国相关海域造成了很大威胁。2002年年底，日本海上保安厅巡逻船在东海我国专属经济区内击沉一艘不明国籍船舶。围绕打捞问题中日经过了10个月的权益斗争，才使日方承认事发海域是中国的专属经济区，同意沉船打捞服从中国监管。

（三）我国海洋科学调查船的正常的海上科研调查活动受到周边国家的非法阻挠、拦截、干扰

2004年2月12日，中国的海洋调查船“向阳红09号”在钓鱼岛附近海域进行海洋调查时，日本海上保安厅以非日本船只不得在日本领海内从事观测为由，迫使“向阳红09号”离开该水域。中国在冲绳海槽和大陆架中间线之间进行调查是合理合法的，日本的阻拦根本没有道理。

与此相对照的是，日本在2004年全面启动的大陆架调查计划中，将钓鱼岛及其附属岛屿列入调查范围。由于日本的阻挠，加上本身技术方面的因素，中国东海大陆架调查尽管进行很多年，但很多关键地方都还没有进行调查。

（四）远洋渔业安全

近几年中国渔船在海外作业屡屡遭到非法袭击，我国渔民的远洋渔业安全受到严重威胁。2003年2月5日，印度尼西亚海军巡逻舰向一艘中国渔船开火，造成船上多名船员受伤。2003年3月20日，中国福建远洋渔业所属“福远渔225号”在斯里兰卡海域遭到海盗炮击沉没，17名船员死亡。2003年9月24日，两艘在中国传统海域作业的中国渔船遭到越南炮舰的枪击。2004年11月19日，秘鲁海军出动了2艘潜艇、3艘导弹驱逐舰和多架军用直升机，将9艘中国渔船全部扣押。2004年12月14日，西非国家几内亚4名武装分子闯上中国渔船索要鱼品，随后用冲锋枪朝船员扫射，两名辽宁长海籍船员被击中身亡。2005年1月8日，中国海南省几艘渔船在北部湾海上分界线中方一侧正常作业时，遭3艘身份不明的武装船只抢劫和开枪袭击。2005年3月23日，一艘中国渔船被韩海军巡逻快艇截获，21名船员被扣留。2005年5月23日，中国渔船及渔民在捕鱼时，遭到韩国海警特警队数人群殴，韩国特警队员居然使用了电子冲击弹和镇暴警棍，群殴时间长达20多分钟。2005年9月19日，一艘印度尼西亚海军军舰向在印度尼西亚阿拉弗拉海涉嫌非法捕鱼的中国渔船开火，一名中国船员死亡，两人受伤。

我国当前面临的海洋维权形势十分复杂和严峻，岛屿主权、海域划界、海洋资源以及海上安全不是单纯的法律问题或纯粹的政治问题，既需要国家之间的谈判、协商，更要依靠各项国内制度及国际规则的完善和有效的执行。针对我国当前的海洋形势，当务之急是在完善国内海洋立法的基础上，加强海洋权益法律法规的执行。而海洋维权执法的前提是对在国际海洋法制度之下自己享有的海洋权利的充分了解和认识。

第三节 我国海洋权益保护的法律对策

一、中国海洋权益方面的立法现状

1958 年 9 月 4 日，中华人民共和国政府公布了关于领海的声明，宣布了中国领海的宽度、基线以及对无害通过制度的规定。1996 年 5 月 15 日，中华人民共和国政府发表了《关于中华人民共和国领海基线的声明》，宣布了中华人民共和国大陆领海的部分基线和西沙群岛的领海基线。1996 年 5 月 15 日，全国人民代表大会常务委员会通过了关于批准《联合国海洋法公约》的决定，批准加入《联合国海洋法公约》，同时对专属经济区和大陆架、海域划界原则、相关岛屿主权及军舰的无害通过问题做出声明。1992 年 2 月 25 日，第七届全国人民代表大会常务委员会第二十四次会议通过了《中华人民共和国领海及毗连区法》。1998 年 6 月 26 日，第九届全国人大常委会第三次会议通过了《中华人民共和国专属经济区和大陆架法》。这两部法律是我国在海洋维权方面的最基本的法律，分别规定了中国的领海、毗连区制度和专属经济区、大陆架制度。在明确了《联合国海洋法公约》所赋予沿海国的权利之外，又明确规定外国船舶在上述区域违反我国法律法规时，我国可以行使紧追权，可以采取登临、检查、逮捕、扣留和进行司法程序等必要的措施。

《中华人民共和国涉外海洋科学研究管理规定》自 1996 年 10 月 1 日起施行。对国际组织、外国组织和个人单独或与我国有关部门或单位合作，在中国管辖海域内从事海洋科学调查研究活动所应遵循的规则等做出了明确的规定。规定中对涉外科学研究的批准、外国调查船的管理、有关资料和样品的管理等根据有关海域法律地位的不同、其行为主体和合作方式等的不同，做出了相应的规定。

《中华人民共和国海洋环境保护法》于 1999 年 12 月 25 日修订通过，修订后的《中华人民共和国海洋环境保护法》自 2000 年 4 月 1 日起施行。该法明确规定“在中华人民共和国内水、领海、毗连区、专属经济区、大陆架以及中华人民共和国管辖的其他海域从事航行、勘探、开发、生产、旅游、科学研究及其他活动的任何单位和个人都必须遵守本法，在中华人民共和国管辖海域以外，造成中国管辖海域污染的也适用本法。”①

2001 年 10 月 27 日，第九届全国人民代表大会常务委员会第二十四次会议通过了《中华人民共和国海域使用管理法》，规定“在中华人民共和国内水、领海持续使用特定海域 3 个月以上的排他性用海活动，适用本法。”②

在海洋划界等有关海洋主权方面的问题上，中方一贯主张本着公认的国际法原则，按

① 《中华人民共和国海洋环境保护法》第二条。
② 《中华人民共和国海域使用管理法》第二条。

照公平原则，通过谈判协商解决问题。采取这种态度，可使我们处于主动地位，不受任何国际上的强权势力所束缚。中国的主张在立法上也有鲜明的体现。《中华人民共和国专属经济区和大陆架法》第二条规定："中华人民共和国与海岸相邻或者相向国家关于专属经济区和大陆架的主张重叠的，在国际法的基础上按照公平原则以协议划定界线。"2006年8月25日，中国依据《联合国海洋法公约》第298条规定，向联合国秘书长提交书面声明，对于《公约》第298条第1款（a）、（b）和（c）项所述的任何争端（即涉及海洋划界、领土争端、军事活动等争端），中国政府不接受《公约》第15部分第2节规定的任何国际司法或仲裁管辖。

二、中国海上执法队伍的建设情况

2013年以前，我国海洋行政管理体制和海上执法体制高度分散。目前，我国对海洋行使执法事权的部门多达十余个，主要有交通、农业、公安、能源、环境、土地、海洋、海关以及海军等。单就海上执法监督而言，我国现有的海上执法队伍分属国务院和地方政府的有关部门。除军队和武警部队外，国务院有5个部门拥有自己的执法监督队伍。它们是交通部下辖的中国海事局、农业部下辖的渔政渔港监督、海关总署下辖的缉私警察队伍及国家海洋局下辖的海监队伍及海警。

（一）海监

中国海监20世纪80年代中期建立，是国家海洋行政管理部门建设和管理的一支综合性海上执法力量。在国家海洋局设立中国海监总队，在北海、东海、南海3个分局设立海区海监总队，在沿海省、自治区、直辖市设立各地方海监总队。各总队之下设有海监大队或支队。中国海监队伍拥有各类船只和固定翼飞机。在北京设有指挥中心，在青岛、上海、广州建立了海区通信台，在沿海形成了较完备的沿海观测站、监察站及通信导航系统。

中国海监的主要职责是：

（1）为维护国家管辖海域的主权权益，进行全海域的巡航监视；对违法进入我国管辖海域的境外船只、平台或其他运载工具等，进行调查，依法进行海上应急现场处理，并将有关情况，按主管部门的管理分工及时报送。

（2）负责全海域环境状态的巡航监视，发现污染损害事件和环境异常情况，及时通报有关部门调查处理，并进行现场录像、取样、取证，提供有关部门查处。

（3）对确认在中国内水或领海内违反中国法律法规和规章的外国船舶，以及在毗连区内违反有关安全、海关、财政、卫生、环境保护或者出入境管理等法律、法规和规章行为的船舶，中国海监船作为"中华人民共和国政府授权的为政府服务的船舶、航空器"对其实施紧追权。

（4）负责海上倾废区的倾倒活动的监视和倾废区周围资源、环境影响监视；海洋石油勘探、开发活动和陆源排污口附近水域的监视，发现污染事故，进行调查取证、取样分析，既为事故的处理提供证据，也要协助主管部门进行处理。

（5）进行海域使用和海底电缆、管道铺设的海上监视，监督使用、施工活动对法规的遵守情况，如有违法、违规问题，在制止的同时，通报主管部门处理。

（6）监督检查获批准的外国和中外合作在我国领海及其他管辖海域的科学调查或研究活动是否按照批准区域、批准时间与地点、批准项目内容和方式方法及船只和装备实施作业。

（7）参与海难救助以及其他海上执法协同活动等。

（二）海事局

海事局是在原中华人民共和国港务监督局（交通安全监督局）和原中华人民共和国船舶检验局（交通部船舶检验局）的基础上合并组建而成的。海事局为交通部直属机构，实行垂直管理体制。根据法律、法规的授权，海事局负责行使国家水上安全监督和防止船舶污染、船舶及海上设施检验、航海保障管理和行政执法，并履行交通部安全生产等管理职能。①

海事局的主要职责包括：

（1）拟定和组织实施国家水上安全监督管理和防止船舶污染、船舶及海上设施检验、航海保障以及交通行业安全生产的方针、政策、法规和技术规范、标准。

（2）统一管理水上安全和防止船舶污染。监督管理船舶所有人安全生产条件和水运企业安全管理体系；调查、处理水上交通事故、船舶污染事故及水上交通违法案件；管理交通行业安全生产工作。

（3）负责船舶、海上设施检验行业管理以及船舶适航和船舶技术管理；负责船舶及海上设施法定检验、发证工作；审定船舶检验机构和验船师资质、审批外国验船组织在华设立代表机构并进行监督管理；负责中国籍船舶登记、发证、检查和进出港（境）签证；负责外国籍船舶入出境及在我国港口、水域的监督管理；负责船舶载运危险货物及其他货物的安全监督。

（4）负责船员、引航员适任资格培训、考试、发证管理。审核和监督管理船员、引航员培训机构资质及其质量体系；负责海员证件的管理工作。

（5）管理通航秩序、通航环境。负责禁航区、航道（路）、交通管制区、港外锚地和安全作业区等水域的划定；负责禁航区、航道（路）、交通管制区、锚地和安全作业区等水域的监督管理，维护水上交通秩序；核定船舶靠泊安全条件；核准与通航安全有关的岸线使用和水上水下施工、作业；管理沉船沉物打捞和碍航物清除；管理和发布全国航行警

① 在有关法律、法规进行相应的修改之前，海事局仍继续以“中华人民共和国港务监督局”和“中华人民共和国船舶检验局”的名义对外开展执法管理工作。

（通）告，办理国际航行警告系统中国国家协调人的工作；审批外国籍船舶临时进入我国非开放水域；负责港口对外开放有关审批工作以及中国便利运输委员会日常工作。

（6）航海保障工作。管理沿海航标无线电导航和水上安全通信；管理海区港口航道测绘并组织编印相关航海图书资料；管理交通行业测绘工作；组织、协调和指导水上搜寻救助，负责中国海上搜救中心的日常工作。

（7）组织实施国际海事条约；履行“船旗国”及“港口国”监督管理义务，依法维护国家主权；负责有关海事业务国际组织事务和有关国际合作、交流事宜。

（8）组织编制全国海事系统中长期发展规划和有关计划；管理所属单位基本建设、财务、教育、科技、人事、劳动工资、精神文明建设工作；负责船舶港务费、船舶吨税有关管理工作；负责全国海事系统统计和行风建设工作。

（三）渔政

中国渔政是20世纪50年代初期建立的，归农业部渔政局管理，依据渔业法律法规开展执法。在北京设立中国渔政监督管理局，在黄海、东海、南海设立分局，在沿海省、自治区、直辖市以及市（地）、县（市）设立渔政局、处或站。另外在300多个渔港设立渔港监督机构。海区和省级机构设立渔政大队和渔政船队。拥有渔政人员8 600多人，各类船艇600多条。

中国渔政的主要职责：

（1）监督、检查海洋渔业法律、法规和规章的贯彻执行。

（2）监督、检查国际渔业协定、公约的履行，协助有关部门处理渔政管理方面的涉外事宜；对外国渔船非法侵入我国管辖海域，依法采取取缔措施，维护我国海洋渔业资源权益不受侵犯。

（3）负责渔业许可证的审核和颁发。检查渔船的海上作业、渔获物、捕捞技术与方法，维持渔业海域的生产秩序，查处违章捕鱼活动，及时处理海上渔业纠纷和其他事故。

（4）管理渔业船只和渔船上的主要设备产品的技术检验，并进行渔船应备证件文书的检查。

（5）监督管理渔港、渔业专用港区的安全生产活动。负责渔业船舶船员的考试和发证。

（6）维护渔业水域环境，保护海洋珍稀濒危水生动植物。

（7）对海洋渔业资源状况和与资源相关的有关问题，向本级或上级行政主管部门提出报告和建议等。

另外，我国海上执法队伍还有公安部下的海警、海关系统的执法队伍。

2013年3月14日第十二届全国人民代表大会通过了《国务院机构改革和职能转变方案》，重新组建国家海洋局。国家海洋局以中国海警局名义开展维权执法，接受公安部指导；设立高层次议事协调机构国家海洋委员会，国家海洋委员会的具体工作由国家海洋局承担。

为了推进海上统一执法，提高执法效能，将国家海洋局及其中国海监、公安部边防海警、农业部渔政、海关总署海上缉私队伍和职责整合，组成海警队伍统一执法。原海事执法队伍保留不变。

三、中国的海上维权执法实践

近年来，我国的海洋执法取得了令人瞩目的成效。在涉外海洋科学研究方面，我国对涉外海洋科学研究调查项目多次进行检查，包括随船检查、派船监视以及登船检查等。对未经我国政府批准的调查活动，中国海监成功地对其进行了跟踪、监视、驱逐，如针对美国“BOWDITCH”军事测量船、俄籍“GEO ARCTIC”测量船的执法活动。在铺设海底电缆管道方面，2001 年中国海监各总队全年检查项目 57 个，检查次数累计 156 次，发现违规行为 56 起。其中东海、南海总队共检查海底国际光缆施工作业 44 次，发现违规行为 2 起。此外，对于渔船在海底通信光缆路由两侧“安全区”内违规作业问题，东海总队先后在东海海域开展国际光缆保护执法检查行动 16 次，驱赶违规船只 110 艘次，处罚 5 艘次，有效地保护了海底国际光缆的安全。在对外籍作业船实施监管方面，2002 年，经我国政府批准，英国、丹麦、巴哈马、巴拿马、韩国 5 国的 8 艘船舶在我管辖海域进行了 19 个航次的海上作业，包括涉外海洋科研调查、海底光缆铺设及维修等。中国海监机构对上述作业活动实施了监管，核查船位及活动情况报告 310 份。

同时我们应该看到，我国分散的海上执法队伍体制严重影响了我国的海上执法成效。海上执法部门多而分散容易使维权工作出现混乱，降低执法的效率，甚至还会造成不必要的损失。1991 年 11 月 24 日，在渤海湾发生“大舜”号滚装船翻沉事故，从发生危险到船舶翻沉，前后共有 10 多个小时。由于海上执法队伍分散，既无一家真正有能力实施有效救助，又没有及时组织联合行动，结果眼睁睁地看着船舶翻沉，酿成了死亡 282 人的特大海难。再如，2002 年日本在我东海专属经济区击沉一艘不明国籍船，严重侵害我国海洋权益。事件发生之初，海监、渔政等多支队伍都纷纷组织到该海域巡航，但由于相互间缺乏沟通，形不成集体力量，一度让日方对我执法船不以为然，肆无忌惮开展水下沉船调查。这种局面直到国家确定以海监船和海监飞机为主对其实施监视和监督才得以扭转。而该事件深刻反映出海上执法队伍实现统一整合的迫切性。

2013 年 7 月 22 日，重组后的国家海洋局正式挂牌。从 2013 年 7 月至 2014 年 7 月，中国海警舰船编队在钓鱼岛海域、南海海域进行多次巡航。尤其是在钓鱼岛海域已经建立了常态化巡航制度，巡航中发现日本船只进入我领海会发出警告，进行驱离。

四、维护我国海洋权益实践中存在的问题

我国海上维权实践中存在多方面的问题和不足。概括起来主要有以下几点。

（一）海上维权法律依据不够具体

《中华人民共和国领海及毗连区法》中对于无害通过制度，除了规定军舰不享有无害通过权之外，对无害通过的具体要求、外国军舰通过领海的程序以及违反无害通过的法律责任的具体形式等，没有具体规定。

《中华人民共和国专属经济区和大陆架法》中规定，外国的舰船、飞机“在遵守中国法律、法规的前提下，在专属经济区内享有航行、飞越的自由”①，也没有约束外国飞机、军舰“自由权”的具体法律条款。所以，亟须在《中华人民共和国专属经济区和大陆架法》的基础上，继续制定具体规范在专属经济区活动的法规。此外，对于紧追权、登临权等也没有具体的实施细则，哪些情况下可以实施紧追、登临，紧追过程中的具体措施和要求如何等也未形诸法律文件。

（二）海上执法力量不足、执法效果不佳

近年来中国海监大多数的涉外维权采取的是“显示存在、体现管辖”的工作方针，以跟踪监视、喊话驱赶为主要手段，难以采取强制措施从根本上制止侵犯我海洋权益的行为。某些现场执法的效果不甚明显。

我国海洋执法中的实际控制能力和执法力量不能适应海洋国土纵深由 12 海里延伸至 200 海里的大幅度变化的新情况，国防战略重心也没有向海洋明显倾斜。事实上，国家管辖海域的相当大的部分尚处于失控状态。虽然我国宣布了《中华人民共和国专属经济区和大陆架法》，但我国的专属经济区管理非常薄弱。近几年美国的军事调查船在中国专属经济区频繁活动，且以公海“航行自由权不容挑战”为借口公然漠视我国主权权利，究其原因，是因为我国海上维权能力不足。日本、韩国对中国专属经济区与大陆架所主张的管辖权也时有挑衅性行为，如东海不明国籍船舶被沉事件，韩国“EARDO”调查船非法作业事件等。面对这种局面我国还没有采取有效的措施。

五、维护我国海洋权益的法律对策

（一）完善我国相关的立法，为我国主张海洋权利提供法律依据

1. 立法鼓励海洋科学调查和探险

首先，我国与周边国家海域划界纠纷是需要深入协商谈判解决的问题，而谈判的前提和砝码是对自己主张的强有力的证明。《联合国海洋法公约》规定，各国的大陆架为沿海国专属经济区内的 200 海里。如果海底的地形、地质满足一定的条件，能够证明是沿海国陆地的自然延伸，沿海国就可以申请将大陆架的外侧界线最远延伸至 350 海里处。沿海国对陆地领土自然延伸的大陆架内的自然资源享有主权权利。日本已经着手大陆架调查活

① 《中华人民共和国专属经济区和大陆架法》第十一条。

动。由于中日之间的海域纠纷，大陆架调查关系到我国的重大海洋权益。针对申请200海里外大陆架一事，目前应该加大力度加紧进行。

其次，探险往往能够促进人类社会的大规模发展。没有探险，哥伦布就不会发现新大陆，人类也不会登上月球。尽管海洋留给人类探险的地方已经不多，但是对于我国来说，还有很多领域有待探索。例如，极地科学考察就是一个国家综合国力、经济实力和科学技术水平的全面展示。

1989年，我国成立了极地研究中心，开展极地资源、环境及相关学科的科学考察研究，分析研究与保管极地标本、样品和数据，并负责极区环境观测、监测和我国南北极考察活动的环境保护工作，开展国际间学术交流与合作。2003年国家海洋局极地考察办公室颁布了《中国极地科学数据管理规定》，对极地科考成果的保护建立管理制度。《国家中长期科学和技术发展规划纲要（2006—2020年）》列有“极地对全球变化的响应及其气候和环境效应的研究”。近年来，我国在极地科学考察中取得了突出科研成果，同时在国际极地事务中也相应取得了应有的地位。迄今为止，我国已经成为《南极条约》缔约国和新奥尔松北极考察组织等极地科考组织的成员。虽然我国在极地研究方面取得了一定的成绩，但是，由于技术、设备方面的限制，我国的研究水平与发达国家仍有一定的距离。现在我国仍然没有民间的极地探险活动参与极地探险考察。我国应当立法鼓励民间进行极地探险活动。

2. 立法鼓励国际海底区域的开发

我国现在已经获得了7.5万平方千米的国际海底区域的开发权利。但是我国现在没有进行国际海底开发的相关管理制度。应当立法鼓励对国际海底资源进行开发利用。

（二）完善配套法规

虽然我国已经基本建立了海洋法律体系，但是有很多地方并不完善。我们应当针对已经出台的法律、法规，如，《中华人民共和国领海及毗连区法》《中华人民共和国专属经济区和大陆架法》《中华人民共和国涉外海洋科学研究管理规定》等，尽快制定配套法规。特别是紧追权、登临检查、无害通过制度等更须尽快制定可操作性强的法律规范。专属经济区中的海洋科研调查和海洋测量以及自动观测设施的管理制度、专属经济区和大陆架生物资源养护与管理、人工构造（建）物的建造与管理制度等，都应当尽快立法。例如，对于紧追权的实施，要明确紧追开始的条件、紧追的继续和中止等；对于登临权的实施，要对登临的事项、官员、不当登临的补偿做出规定；关于无害通过权的完善，在潜水艇、军舰、外国核动力船舶和运载核物质或其他本质上危险或有毒物质的船舶的无害通过问题，以及对违反的后果都需要进一步做明细规定；对专属经济区内的飞越和航行自由应规定具体限制条件等。

（三）加强海洋维权执法力量

“海洋国土”权益的维护，需要强大的海上维权力量。没有一支与国家地位相当的强大的海洋维权力量，外交斗争将处于软弱被动，海洋经济活动将受到影响，海洋科研和调查将难有保障，国家法律、法规将难以实施。

中国海洋执法队伍是国家权力施行于“海洋国土”的象征和工具，应以国家的国际地位和参与国际事务的能力以及维权的需求来强化维权队伍的建设，以有效维护国家安全和海洋权益。日本海上保安厅拥有515艘巡视船艇和73架巡视飞机，预算经费高得惊人。与日本相比，我们的力量相形见绌。期望国家能投入更多的财力，尽快建造大型、先进的海洋巡视船舶和飞机，同时装备和配置现代化的指挥、控制、通信、情报信息及其传输、巡航监视与取证、技术支持、侦察等设备。建立健全履行“海洋国土”维权使命所应具备的四大系统：海洋维权巡航执法系统，对海上维权运载平台的指挥决策系统，海洋信息传输与技术支持系统，后勤服务保障系统，使执法队伍的实际控制力覆盖到我国整个的“海洋国土”。

（四）设置科学完善的法律责任追究机制

《联合国海洋法公约》第二百四十六条第一款规定，沿海国在行使其管辖权时，有权按照本公约的有关条款，规定、准许和进行在其专属经济区内或大陆架上的海洋科学研究。我国《涉外海洋科学研究管理规定》第十三条对非法在我国管辖海域从事海洋科学研究活动的法律责任做出了明文规定。但在实际维权工作中，由于外籍船的法律主体地位具有一定的特殊性，如何实施对外籍船的法律责任的追究，在法律程序、法律文书以及对外籍船不履行我国行政机关的行政处罚决定而应采取的强制措施等方面，没有成文的规范。另外，外籍船有违反《联合国海洋法公约》和我国法律、法规规定的行为，在我执法机关发现前逃逸或因各种原因未对其实现有效控制的情况下，如何维护我国法律的尊严、追究其法律责任，也需要我们做出明确的法律规定。

第五章　加强我国海洋行政执法的战略思考

海洋管理有多种手段，包括行政的、经济的、技术的、法律的和教育的手段等。其中，法律手段是海洋管理的重要手段之一。运用法律手段实施海洋管理，通常称其为海洋行政执法。在法理上，执法是指国家机关依照法定职权和程序执行法律法规的专门活动。

海洋行政执法是指国家行政机关包括政府及其职能部门依照法定职权和程序对海洋环境、资源、权益和海域使用等海洋事务执行法律法规的专门活动。

国际间在海洋开发和利用上的利益冲突，国家开发利用规模的深度的加大，以及由此显现的我国海洋行政执法中存在的不足，要求我们对如何改善海洋行政执法作认真的规划。

第一节　海洋行政执法的性质和特点

为了有的放矢地探讨海洋行政执法的发展完善，有必要先了解这个对象的性质和特点，因为海洋行政执法事实上与陆地上的行政执法存在某些差异，尽管它同陆上执法一样都出自国家统一的政权体制，在本质上都是人民民主政权的有机组成部分，并且遵循相同的政治原理。

一、海洋行政执法的性质

行政行为是国家行政机关和法律授权的组织在行政管理过程中，基于行政职权所实施的、能够产生行政法律效果的行为。[①] 海洋行政执法是国家有关行政主体具体行政行为的主要表现形式之一。对海洋行政执法的性质可以从以下几个方面来把握。

第一，海洋行政执法的主体是国家行政机关。其执法活动是行使职权的活动。属于国家行政机关的具体行政行为。

第二，海洋行政执法的主要内容是依法办事，它直接影响或作用于管理相对人的某项权利和义务。

第三，海洋行政执法引起的法律关系是行政法律关系。这种法律关系的发生、变更或

---

① 罗豪才、湛中乐：《行政法学》，北京大学出版社，2001 年版，第 73 页。

消灭，通常取决于国家机关的行政行为。

第四，海洋行政执法实质上是国家行政机关行使国家权力机关所授予的组织和管理国家海洋事务的权利，具有执行公务的特征。除法律另有规定外，国家行政机关对海洋行政执法权既不能擅自转让他人，也不能随意放弃。

二、海洋行政执法的主体

要完善海洋行政执法的思考，必须先了解海洋行政执法主体的情况。从对执法主体情况的分析中或许可以找到完善的路径。

一般来说，依照法律规定或者经国务院、省级政府决定，或者由有行政处罚权的行政机关委托，对海洋行政事务享有行政执法权的机关就是海洋行政执法的主体。

在我国，能够成为海洋行政执法主体的途径有两个：一是根据法律规定依法产生或者获得，即要成为享有海洋行政执法权的主体，必须要有法律根据。法律根据有两种：一种是根据宪法和组织法。我国宪法和组织法规定了各级行政机关的法律地位、作用和职能；另一种是由具体法律、法规授权。我国的行政法一般都明确规定了该法的执法主体。《中华人民共和国行政处罚法》第十七条规定："法律、法规授权的具有管理公共事务职能的组织可以在法定授权范围内实施行政处罚。"二是根据政府决定和行政机关委托获得。《中华人民共和国行政处罚法》规定："国务院或者经国务院授权的省、自治区、直辖市人民政府可以决定一个行政机关行使有关行政机关的行政处罚权，但限制人身自由的行政处罚只能由公安机关行使。""行政机关依照法律、法规或者规章的规定，可以在其权限内委托符合本法第十九条规定条件的组织实施行政处罚。行政机关不得委托其他组织或者个人实施行政处罚。""受委托组织必须符合以下条件：依法成立的管理公共事务的事业组织；具有熟悉有关法律、法规、规章和业务的工作人员；对违法行为需要进行技术检查或者技术鉴定的，应当有条件组织进行相应的技术检查或者技术鉴定。"① 这就是说，有些管理公共事务的事业组织在经过法定授权后就可获得一定的行政执法权，成为行政执法主体，行使所授予的行政执法权力。

根据我国法律规定，海洋行政执法主体主要有以下三类。

第一类，国务院和沿海地方各级人民政府。我国宪法规定，国务院既是国家最高权力机关的执行机关，又是最高国家行政机关。凡涉及全国性行政管理一切重大问题，国务院均有权决定。沿海地方各级人民政府由四级构成，即沿海省、自治区、直辖市人民政府；沿海设区的市人民政府；沿海市、县人民政府；乡、镇人民政府。沿海地方各级人民政府是国务院领导下的国家行政机关，是沿海地方各级国家权力机关的执行机关，负有执行国家法律、法规和规章的重要职能。其具体职能和海洋行政执法的权限都由法律予以规定。

---

① 《中华人民共和国行政处罚法》第十六条、第十八条、第十九条。

第二类，国务院有关部门和沿海地方各级人民政府的有关职能部门。根据我国有关法律规定，具有海洋行政执法权的国务院有关部门主要有：国务院环境保护行政主管部门、国务院资源管理行政主管部门、国家海洋行政主管部门、国家海事行政主管部门、国家渔业行政主管部门、海关等。沿海地方各级人民政府的有关职能部门主要有：沿海县级以上地方各级人民政府的环境保护行政主管部门、海洋行政主管部门、渔业行政主管部门、土地行政主管部门、林业行政主管部门、旅游行政主管部门等。这些行政主管部门依照有关法律规定，对有关海洋事务，在法定的职权范围内行使海洋行政执法权。

第三类，由政府决定的行政机关和行政机关委托的具有管理公共事务职能的事业组织。与前两类不同的是，它们的主体资格不是法定的，而是由有决定权的国家机关决定或者由有行政处罚权的行政机关委托的。根据《中华人民共和国行政处罚法》第十八条第三款规定："受委托组织在委托范围内，以委托行政机关名义实施行政处罚；不得再委托其他任何组织或者个人实施行政处罚。"因此，决定或者委托这类主体行使执法权时，应当坚持两条原则：第一，有权决定某行政机关有行政处罚权的只有国务院和省、自治区、直辖市人民政府；第二，有行政处罚权的行政机关委托具有管理公共事务职能的事业组织行使执法权时必须严格依照法定委托条件，不得扩大委托范围。

三、海洋行政执法的特点

海洋行政执法的特点是由现阶段海洋开发利用活动的规模和性质、海洋科技发展的水平以及国家现行的海洋法律制度与海洋执法管理体制等因素决定的。它除具有行政执法的一般特点外，还具有其独有的特点。

（一）海洋行政执法是对有关的法律知识和科学技术知识的实际运用，具有规范性和技术性

它要求海洋执法人员有较丰富的法律知识和有关的科学技术知识，包括海洋水文气象、海洋生物、化学、地质知识及海洋应用技术等知识。例如，在调查损害海洋资源、海洋环境事件时，执法人员不仅要严格依法办事，而且应当以严谨的科学态度，运用各种必要的现代科学技术手段进行充分调查取证；在监视船舶排污、赤潮、溢油等情况时，要运用遥感遥测技术；在鉴别不同船舶排放的油样时，要用先进的化学分析技术，包括油指纹技术等。只有这样才能真正贯彻以事实为依据、以法律为准绳的原则，保证海洋行政执法的严肃性和合法性。

（二）海洋行政执法工作涉及范围大、部门多，具有广泛性和综合性

从执法管理的空间来看，包括我国的内水、领海、专属经济区和大陆架等一切管辖海域；从事务种类来看，涉及环境、资源、海域使用和国家海洋权益等一切海洋事务；从行使行政执法权的部门来看，既有国务院和沿海地方各级人民政府，又有国务院有关行政主管部门和沿海地方各级人民政府的有关行政主管部门；从使用的法律的类别来看，既有我

国制定的海洋方面的法律、法规和规章，又有我国缔结和参加的海洋方面的公约。由此也可以看出，海洋行政执法是各有关部门在各自职责和范围基础上的跨部门、跨行业的监督管理活动。

（三）海洋行政执法具有一定的复杂性和艰巨性

我国管辖海域除渤海是内海外，其他海区均存在着与邻国之间划分海域疆界和岛屿归属等涉及国家主权权益等问题。同时，海洋资源开发和海洋环境保护方面的矛盾日益增多，我国的海洋法制建设尚不够完善，受现行海洋法律体系和海洋管理体制的制约，涉海部门的职责存有不少交叉，甚至矛盾之处，这些都给海洋行政执法工作带来一定困难。此外，由于海洋行政执法活动主要在海洋上实施，海上自然环境恶劣、多变，工作相当艰苦，它较陆上执法更为复杂和艰巨。

第二节　海洋行政执法的任务、原则和方式

一、海洋行政执法的任务

海洋行政执法的任务很多，概括起来主要有三个方面：一是监督管理海洋环境与资源、海洋渔业、海上交通、海域使用、海洋科学研究、铺设海底电缆管道等；二是依法制裁违法行为；三是维护国家海洋权益。

（一）监督管理海洋环境与资源、海洋渔业、海上交通、海域使用、海洋科学研究、铺设海底电缆管道等

全国人大常委会 1982 年 8 月 31 日制定了《中华人民共和国海洋环境保护法》，1983 年 9 月 2 日制定了《中华人民共和国海上交通安全法》，1986 年制定了《中华人民共和国渔业法》，2001 年 10 月 27 日制定了《中华人民共和国海域使用管理法》等；国务院 1989 年 2 月 11 日发布了《铺设海底电缆管道管理规定》，1996 年 6 月 18 日发布了《中华人民共和国涉外海洋科学研究的规定》等。根据这些以及这里没有提到的法律、法规的规定，环境保护行政主管部门、海洋行政主管部门、海事行政主管部门、渔业行政主管部门等分别对海洋环境与资源、海洋渔业、海上交通、海域使用、海洋科学研究、铺设海底电缆管道开展监督管理活动。

（二）依法制裁违法行为

我国海洋环境保护法、海上交通安全法、渔业法、海域使用管理法等，对违反法律规定的行为，都规定了应当承担的法律责任。依照违法的性质和程度，分为行政法律责任、民事法律责任、经济法律责任、刑事法律责任。海洋行政执法机关的任务之一就是强制有关当事人承担有关法律法规规定的责任，尤其是行政责任和经济责任。

（三）维护国家海洋权益

如前所述，我国享有很多海洋权益，我国法律法规、我国签订和加入的国际公约、条约也明确规定了这些权益。行政执法机关的任务之一就是通过自己的执法活动实现或维护我国的相关权益。

二、海洋行政执法的基本原则

根据《中华人民共和国行政处罚法》规定，海洋行政执法应当遵循合法性原则、公正性原则、独立处理原则、惩罚与教育相结合原则和有错必纠原则等。

合法性原则即依法行政原则。这条原则包括这样几层意思：① 行政执法机关必须是法定的具有该项管理权和处罚权的行政机关；② 在执法活动中，行政执法机关及其执法人员必须严格遵守法律的有关规定，不能知法违法，更不能执法犯法；③ 行政机关对行政相对人追究的行政法律责任必须是违法者依法应承担的责任；④ 作出的行政处理决定必须遵守法定程序。《中华人民共和国行政处罚法》规定："行政处罚由具有行政处罚权的行政机关在法定职权范围内实施；没有法定依据或者不遵守法定程序的，行政处罚无效。"[①]

《中华人民共和国行政处罚法》规定："行政处罚遵循公正、公开的原则。设定和实施行政处罚必须以事实为依据，与违法行为的事实、性质、情节以及社会危害程度相当。"[②] 公正性原则要求行政执法机关和执法人员秉公执法，在执法活动中不掺杂私人感情或个人恩怨。尤其在法律、法规赋予自由裁量权的情况下，执法人员更应出于公心，自觉维护法律尊严，按照违法事实和情节轻重等情况恰当、公正地处理。

独立处理原则是指在执法过程中应排除外界干扰，依法独立行使行政管理权和处罚权。独立处理原则强调的是行政执法应尽可能排除不当的干预和干扰。

《中华人民共和国行政处罚法》规定："实施行政处罚，纠正违法行为，应当坚持处罚与教育相结合，教育公民、法人或者其他组织自觉守法。"[③]"行政机关在作出行政处罚决定之前，应当告知当事人作出行政处罚决定的事实、理由及依据，并告知当事人依法享有的权利。"[④] 这些规定也为海洋行政执法明确了惩罚与教育相结合的原则。

有错必纠原则要求行政执法机关和执法人员应本着对国家、对人民负责的精神，本着实事求是的科学态度，坚决及时地纠正执法活动中的错误，不能利用职权掩盖错误，更不允许对当事人进行打击报复。

① 《中华人民共和国行政处罚法》第三条第二款。
② 《中华人民共和国行政处罚法》第四条。
③ 《中华人民共和国行政处罚法》第五条。
④ 《中华人民共和国行政处罚法》第三十一条。

三、海洋行政执法的方式

这里所说的海洋行政执法的方式是指进行监督检查、作出行政处理决定、实施行政处罚和采取行政强制执行等具体行政行为。其具体方式如下。

（一）行政监督检查

它是有关行政机关为实现行政管理职能，对公民和组织是否遵守海洋法律、法规和规章所进行的监督和检查。监督检查是行政执法的主要手段之一，是正确作出行政处罚决定和采取行政强制执行的前提和基础。行政监督检查的主要方式有：开展海洋监测、巡航监视、进行现场检查、组织海上联合执法、组织媒体报道和鼓励群众举报等。

（二）行政许可

行政许可是指行政机关根据公民、法人或者其他组织的申请，经依法审查，准予其从事特定活动的行为①。2003 年 8 月，我国制定了《中华人民共和国行政许可法》。海洋行政许可主体、许可事项、许可条件和许可程序等，必须符合《中华人民共和国行政许可法》的规定。

（三）作出行政处理决定

这是行政机关运用比较广泛的一种执法手段。根据处理决定内容，可分为权力性行政处理决定和义务性行政处理决定。权力性行政处理决定，是行政机关依法使公民、组织获得或丧失某种权利的决定；义务性行政处理决定，是行政机关依法使公民、组织承担或免除一定义务的行政决定。

（四）给予行政处罚

它是国家行政机关依法对承担行政法律责任的人所给予的行政制裁。行政处罚是国家法律责任制度（包括刑事责任、民事责任、行政责任）的重要组成部分，是行政机关依法行政的手段之一。各级政府为了有效地行使管理职权，保障法律的贯彻执行，除必须提高执法水平，向广大人民进行法制教育外，对少数违反法律或者行政管理规定，但尚不宜追究刑事责任的，还需要有行政处罚手段。20 世纪 80 年代以前，对行政违法行为的惩戒和处理，一般采用行政处分或其他行政处理手段。80 年代以后，行政处罚已成为行政机关实施行政管理，维护经济、社会秩序的一项重要法律制度，也是海洋行政执法的重要方式之一。

（五）行政强制执行

它是由于公民、组织不履行法定义务，行政机关依法强制其履行义务的行政行为。一般由行政机关自行强制执行，例如，海事行政主管部门对发生海难事故的船舶强制采取避

---

① 《中华人民共和国行政许可法》第二条。

免或者减少污染损害的措施；环境保护行政主管部门对违反海洋环境保护法律规定的海岸工程建设项目责令其停止生产或者使用等。如果某行政机关没有自行强制执行的权利，应当依照法律规定报请或者申请有关机关强制执行。

第三节　我国海洋行政执法的现状及存在的主要问题

进入21世纪以来，我国海洋行政执法取得了巨大的成就，为维护国家海洋权益，建立和维护海洋生产和生活秩序，维护公民、法人的合法权益等发挥了重大的作用。但由于种种原因，海洋行政执法中也存在许多的不足，需要我们采取有力的措施加以改进。这项改进的工作也是我国面临的一项具有战略性的任务。

一、我国海洋行政执法现状

国家海洋局制作了《海洋行政执法公报》，为我们了解海洋行政执法的情况，研究完善海洋行政执法的办法等提供了方便。行政执法活动主要包括以下几个方面。

（一）海洋维权执法

为维护国家海洋权益，依据《中华人民共和国领海及毗连区法》《中华人民共和国专属经济区和大陆架法》《中华人民共和国涉外海洋科学研究管理规定》《铺设海底电缆管道管理规定》等法律、法规，中国海监对在我国内海、领海、毗连区、专属经济区和大陆架及其他管辖海域的权益、资源、环境等实施海上维权监管，行使我国享有的管辖权。

中国海监在我国管辖海域依法开展现场执法，查处各类违法行为，及时发现并制止在我管辖海域内非法的海洋科研调查、军事测量、勘探开发等活动；对海底光缆铺设和维护、海洋科学研究调查、水下探测等行为依法进行监视监管；对污染海洋环境、破坏海洋资源、违规作业等行为进行查处。

遵照我国政府相关政策，中国海监建立了东海定期维权巡航制度，并实施了东海定期维权巡航执法工作。对未经批准在我国东海大陆架进行油气资源勘探活动及干扰我国正常海洋油气开发活动的外国船只实施监视或驱赶；对未经我国政府批准、擅自在东海我国管辖海域进行海上调查作业的多艘美国军事测量船进行跟踪监视，向其申明立场，要求其停止作业。

东海定期维权巡航执法工作显示了我国政府对该海域加强管控的决心和能力，也维护了国家海洋权益。

（二）海域使用执法

中国海监机构依据《中华人民共和国海域使用管理法》及相关法律法规，采取日常巡查、专项执法、突击检查等方式，重点对围填海、渔业用海、涉海国家级自然保护区用海及海砂开采等活动开展检查，加强了对已批用海项目的监管，打击了各种违法用海行为，维护了海域使用秩序。

在发现的违法行为中，非法占用海域的行为主要是非法渔业用海、非法工矿用海和非法围海造地用海。其他的违法用海行为还包括擅自改变海域用途、超批准期限使用海域、不按期交纳海域使用金等。

随着我国海洋经济的快速发展，用海需求迅速增长。各级海监机构加大执法检查力度，严厉打击非法用海行为，有效维护了用海者的合法权益，进一步增强了全社会的依法用海意识，促进了海域使用项目申报率的提高、海域使用金征收率和征收额度的大幅度上升，保障了海域使用管理制度的贯彻和实施。

（三）海洋环境保护执法

依据《中华人民共和国海洋环境保护法》和《中华人民共和国海洋倾废管理条例》《中华人民共和国海洋石油勘探开发环境保护管理条例》《防治海洋工程建设项目污染损害海洋环境管理条例》等法律、法规，中国海监各级机构积极组织开展海洋工程项目、海洋倾废和海洋生态保护等海洋环境执法工作。

二、我国海洋行政执法存在的主要问题

当前，我国海洋行政执法存在的主要问题：一是海洋行政执法机构不健全，管理体制松散；二是行政执法人员的数量和业务素质远远不能适应海洋行政执法活动的实际需要。三是执法水平偏低。

（一）海洋法律法规不够健全

我国已制定了多部海洋法律、法规，并加入和签署了有关国际海洋公约和条例，但从执法工作的实际需要来看，还存在诸多问题：一是还没有建立起与《联合国海洋法公约》相衔接的国内法律体系，一些海洋领域如海岸带、海岛等还没有立法；二是与现行海洋法律相配套的法规、标准尚未制定，指定由“国家”和“国务院”制定的规划、制度、办法等规范性文件迟迟不能出台，给海洋行政执法带来困难；三是我国的海洋管理法律和政策多为部门制定，既存在重叠、交叉和空白的情况，又存在部门利益冲突的问题，彼此间缺乏综合性、统一性和协调性。

（二）海洋行政执法体制分散

海洋执法体制仍然存在一些问题：一是各涉海行政管理部门多以行业管理机构为基础而形成，条块分割，自成体系。各项海洋管理职能和职责分散、交叉与重叠，导致管理成本增加且效率降低。二是海洋执法主体的法律地位仍不明确。我国缺乏对海上执法力量的主体资格及权限进行清晰界定的法律，造成执法主体不明确，缺乏明确授权，引起行业矛盾、部门纠纷和权属之争，执法工作中经常产生争议和冲突。三是海上执法程序还存在明

显缺陷。现行执法大多难以按照执法程序实施，海上事故处理耗时多，查获率低，拒检拒罚现象渐趋严重。四是海上执法人员素质有待提高。当前，我国海上执法人员队伍还存在着执法人员的来源没有统一标准、执法人员编制不一、管理较为混乱和部分执法人员文化素质偏低等问题。

（三）海洋行政执法水平偏低

海洋经济的快速发展对我国的海洋管理和海洋执法的能力与水平提出了更高的要求，海洋执法应努力解决以下主要问题：越权，如，行政机关行使根本不具有的职权、行政机关上下级之间的越权、行政机关超越主管权限范围或超越管辖地域范围行使职权等；应作为而不作为，或者虽作为但没有把法律的规定执行到底；法律适用不准确。

此外，开展海洋行政执法活动的装备缺乏，技术水平偏低等也在一定程度上影响了行政执法水平的提高。

第四节　加强我国海洋行政执法的建议

一、进一步完善我国海洋行政执法体制

世界各沿海国家海上执法体制并不统一，既有集中方式，也有分散方式。大多数国家采取集中方式。集中、统一管理体制又有三种类型。

第一类，由政府某一部门主管国家海上执法机构，承担国家海上执法的全部活动，如，日本、加拿大、委内瑞拉、澳大利亚、美国等。日本的海上执法机构是海上保安厅，于1948年5月1日成立，隶属于日本国土交通省。初建时主要是为了管理日本海上的交通安全，并且排除战时在日本近海布下的大量水雷。朝鲜战争及此后的一段时间，海上保安厅把业务范围转移到了海上治安方面。随着海事的不断增加，其业务范围又扩大到救灾、护渔、防止污染等。目前，日本海上保安厅的主要职能是海上治安管理、海上交通安全管理、海难救助、海洋环境保护和海上防灾。此外，日本海上保安厅还积极参加国际交流活动。如与周边国家的海上保安机构举办高层会议、实施联合搜救训练，积极参加国际海事组织、国际航道测量组织、国际航标协会和联合国药品统制计划等的国际海事活动，对日本周边国家的重大自然灾害实施国际人道援助和救助。日本海上保安厅现有各类人员12 255人，每年经费预算约1 682亿日元。其总部设在东京，内设行政部、装备技术部、警备救助部、海洋测绘部、海上交通部5个职能部门，在全国各地下设11个海上管区。此外还设有海上保安大学和海上保安学校等培训部门。其行政部主要负责公共关系、国际交往、人事管理、预算财务等工作；装备技术部主要负责船艇建造和飞机采购等工作；警备救助部主要负责公共秩序的维护、油污染反应和搜救等工作；海洋测绘部主要负责海洋测绘、航道测量、海洋观测、提供海图出版物和确保航行安全所需的信息管理等工作；海

上交通部主要负责航行安全措施的实施、航标的设立、维护和运作等工作。11个海上管区下辖海上保安部66个、海上警备救助部1个、海上保安署54个、航空基地14个、航标事务所39个。日本保安厅现拥有各类巡视船艇50多种，共计700余艘，其中可载直升机的巡视船13艘，大型巡视船40艘，中型巡视船46艘，小型巡视船20艘，消防船5艘，其他巡视艇200余艘。另外还有测量船、设标船、航标维护船和教育实习船等。拥有各类型固定翼飞机29架，各类直升机46架。①

海上保安厅虽然隶属于国土交通省，但其具体的情报、指挥、通信及控制系统与海上自卫队间有着诸多的联系。

美国的海上执法队伍是海岸警卫队。美国是世界上最早组建海岸警卫队的国家。海岸警卫队是美国唯一的海上综合执法机构，也是当今世界最强大的海上执法队伍之一。海岸警卫队是美国五大武装力量之一，也是当今美国联邦政府最大的部——国土安全部中的部门之一。其职能覆盖了相当于中国当今海军、公安边防武警、海监、海事、渔政、海关、环境保护等部门的部分业务。作为世界各国海岸警卫队的鼻祖，美国海岸警卫队是许多国家海上执法队伍建设的典范。“9·11”恐怖袭击发生后，美国海岸警卫队加强了沿海防卫。在“9·11”袭击发生后的3个多月时间里，海岸警卫队共登上约6 200艘船只，对货物和集装箱进行严密检查。据《今日美国》报道，作为美国运输部门的一个下属机构，在当今维持海岸巡逻的41个国家中，美国的海岸警卫队论资排辈还入围前三甲，拥有3.5万名队员。“9·11”恐怖袭击之后，由于职责重点转移，海岸警卫队进行了调整。在加勒比海搜寻封锁毒品交易的快艇被调往各重要港口，如长岛和休斯敦港。原本负责搜救的直升机和飞机如今负责海面侦察，追踪驶向美国海岸的船只。

第二类，由军事机关主管。沿海国家的海上执法队伍由军事部门直接管理的也很多，其中不少都是中小国家。例如，沙特阿拉伯、丹麦、阿根廷、约旦、特立尼达·多巴哥、海地、尼加拉瓜、马耳他、伊朗等。这些国家的海上执法队伍既是国家海上执法的承担者，又是国家武装力量的组成部分。如约旦的海岸警卫队，约旦没有海军，只建有海上治安和执行监督、救护工作的海岸警卫队，它具有海上武装力量的基本特征。

由军事机关主管海上执法力量，其基本职责除承担海上执法的共同性任务外，还要承担国家某些防卫性的任务。如，冰岛，也是无海军的国家。从职责和装备的特点不难了解其海岸警卫队所负有的军事上的责任。其海岸警卫队（又称海岸勤务警卫队）拥有武装巡逻艇和护卫舰10多艘，以及直升机和固定翼飞机，具体工作任务有五个：一是保护管辖海域的渔业资源和渔业生产活动；二是维护领海和其他管辖海域的主权权益和治安；三是进行海岸救助；四是管理航标和灯塔；五是进行航道调查和测量。

第三类，由政府部门和军事部门共同领导和管理海上执法。有些国家的海上执法机

---

① 资料引自百度百科：日本海上保安厅。http：//baike. baidu. comview346265. htm，2009年10月访问。

构，既不完全属于政府建制，也不完全属于军队建制，而是由政府和军队共同领导，如，德国。德国海上执法力量为“联邦海疆警卫队”。由海军和政府运输部与农渔业部共同掌握，下辖三个执法船队，船队装备有武装巡逻艇、小艇和海军直升机。其职责主要是：海上交通管制，管辖海域的治安维护和海难救助等。

也有一些国家实行分散管理体制，如，英国、加拿大等国家。英国是近代世界的海洋强国，其海洋事业发展较早。由于开发利用海洋历史较长，每出现一类新的海洋事业就会有一个相应的国家机关来管理，久而久之就造成了英国海洋管理部门比较多、海上执法队伍分散的局面。英国海上执法队伍现有四支：一是皇家海岸警卫队。为交通部的下属机构，承担管辖海域的海难救助，保护各海区的浴场和游泳区的安全与秩序，救助海上失事的飞机等；二是皇家海军。它在英国海上执法活动中一直起着重要作用。它的主要任务是进行经常性的沿海巡逻和取缔海上走私，协助海上救助和救助的执勤工作，应农渔食品部请求承担海上渔业捕捞的检查和渔业区的保护等；三是皇家救生船协会。系民间救生机构，经费通过募捐解决。该协会由自愿者和在编人员组成。协会拥有数百艘船艇，在沿海设有救生站，担负离岸30海里之内的救生救助服务；四是由有关部门分管，如海洋环境保护、海上交通安全等，其海上巡视工作均由有关主管部门租用船舶和飞机执行，其中交通部海洋污染控制厅是紧急油污染的防治部门。

加拿大的海洋执法部门有四个：印第安北方管理部、渔业海洋部、交通部和能源矿产资源部。但是负责海上执法的队伍只有两个：一是海岸警备队。该组织属交通部建制，总部设在渥太华，另在温哥华、魁北克、哈里法克斯、纽芬兰和北极地区分别设立五个管区。各管区有指挥部。海岸警备队拥有执法公务船、服务船艇近千艘，固定翼和直升机数十架。具体任务是负责结冰海域的破冰和护航；维护全部海域航道；救助海上遇难船只；进行航道测量与制图；太平洋上的定点海洋观测；维护海底电缆；开展海洋环境调查；管制圣·劳伦斯河航道上的交通秩序；监视海上冰山活动和海洋环境污染；对进出口加拿大商业港口的15万吨级以上船只进行安全监督检查；对国内15吨级或船长12米以上的商业船舶的职业船员进行考试发证等。二是渔政执法队伍。加拿大渔政执法队伍属渔业海洋部的政策与规划总局建制。渔政执法队依据加拿大渔业法案和200海里专属经济区与海洋鱼类保护法进行海洋渔业资源和海洋捕捞生产作业的监督检查。对违法者有权进行处罚，对不服管理的渔船，检查人员有权扣船或带回加拿大港口上诉法院处理。

国外各沿海国家的海上执法机构的组织形式和管理体制尽管存在差别，但是它们有一个共同之处，那就是它们都把海上执法机构视为一支执行国家使命的特殊队伍，并由此定为准军事编制，有的国家甚至直接由海上武装力量来承担。这种现实，并非不谋而合，而是由海上执法的性质和特点决定的。海上执法机构和平时期是沿海国家海洋法律法规实施者和公益服务的承担者，战时就是武装部队，成为国家海上防御的军事力量。[①]

虽然我国已经成立了统一的海洋执法队伍，但是由于长期形成的传统的分散性行业管理体制对于海洋执法的影响仍然很大，沿海地方的执法队伍仍处于分散管理状态，有待进一步整合。

在海洋环境保护方面，我国的管理体制是相对完善的。我国海洋环境保护管理机构是在20世纪80年代逐步建立起来的。到目前为止，可以说我国海洋环境管理体制基本形成。根据我国宪法、组织法和海洋环境保护法的规定，我国海洋环境保护工作，实行的是在各级人大及其常委会监督，各级人民政府领导下，由法定的主管部门统一指导、协调和监督，各有关部门分工负责的管理体制。统一指导、协调和监督，体现了国家在环境管理职能上的集中和强化，以便对严重的海洋环境污染实行有效控制。分工负责是为了充分发挥各有关部门的积极性和力量，以适应海洋环境管理的广泛性和综合性的特点。

《中华人民共和国海洋环境保护法》第五条对海洋环境监督管理部门及其职责分工做了如下规定："国务院环境保护行政主管部门作为对全国环境保护工作实施统一监督管理的部门，对全国海洋环境保护工作实施指导、协调和监督，并负责全国防治陆源污染物和海岸工程建设项目对海洋污染损害的环境保护工作。""国家海洋行政主管部门负责海洋环境的监督管理，组织海洋环境的调查、监测、监视、评价和科学研究，负责全国防治海洋工程建设项目和海洋倾倒废弃物对海洋污染损害的环境保护工作。""国家海事行政主管部门负责所辖港区水域内非军事船舶和港区水域外非渔业、非军事船舶污染海洋环境的监督管理，并负责污染事故的调查处理；对在中华人民共和国管辖海域航行、停泊和作业的外国籍船舶造成的污染事故登轮检查处理。船舶污染事故给渔业造成损害的，应当吸收渔业行政主管部门参与调查处理。""国家渔业行政主管部门负责渔港水域内非军事船舶和渔港水域外渔业船舶污染海洋环境的监督管理，负责保护渔业水域生态环境工作，并调查处理前款规定的污染事故以外的渔业污染事故。""军队环境保护部门负责军事船舶污染海洋环境的监督管理及污染事故的调查处理。""沿海县级以上地方人民政府行使海洋环境监督管理权的部门的职责，由省、自治区、直辖市人民政府根据本法及国务院有关规定确定。"《海洋环境保护法》除第五条规定各管理部门的职责外，还规定了一些由国家制定的事项、由国务院规定的事项、由沿海人民政府负责的事项。其中包括：第一，环境保护行政主管部门的职责包括协调跨部门的重大海洋环境保护工作[②]；编制全国环境质量公报[③]；审核倾倒废物名录[④]，审核选划海洋倾倒区[⑤]，监督海洋工程建设项目[⑥]等。第二，国家海洋行

① 鹿守本：《海洋管理通论》，海洋出版社，1997年版，第303－305页。
② 《中华人民共和国海洋环境保护法》第八条第二款。
③ 《中华人民共和国海洋环境保护法》第十五条第一款。
④ 《中华人民共和国海洋环境保护法》第五十六条。
⑤ 《中华人民共和国海洋环境保护法》第五十七条。
⑥ 《中华人民共和国海洋环境保护法》第四十七条。

政主管部门的主要职责包括对海岸工程建设项目环境影响报告书提出审核意见[①]；按照国家环境监测、监视规范和标准，管理全国海洋环境的调查、监测、监视，制定具体的实施办法，会同有关部门组织全国海洋环境监测、监视网络，定期评价海洋环境质量，发布海洋巡航监视通报[②]；负责制定全国海洋石油勘探开发重大海上溢油应急计划[③]。第三，国家海事行政主管部门的主要职责包括负责所辖港区水域内非军事船舶和港区水域外非渔业、非军事船舶污染海洋环境的监督管理和污染事故的调查处理；负责所辖水域的监测、监视（《海洋环境保护法》第十四条第二款）。负责制订全国船舶重大海上溢油污染事故应急计划（《海洋环境保护法》第十八条第三款）等。第四，国家渔业行政主管部门的主要职责包括负责渔港水域内非军事船舶污染海洋环境的监督管理和渔港水域外渔业船舶污染海洋环境的监督管理；负责保护渔业水域生态环境工作[④]；负责选划渔业水域生态环境海洋自然保护区和海洋特别保护区[⑤]；负责渔港水域、渔业水域生态环境的监测、监视[⑥]；参与调查处理船舶污染事故造成的渔业污染事故；负责调查处理船舶造成渔业污染事故以外的渔业污染事故[⑦]；环境保护部门在批准设置入海排污口之前，提出意见[⑧]；环境保护部门在批准海岸工程建设项目环评报告书之前，提出意见[⑨]；海洋部门在核准海洋工程建设项目环评报告书之前，提出意见；海洋部门在选划海洋倾倒区之前，必须提出意见；海洋部门在批准海洋临时倾倒区之前，提出意见[⑩]；代表国家对破坏渔业生态、海洋水产资源、有关保护区，给国家造成重大损失的责任者，提出损害赔偿要求[⑪]等。第五，军队环保部门的主要职责是负责军事船舶污染海洋环境的监督管理及污染事故的调查处理[⑫]；负责所辖水域的监测、监视[⑬]。第六，沿海省、自治区、直辖市人民政府确定沿海县级以上地方人民政府行使海洋环境监督管理权的部门的职责[⑭]；有关沿海省、自治区、直辖市人民政府可以建立海洋环境保护区域合作组织[⑮]；对国家海洋环境质量标准中未作规定的项目，可以制定地方海洋环境质量标准[⑯]；应当根据保护海洋生态的需要选划、建立海洋自

① 《中华人民共和国海洋环境保护法》第四十三条。
② 《中华人民共和国海洋环境保护法》第十四条。
③ 《中华人民共和国海洋环境保护法》第十八条第二款。
④ 《中华人民共和国海洋环境保护法》第五条。
⑤ 《中华人民共和国海洋环境保护法》第二十一条。
⑥ 《中华人民共和国海洋环境保护法》第十四条第二款。
⑦ 《中华人民共和国海洋环境保护法》第五条第四款。
⑧ 《中华人民共和国海洋环境保护法》第三十条第二款。
⑨ 《中华人民共和国海洋环境保护法》第四十三条第二款。
⑩ 《中华人民共和国海洋环境保护法》第四十七条、第五十七条第三款。
⑪ 《中华人民共和国海洋环境保护法》第九十条第二款。
⑫ 《中华人民共和国海洋环境保护法》第五条第五款。
⑬ 《中华人民共和国海洋环境保护法》第十四条第二款。
⑭ 《中华人民共和国海洋环境保护法》第五条第六款。
⑮ 《中华人民共和国海洋环境保护法》第七条第二款。
⑯ 《中华人民共和国海洋环境保护法》第九条第二款。

然保护区[①]。沿海地方各级人民政府的职责是确定本行政区近岸海域环境保护目标和任务；采取有效措施，保护红树林、珊瑚礁、滨海湿地、海岛、海湾、入海河口、重要渔业水域等具有典型性、代表性的海洋生态系统，珍稀、濒危海洋生物的天然集中分布区，具有重要经济价值的海洋生物生存区域及有重大科学文化价值的海洋自然遗迹和自然景观。应当结合当地自然环境的特点建设海岸防护设施、沿海防护林、沿海城镇园林和绿地，对海岸侵蚀和海水入侵地区进行综合治理。沿海县级以上人民政府的职责是在本行政区域近岸海域环境受到严重污染时，必须采取有效措施，解除或者减轻危害。沿海城市人民政府的职责是：应当建设和完善城市排水管网，有计划地建设城市污水处理厂或者其他污水集中处理设施，加强城市污水的综合整治。[②]

《海洋环境保护法》对海洋环境保护的管理体制进行了详细的规定。但是由于海洋的特殊性，有效的海洋环境管理需要具有专业知识的人员、准确的监测和预报以及能快速达到管理目标的器材和设备。目前我国的海上环境保护执法体制是分散型的，而这种分散建设与管理不仅妨碍了力量的充分发挥，增加了建设投资，而且也不利于海上环境保护执法任务的完成和海洋环境的保护。必须进行组织上的统一，才能克服分散型产生的各种弊端，以有利于提高装备技术和其他投入的效果，有利于管理信息的沟通和海洋法律、法规的准确实施。

要实行海洋综合管理体制，从我国的国情出发，应设立权责层次较高的海洋行政管理部门。在中央，建立国务院直属的国家海洋行政管理机构，统一行使海洋管理权，协调海洋管理行为；地方上，建立相应的海洋统一综合管理机构。

海洋综合管理的重要内容是环境管理和资源管理的统一。应将海洋资源行政管理与海洋环境行政管理并入国家海洋统一综合管理体系。海洋的自然属性决定海洋资源与海洋环境的统一，海洋资源和海洋环境保护管理成为海洋管理的职能基础，从而也必然要求对海洋资源开发和海洋环境保护进行统筹规划、统一管理。

海洋综合管理体制意味着不同管理部门之间的协调配合。我们主张建立高位阶的海洋行政执法机关，主张把环境管理和资源管理统一起来，但这并不意味着所有与海洋有关的事务都只能由一个机关包揽。海洋事务是多种多样的，因而，与海洋管理有关的部门也就一定是多家，而不只是一个。实行综合管理体制的重点是建立海洋行政执法协调机制。

二、加强海洋行政执法机构建设和执法能力建设

（一）加强海洋行政执法机构建设

海洋行政管理机构及其管理人员是海洋行政执法的组织保证。由于海洋管理涉及的工

① 《中华人民共和国海洋环境保护法》第二十一条。
② 《中华人民共和国海洋环境保护法》第四十条。

作范围广、环境特殊、情况复杂、任务繁重，加强海洋行政执法机构和队伍建设是当务之急。

目前，国务院涉海部门，如交通部、农业部、国土资源部、国家环境保护部、海关总署、海上边防检查站等，按照国务院批准的“三定”方案和法律赋予的职责，建立了相应的海洋行政管理机构，以便指导、协调和监督本系统的行政执法活动。但沿海地区的海洋行政管理机构尚不够健全，尤其是位于第一线的沿海市和县级人民政府，有的没有建立海洋行政管理机构，有的虽然设立了机构，但管理人员严重不足，有的没有设立海洋行政管理机构，只安排专人负责海洋管理工作。这种状况远远不能适应本地区海洋管理的需要。

（1）国务院各涉海部门和沿海各级人民政府都要按照国家有关规定，尽快完善海上执法机构，对执法人员应依照公务员制度进行管理。

（2）要加强教育和培训工作，规范执法行为，不断提高执法人员的政治素质和业务素质，坚持“罚缴分离”和“收支两条线”制度，对以权谋私等各种违法乱纪行为要依法予以惩处。

（3）进一步强化海洋管理工作中的部门责任。海洋管理工作牵扯面广、涉及部门多。对属于本部门职责范围内的工作，主办部门要坚持依法行政，恪尽职守，敢于负责。对涉及其他部门的工作，主办部门应当主动与有关部门协商，其他部门要顾全大局，积极给予支持，努力形成各司其职、各负其责、团结协作、密切配合的工作氛围。

（4）国务院各有关涉海部门要建立健全海洋管理工作的公示制度、听证制度、责任追究制度，定期发布海洋管理工作政务信息，提高海洋管理工作的透明度。要认真听取地方政府提出的批评、意见和建议，自觉接受人民群众的监督。

（二）加强执法能力建设

海洋行政执法机构要采取措施尽快扭转海洋管理手段不足、监测和监视水平低、技术装备落后的局面，提高海洋管理的现代化水平，使监督和管理能力适应复杂情况下开展工作的需要。

（1）要充分发挥中国海监各海区总队陆、海、空立体监视、快速反应的能力，加大海上执法监察力度，对于破坏资源、污染环境、非法使用海域的行为进行严肃处理，特别要注意军事用海频繁海域的监察管理，确保国防安全和国家的利益，使我国的海域使用管理真正做到有法可依，有法必依，执法必严，违法必究。

（2）国家海洋行政主管部门，要进一步强化对全国海洋环境监测工作的监督管理，优化和完善全国海洋环境监测网，提高监测工作的业务化、标准化和信息化水平。

（3）要强化海上执法协调机制。环保、海洋、交通、渔业等涉海执法部门应严格依照法律法规和部门职责，针对存在的突出问题，强化措施，制定预案，加大执法力度。要认真强化海上执法协调机制，有条件的地方，可以针对当前执法涉及多个部门的实际情况，开展联合执法。有关部门要抓紧研究提出强化我国海上执法队伍和机制的方案。

（4）维护海洋权益工作情况复杂，政策性强，要加强专属经济区和大陆架的巡航执法。遇到涉外突发事件时按下列程序进行处置：各涉海执法部门发现海上涉外突发事件后，在依据本部门职责进行执法的同时应向外交部通报；对涉及国防、领土和国家安全的重大海上突发事件，要及时报告党中央、国务院，按照党中央、国务院的指示实施执法工作。对执法主体不明确或同时涉及多个执法主体的涉外突发事件，外交部应会同有关部门提出处理意见并组织现场执法。

（5）加强科技支撑，运用海洋综合管理信息网络集成，实现实时动态的海域使用管理。我国历来重视海洋信息技术及其应用领域的建设，近年来利用“数字海洋”的手段，在海洋空间数据信息收集、传输和处理的基础建设，通信网络建设以及应用软件开发等方面，做了大量的工作。因此，在海域使用管理信息源和信息获取方面，要充分利用已经建成的“海洋基础地理信息系统”“海岸带综合管理地理信息系统”“中国海洋资源综合数据库集成”“海域使用管理信息系统”“中国海洋信息网”等一系列海洋综合管理信息网络集成，既要掌握海洋基础信息和信息产品等数据信息，也要掌握沿海社会、经济、人口、国家海洋产业开发和海洋资源等统计信息，实现实时动态的海域使用管理模式，提高海域使用管理工作的水平，引导合理的海洋开发，使海洋产业健康有序地发展。

第六章　我国海洋环境保护的法律对策

第一节　我国海洋环境与海洋环境立法现状

一、我国海洋环境状况

根据环境的一般含义，海洋环境就是指以海洋为中心的周围情况和条件。《中国大百科词典》将海洋环境解释为“地球上连成一处的海和洋的水域总体，包括海水、溶解和悬浮其中的物质、海底沉淀物及生活于海洋中的生物”。[①] 有学者对海洋环境作了如下说明：“海洋环境是人类赖以生存和发展的自然环境的一个重要组成部分，包括海洋水体、海底和海水表层上方的大气空间，以及同海洋密切相关，并受海洋影响的沿岸区域和河口区域。”[②]环境保护意义上的海洋环境，其内涵应当扩大到包括海洋自然生态环境和海洋生物资源等。海洋自然环境是由临近海岸上空的大气、海水水体、生活在其中的海洋生物、海床、底土、海岸、滩涂以及海底矿藏等自然要素构成的统一整体，它是人类赖以生存和发展的自然环境的一个重要组成部分。海洋中的许多资源对经济和社会发展具有重要的意义，也是人类生存所依赖的环境要素。

海洋是一个流动的大生态系统，各种海洋资源之间是相互依存的，它们是海洋开发活动的基础。同时，海洋的开发也制约着海洋生态系统的健康。从海洋环境与社会发展之间的关系看，由于社会发展的需要对海洋开发利用程度越来越深，这在一定程度上促进了社会的发展，但海洋环境也因此受到了严重破坏，主要表现为海洋污染严重，海洋资源枯竭，海洋生态失衡等。海洋资源的开发、海洋经济的发展，都要按客观规律办事，绝不能以破坏海洋生态平衡的代价来换取短暂的经济利益。我们要把保护海洋环境和维持海洋生态平衡作为海洋开发的一项重要原则，既要开发海洋产业，又要保护海洋生态环境，从而达到经济效益和环境效益的有机统一。

随着我国国民经济的快速发展，我国的海洋也出现了一系列的环境问题，不得不引起国家和社会的重视。

---

① 中国大百科词典编委会编：《中国大百科词典》，北京银冠电子出版有限公司，2002 年版。

② 陈文文：《漫话海洋环保》，《中学生物学》，2007 年第 7 期。

一般来说，海洋环境问题主要包括两个方面：一是海洋环境污染，即污染物质进入海洋，超过海洋的自净能力；二是海洋生态破坏，即在各种人为因素和自然因素的影响下，海洋生态环境遭到破坏。随着我国海洋资源开发和沿海经济的迅速发展，我国四大海域的环境问题也日益突出。

目前，我国海洋环境的总体质量状况是：外海水质基本良好；近岸海区受到不同程度的污染，入海口污染物总量迅速增加，污染范围不断扩大；污损事件和环境灾害频发。①

就中国近岸海域水质变化而言，除二类水质基本表现为稳步增长之态势外，一类水质呈现出下降后又上升的趋势，三类水质呈现出下降的变化趋势，四类、劣四类水质则呈现出动态变化过程中的上升趋势。可见，我国近岸海域整体质量状况有所好转，但局部海域仍然处于严重污染状态。①

具体到我国四大海区，黄海近岸海区四类、劣四类海水比例变化呈现出总体下降态势；南海近岸海区虽然四类海水比例变化呈总体下降之态势，但劣四类海水比例变化则呈现出拐点后反弹上升之趋势；渤海、东海近岸海区四类、劣四类海水比例变化均呈现出分别以各自的拐点为分界线的先下降后上升的变化趋势。①

在中国近岸海域水体的污染物中，石油类、营养盐以及水体中的铜、铅、汞、镉成为我国近岸海域水体中主要污染物。

就中国近海海区赤潮发生状况而言，1996 年后全海域赤潮发生总次数快速攀升，发生频率越来越高。2000 年后全海域赤潮影响面积呈持续快速上升之势。有毒藻类赤潮发生次数和面积也呈显著上升趋势，危害程度越来越大。

二、我国海洋环境保护立法的发展

在我国，20 世纪五六十年代，是国民经济恢复和国家第一至第三个五年建设计划时期。这一时期，在海洋事业方面制定的法规大都是为了加强行政管理，但这些行政管理法规在一定程度上起到了保护海洋环境的作用。据不完全统计，从 50 年代中期到 60 年代初期，我国关于海事处理方面的法规有 40 件左右。这些法规，为制定海洋环境保护法奠定了基础。

20 世纪 70 年代，海上石油运输事业迅速发展，油轮运输事故逐渐增多。据统计，70 年代在我国沿海发生 100 吨级以上的船舶溢油事故有 12 起。海洋石油污染成为威胁我国海洋环境的突出问题。为了防止我国沿海水域污染，1974 年 1 月国务院批准试行《中华人民共和国防止沿海水域污染暂行规定》，对沿海水域的污染防治，特别是对船舶压舱水、洗舱水和生活废弃物的排放，作了详细的规定。这是我国有关海洋环境污染防治、保护海洋环境的第一个规范性法律文件。在 1979 年的《环境保护法》（试行）中，也有一些条

① 参见近年的《中国海洋环境质量公报》和《近岸海域海洋环境质量公报》。

款就海洋环境的保护和污染防治作了原则性的规定。1979 年国务院颁布了《中华人民共和国对外籍船舶管理规定》。这些法律法规对防止沿海水域污染所做的规定虽然不尽完善，但却也是我国海洋环境保护法史上的重要转折。

进入 80 年代以后，我国加快了海洋环境保护立法进程。1982 年《宪法》确定了保护环境的基本国策①，为制定海洋环境保护法奠定了法律基础。1982 年 8 月第五届全国人民代表大会常务委员会第二十四次会议通过了《海洋环境保护法》。1983—1985 年国务院发布了《防止船舶污染海域管理条例》、《海洋石油勘探开发环境保护管理条例》和《海洋倾废管理条例》。1988 年 5 月国务院发布了《防止拆船污染环境管理条例》。1990 年国务院制定了《防治陆源污染物污染损害海洋环境管理条例》和《防治海岸工程建设项目污染损害海洋环境管理条例》。1999 年 12 月 25 日全国人大常委会通过了修订后的《海洋环境保护法》。2001 年九届全国人大常委会对《渔业法》进行了第一次修订，2004 年进行了第二次修订。2003 年十届全国人大常委会制定了《放射性污染防治法》。2006 年国务院制定了《防治海洋工程建设项目污染损害海洋环境管理条例》。2007 年国务院修订了《防治海岸工程建设项目污染损害海洋环境管理条例》。沿海具有立法权的地方人民代表大会及其常务委员会和地方人民政府，为实施国家海洋环境保护法律和行政法规，结合本行政区域的具体情况和实际需要，制定和发布了一批地方性法规和地方政府规章。这些地方性法规和规章为当地的海洋环境保护发挥了重要的作用。依照法律规定行使海洋环境监督管理权的国务院有关部门，为实施《海洋环境保护法》及与之相配套的管理条例，先后制定发布了一批部门规章。为实施国家海洋环境保护法律和行政法规，国家颁布了一批海洋环境标准，如《海水水质标准》《渔业水质标准》《污水综合排放标准》《船舶污染物排放标准》《海洋石油开发工业含油污水排放标准》《污水海洋处置工程污染控制标准》等。依照我国法律的规定，环境质量标准和污染物排放标准属于强制性标准，违反强制性环境标准，必须承担相应的法律责任。除了国家标准以外，沿海省、自治区、直辖市人民政府对国家海洋环境质量标准中未作规定的项目，可以制定地方海洋环境质量标准。例如，辽宁省就制定了《辽宁省沿海地区污水直接排放海域标准》等。

自 1971 年恢复我国在联合国的合法席位以来，我国陆续加入了联合国和其他国际组织订立的几乎所有的与海洋环境保护相关的条约或公约，对这些条约和公约中的有关海洋环境保护的条款没有保留，全部接受。此外我国和日本、美国、澳大利亚等 20 多个国家订立了海洋环境保护方面的协定。截至 2006 年 12 月，我国缔结或签署多边和双边国际环境公约、议定书、协定和非法律性文件等 100 多项，其中缔结或签署多边国际环境公约、议定书 50 多项，双边协定 50 多项。

---

① 《中华人民共和国宪法》第九条规定：“国家保障自然资源的合理利用，保护珍贵的动物和植物。禁止任何组织或者个人用任何手段侵占或者破坏自然资源。”第二十六条规定：“国家保护和改善生活环境和生态环境，防治污染和其他公害。”

第二节　我国海洋环境保护的主要法律制度

一、环境影响评价制度

环境影响评价制度，是指国家规定建设单位在建设项目可行性研究阶段，对建设项目的选址和建成后对环境可能造成的影响进行调查、分析、预测和评定，并提出环境保护对策和措施，按照法定程序进行报批的法律制度。在海洋环境保护中实行这个制度的目的，一是保证建设项目合理选址，使其符合海洋功能区划和近岸海域环境功能区划的要求；二是针对建设项目可能造成的海洋环境污染和生态破坏提出环境保护措施，包括工程措施和经济、技术、管理措施，防止产生新的污染。

依照我国《环境影响评价法》的规定，环境影响评价制度的主要内容包括：国家根据建设项目对环境的影响程度，对建设项目的环境保护实行分类管理：建设项目对环境可能造成重大影响的，应当编制环境影响报告书，对建设项目产生的污染和对环境的影响进行全面、详细的评价；建设项目对环境可能造成轻度影响的，应当编制环境影响报告表，对建设项目产生的污染和对环境的影响进行分析或者专项评价；建设项目对环境影响很小，不需要进行环境影响评价，应当填报环境影响登记表。建设项目环境影响报告书，应当包括建设项目概况、周围环境现状、对环境可能造成影响的分析和预测、环境保护措施及其经济、技术论证、环境影响经济损益分析、对建设项目实施环境监测的建议和环境影响评价结论。从事建设项目环境影响评价工作的单位，必须取得国务院环境保护行政主管部门颁发的资格证书，按照资格证书规定的等级和范围，从事建设项目环境影响评价工作，并对评价结论负责。建设单位编制环境影响报告书，应当依照有关法律规定，征求建设项目所在地有关的单位和居民的意见。建设项目环境影响报告书（表）或者环境影响登记表，由建设单位报有审批权的环境保护行政主管部门审批；建设项目有行业主管部门的，其环境影响报告书（表）应当经行业主管部门预审后，报有审批权的环境保护行政主管部门审批。国务院环境保护行政主管部门负责审批下列建设项目环境影响报告书（表）或者环境影响登记表：核设施、绝密工程等特殊性质的建设项目；跨省、自治区、直辖市行政区域的建设项目；以及国务院审批的或者国务院授权有关部门审批的建设项目。除此以外的建设项目的环境影响报告书（表）或者环境影响登记表的审批权限，由省、自治区、直辖市人民政府规定。

1996 年《国务院关于环境保护的若干问题的决定》指出，所有大、中、小型新建、扩建、改建和技术改造项目，要提高技术起点，采用能耗、物耗小，污染物产生量小的清洁生产工艺，严禁采用国家明令禁止的设备和工艺。建设对环境有影响的项目，必须依法严格执行环境影响评价制度，要把环境容量作为建设项目环境影响评价的重要依据。在污染严重的地区，应实行“以新代老”，确保污染物排放总量的减少。对不符合环境保护标准和要求的建设项目，环境保护行政主管部门不得批准环境影响报告书，其他各有关审批机关一律不得批准建设；有关银行不予贷款。地方各级人民政府的领导干部不得违反国家有关建设项目环境保护管理的法规，擅自批准建设未经环境影响评价的项目。凡违反规定的，必须追究有关审批机关和审批人员的责任。①

由于海洋具有一定的特殊性，管理方法和程序与陆地不完全相同。《海洋环境保护法》规定：“海岸工程建设项目的单位，必须在建设项目可行性研究阶段，对海洋环境进行科学调查，根据自然条件和社会条件，合理选址，编报环境影响报告书。环境影响报告书经海洋行政主管部门提出审核意见后，报环境保护行政主管部门审查批准。”②“海洋工程建设项目必须符合海洋功能区划、海洋环境保护规划和国家有关环境保护标准，在可行性研究阶段，编报海洋环境影响报告书，由海洋行政主管部门核准，并报环境保护行政主管部门备案，接受环境保护行政主管部门监督。”③ 2006 年出台的《防治海洋工程建设项目污染损害海洋环境管理条例》则规定，海洋工程的环境影响评价，应当以工程对海洋环境和海洋资源的影响为重点综合分析、预测和评估，并提出相应的生态保护措施，预防、控制或者减轻工程对海洋环境和海洋资源造成的影响和破坏。海洋工程可能对海岸生态环境产生破坏的，其环境影响报告书中应当增加工程对近岸自然保护区等陆地生态系统影响的分析和评价。海洋工程环境影响报告书应当依据海洋工程环境影响评价技术标准及其他相关环境保护标准编制。编制环境影响报告书应当使用符合国家海洋主管部门要求的调查、监测材料。④ 海洋主管部门在核准海洋工程环境影响报告书前，必要时，可以举行听证会。其中围海工程必须举行听证会。⑤ 涉及国家海洋权益、国防安全等特殊性质的工程、海洋矿产资源勘探开发及其附属工程、50 公顷以上的填海工程，100 公顷以上的围海工程、潮汐电站、波浪电站、温差电站等海洋能源开发利用工程和由国务院或者国务院有关部门审批的海洋工程由国家海洋行政主管部门核准。海洋工程环境影响报告书核准后，工程的性质、规模、地点、生产工艺或者拟采取的环境保护措施等发生重大改变的，建设单位应当委托具有相应环境影响评价资质的单位重新编制环境影响报告书，报原核准该工程环境影响报告书的海洋主管部门核准。海洋工程自环境影响报告书核准之日起超过 5 年方开工建设的，应当在工程开工建设前，将该工程的环境影响报告书报原核准该工程环境影响报告书的海洋主管部门重新核准。建设单位可以采取招标方式确定海洋工程的环境影响评价单位。其他任何单位和个人不得为海洋工程指定环境影响评价单位。从事海洋工程环境影响

① 《国务院关于环境保护若干问题的决定》（国发〔1996〕31 号）第三条。
② 《中华人民共和国海洋环境保护法》第四十三条。
③ 《中华人民共和国海洋环境保护法》第四十七条。
④ 《防治海洋工程建设项目污染损害海洋环境管理条例》第八条和第九条。
⑤ 《防治海洋工程建设项目污染损害海洋环境管理条例》第十条。

评价的单位和有关技术人员，应当按照国务院环境保护主管部门的规定，取得相应的资质证书和资格证书。国务院环境保护主管部门在颁发海洋工程环境影响评价单位的资质证书前，应当征求国家海洋主管部门的意见。①

二、“三同时”制度

“三同时”制度是指新建、扩建、改建的建设项目按照环境影响评价需要配套建设的环境保护设施，必须与建设项目主体工程同时设计、同时施工、同时投产使用的制度。

“同时设计”，是指建设单位在委托设计单位进行项目设计时，应将环境保护设施一并委托设计；承担设计任务的单位必须依照《建设项目环境保护设计规定》，按照经批准的环境影响报告书及其要求，把环境保护设施与主体工程同时进行设计，并在设计过程中充分考虑建设项目对周围环境的保护。“同时设计”还要求，建设项目的设计任务书中应有环境保护的内容；初步设计中应有环境保护篇章。

“同时施工”，是指建设单位在委托主体工程施工任务时，应同时委托环境保护设施的施工任务。在施工阶段，按照《建设项目环境保护管理程序》规定，建设单位和施工单位应当将环境保护工程的施工纳入项目的施工计划，保证其建设进度和资金落实，并以季报的形式将环境保护工程进度情况报告审批环境影响报告书（表）的行政主管部门；审批环境影响报告书（表）的行政主管部门在该阶段中，应检查建设项目环境保护设施施工手续是否完备、环境保护工程是否纳入施工计划、建设进度和资金落实情况等，并提出意见；建设单位和施工单位负责落实环境保护行政主管部门对施工阶段的环境保护要求及施工过程中的环境保护措施。

“同时投产使用”，是指建设单位必须把环境保护设施与主体工程同时投入运转。它不仅是指建设项目建成竣工验收后的正式投产使用，还包括建设项目试生产和试运行过程中的同时投产使用。环境保护设施未经审批环境影响报告书（表）的行政主管部门检查批准，建设项目不得试运行；在建设项目竣工后，建设单位应当向批准环境影响报告书（表）的行政主管部门申请对环境保护设施进行竣工验收。建设项目需要配套建设的环境保护设施未建成或者经验收不合格的，该建设项目不得投入生产或者使用。建设产生污染的建设项目，其污染物的排放，应当确保达到国家标准和地方标准；在实施重点污染物排放总量控制的区域内，还必须符合重点污染物排放总量控制的要求。

为了使“三同时”制度在海洋环境保护中顺利实施，《海洋环境保护法》规定：海岸工程建设项目和海洋工程建设项目的环境保护设施，必须与主体工程同时设计、同时施工、同时投产使用。环境保护设施未经环境保护行政主管部门审查批准或者海洋行政主管部门审查批准，建设项目不得试运行；环境保护设施未经环境保护行政主管部门或者海洋

① 《防治海洋工程建设项目污染损害海洋环境管理条例》第十三条、第十四条和第十五条。

行政主管部门验收，或者验收不合格的，建设项目不得投入生产或者使用。拆除或者闲置海洋工程建设项目环境保护设施，必须事先征得海洋行政主管部门的同意。[①]《防治海洋工程建设项目污染损害海洋环境管理条例》对海洋工程建设项目的“三同时”制度又作了进一步的规定。海洋工程的初步设计，应当按照环境保护设计规范和经核准的环境影响报告书的要求，编制环境保护篇章，落实环境保护措施和环境保护投资概算。建设单位应当在海洋工程投入运行之日起30个工作日前，向原核准该工程环境影响报告书（表）的海洋主管部门申请环境保护设施的验收；海洋工程投入试运行的，应当自该工程投入试运行之日起60个工作日内，向原核准该工程环境影响报告书（表）的海洋主管部门申请环境保护设施的验收。分期建设、分期投入运行的海洋工程，其相应的环境保护设施应当分期验收。海洋主管部门应当自收到环境保护设施验收申请之日起30个工作日内完成验收；验收不合格的，应当限期整改。海洋工程在建设、运行过程中产生不符合经核准的环境影响报告书（表）的情形的，建设单位应当自该情形出现之日起20个工作日内组织环境影响的后评价，根据后评价结论采取改进措施，并将后评价结论和采取的改进措施报原核准该工程环境影响报告书（表）的海洋主管部门备案；原核准该工程环境影响报告书（表）的海洋主管部门也可以责成建设单位进行环境影响的后评价，采取改进措施。[②]

三、污染物排放控制制度

污染物排放控制制度，是指国家规定对向环境排放的污染物的浓度和总量实行控制的制度。通常采用按照污染物排放的浓度来控制污染物排放的方法。这种方法是通过制定和实施合理的污染物最高容许排放浓度标准来实现。《海洋环境保护法》规定，向海域排放陆源污染物，必须严格执行国家或者地方规定的标准[③]，海洋石油钻井船、钻井平台和采油平台的含油污水和油性混合物，不得直接或者经稀释排放入海，必须经过处理达标后排放；经回收处理后排放的，其含油量不得超过国家规定的标准[④]。塑料制品、残油、废油、油基泥浆、含油垃圾和其他有毒有害残液残渣，不得直接排放或者弃置入海，应当集中储存在专门容器中，运回陆地处理。《防止船舶污染海域管理条例》规定：“船舶排放污染物，必须符合中华人民共和国《船舶污染物排放标准》（GB3552－83）。”[⑤]

对污染物排放实行浓度控制，这种方法比较简便易行，但单靠这种方法控制不住进入环境的污染物总量，也保证不了区域环境质量的改善。因此，我国法律也采用了按照污染物排放总量来控制污染物排放的方法。在污染物排放控制上，中国已由重浓度控制逐步转

① 《中华人民共和国海洋环境保护法》第四十四条、第四十八条。

② 《防治海洋工程建设项目污染损害海洋环境管理条例》第十七条、第十八条、第十九条和第二十条。

③ 陆源水污染物的排放适用《污水综合排放标准》GB8978—1996。

④ 海洋石油钻井船、钻井平台和采油平台的含油污水和油性混合物应当适用《海洋石油开发工业含油污水排放标准》GB4914—85。

⑤ 《中华人民共和国防止船舶污染海域管理条例》第十九条。

变为浓度与总量控制相结合。《海洋环境保护法》规定："国家建立并实施重点海域排污总量控制制度，确定主要污染物排海总量控制指标，并对主要污染源分配排放控制数量。"① 建立并实施重点海域排污总量控制制度的目的，是对进入国家重点保护海域和已受到严重污染的其他近岸海域的主要污染物的数量进行控制。这是我国环境管理的一项重大举措。江泽民同志在第四次全国环境保护座谈会上的讲话中指出："历史的经验告诉我们，为了确保环境的安全，必须实行污染物排放总量的控制。"② 实行排污总量控制可以推动排污单位加快技术改造，淘汰落后生产工艺，从侧重污染的末端治理逐步转变为生产全过程控制。对实施总量控制的污染物种类各海域可以不同，视污染源情况、污染物种类和数量、海域环境质量和经济技术条件确定。一般来说，海域污染物排放总量控制主要有两种类型，即目标总量控制和容量总量控制。通常，国家以特定年份的全国污染物排放总量为基准，制定全国主要污染物排放总量控制计划，报国务院批准，然后分解给各省、自治区、直辖市；各省、自治区、直辖市视情况按照目标总量控制或者容量总量控制，把总量控制指标分解给市、县；市、县根据重点污染源排放主要污染物的申报登记材料，核定各重点排污单位排放主要污染物的总量控制指标和需要削减的主要污染物排放量及其削减时限要求。

四、排污收费制度

排污收费制度，是指向环境排放污染物的单位和个人征收一定费用的制度。这是贯彻"谁污染谁治理"原则，运用经济手段使污染者承担其污染责任的一种形式。《海洋环境保护法》规定："直接向海洋排放污染物的单位和个人，必须按照国家规定缴纳排污费。"③直接向海洋排放污染物，是相对于通过河流、地表径流等间接方式排入海洋而言，包括泵出、溢出、泄出、喷出和倒出。④ 实行排污收费制度，要求一切直接向海洋排放污染物的排污者，按照一定的标准缴纳费用。向环境排放污染物的行为，一方面耗损了一定的环境资源，另一方面又可能对影响人类生存的环境质量造成危害。国家向排污者征收排污费目的是保护环境。缴纳排污费是排污行为人使用环境资源和对环境造成污染损害的部分经济补偿。1996 年《国务院关于环境保护若干问题的决定》规定："要按照'排污费高于污染治理成本'的原则，提高现行排污收费标准，促使排污单位积极治理污染。各级环境保护行政主管部门和地方各级人民政府要足额征收排污费。对征收的排污费、罚没收入要严格实行'收支两条线'的管理制度，按规定使用，不得挪用、截留。"⑤

① 《中华人民共和国海洋环境保护法》第三条。

② 江泽民：《必须把实施可持续发展战略始终作为大事来抓》，《环境保护》，1996 年第 8 期。

③ 《中华人民共和国海洋环境保护法》第十一条。

④ 张皓若、卞耀武：《海洋环境保护法释义》，法律出版社，2000 年版，第 22 页。

⑤ 《国务院关于环境保护若干问题的决定》（国发〔1996〕31 号）第七条。

《海洋环境保护法》还规定："向海洋倾倒废弃物，必须按照国家规定缴纳倾倒费。"[①] 征收倾倒费的作用主要是补偿环境资源的损失、限制和控制海上倾倒活动。[②] 1992 年国家物价局和财政部下达的《关于征收海洋废弃物倾倒和海洋石油勘探开发超标排污费的通知》规定："凡在中华人民共和国内海、领海、大陆架和其他一切管辖海域倾倒各类废弃物的企业、事业单位和其他经济实体，应向所在海区的海洋主管部门提出申请，办理海洋倾废许可证，并缴纳废弃物倾倒费"。[③]

按照有关规定的要求，海洋倾倒费应当用于整治和恢复海洋环境，不得挪作他用。

五、限期治理制度

限期治理制度是指以政府行政命令的形式责令污染责任者在一定期限内达到规定的治理目标的一项行政强制措施。这项制度适用于已经对环境造成严重污染的单位，也适用于在风景名胜区、自然保护区和其他需要特别保护的区域内已经建成的、其污染物排放超过规定的排放标准的非工业生产设施。[④] 被限期治理的单位必须如期完成治理任务。对逾期未完成治理任务的，由政府依法责令其关闭、停业或者转产。为了加快治理老污染源，1996 年《国务院关于环境保护若干问题的决定》提出，国家决定现有排污单位超标排放污染物的都要限期治理，到 2000 年全国所有工业污染源排放污染物都要达到国家和地方规定的排放标准；各省、自治区、直辖市要使本辖区主要污染物排放总量控制在国家规定的排放总量指标内。[⑤]《海洋环境保护法》规定："对超过污染物排放标准的，或者在规定的期限内未完成污染物排放削减任务的，或者造成海洋环境严重污染损害的，应当限期治理。限期治理按照国务院规定的权限决定。"[⑥] 依照这个规定，必须进行限期治理的情况有三种：一是超标排放的，即超过国家和地方规定的污染物排放标准排放污染物的；二是在规定的期限内未完成污染物排放削减量任务的；三是造成海洋环境严重污染损害的。被责令进行限期治理的责任者，必须按照限期治理决定的要求，在规定的期限内完成治理任务，达到规定的目标；到期未能完成治理任务或者拒不执行限期治理决定要求的，应承担相应的法律责任。

《海洋环境保护法》没有对限期治理的权限作出具体的规定，而是规定按照国务院的有关规定执行。"中央或者省、自治区、直辖市人民政府直接管辖的企业事业单位的限期治理，由省、自治区、直辖市人民政府决定。市、县或者市、县以下人民政府管辖的企业

① 《中华人民共和国海洋环境保护法》第十一条。

② 张皓若、卞耀武：《海洋环境保护法释义》，法律出版社，2000 年版，第 23 页。

③ 1992 年国家物价局和财政部下达的《关于征收海洋废弃物倾倒和海洋石油勘探开发超标排污费的通知》。

④ 《中华人民共和国环境保护法》第十八条。

⑤ 《国务院关于环境保护若干问题的决定》，国发〔1996〕31 号。

⑥ 《中华人民共和国海洋环境保护法》第十二条。

事业单位的限期治理，由市、县人民政府决定。”① 在海洋环境管理中，限期治理权限的确定，由国务院决定。

六、排污申报登记制度

排污申报登记制度是指向环境中排放污染物的单位应当按照规定向所在地的环境保护行政主管部门或者海洋行政主管部门申报登记污染物排放及相关情况和有关技术资料的制度。实行这一制度有利于促使排污单位认真履行环境保护的职责和义务，做好污染防治工作。《海洋环境保护法》规定：“排放陆源污染物的单位，必须向环境保护行政主管部门申报拥有的陆源污染物排放设施、处理设施和在正常作业条件下排放陆源污染物的种类、数量和浓度，并提供防治海洋环境污染方面的有关技术和资料。排放陆源污染物的种类、数量和浓度有重大改变的，必须及时申报。拆除或者闲置陆源污染物处理设施的，必须事先征得环境保护行政主管部门的同意。”② 这个规定包含了三层意思：一是申报内容。排放陆源污染物的单位，必须向环境保护行政主管部门申报拥有的陆源污染物排放设施、处理设施和在正常作业条件下排入陆源污染物的种类、数量和浓度，并提供防治海洋环境污染方面的有关技术和资料；二是变更申报。排放陆源污染物的种类、数量和浓度有重大改变的，必须及时申报。三是事先同意。拆除或者闲置陆源污染物处理设施的，必须事先征得环境保护行政主管部门的同意。排污申报登记制度是环境管理的一项重要制度。对于向海洋排放陆源污染物，《防治陆源污染物污染损害海洋环境管理条例》规定：“任何单位和个人向海域排放陆源污染物，必须向其所在地环境保护行政主管部门申报登记拥有的污染物排放设施、处理设施和正常作业条件下排放污染物的种类、数量和浓度，提供防治陆源污染物污染损害海洋环境的资料，并将上述事项和资料抄送海洋行政主管部门。”③ 2006 年出台的《防治海洋工程建设项目污染损害海洋环境管理条例》对海洋工程的排污报告进行了规定：“建设单位在海洋工程试运行或者正式运行后，应当如实记录污染物排放设施、处理设备的运转情况及其污染物的排放、处置情况，并按照国家海洋主管部门的规定，定期向原核准该工程海洋环境影响报告书的海洋主管部门报告。”④ 依照《排放污染物申报登记管理规定》的规定，县级以上环境保护行政主管部门应当向履行排污申报登记手续的，核发《排污申报登记注册证》，并应当建立排污申报登记档案和数据库。通过排污申报登记，环境保护行政主管部门可对本地区排放污染物种类、数量和现有的防污染设施情况有比较全面的了解，获得为制定本地区的环境保护规划和确定环境保护工作重点

① 《中华人民共和国海洋环境保护法》第二十九条。
② 《中华人民共和国海洋环境保护法》第三十二条。
③ 《防治陆源污染物污染损害海洋环境管理条例》第六条。
④ 《防治陆源污染物污染损害海洋环境管理条例》第三十二条。

的依据；掌握本地区的污染隐患，以便采取预防措施，防止发生重大污染事故。[①]

七、污染事故报告制度

污染事故报告制度是指因发生事故或者其他突然性事件，以及在环境受到或者可能受到严重污染，威胁居民生命财产安全时，依照法律、法规的规定进行通报和报告有关情况并及时采取措施的制度。[②] 污染事故是由于违反环境保护法律、法规的经济、社会活动与行为，以及意外因素的影响或者不可抗拒的自然灾害等原因，致使环境受到污染，人体健康受到危害，社会经济与人民财产受到损失，造成不良社会影响的突发性事件。发生污染事故，及时通报可以使受到污染威胁的单位和居民提前采取防范措施，避免或者减少对人体健康和生命安全的危害，避免或者减轻国家、集体、个人的财产遭受损失；及时报告可以使有关部门和人民政府及时采取措施，控制污染，防止事故扩大，还可以为查清事故原因、危害、影响以及为调查处理污染事故创造条件。

《海洋环境保护法》规定："因发生事故或者其他突发性事件，造成或者可能造成海洋环境污染事故的单位和个人，必须立即采取有效措施，及时向可能受到危害者通报，并向依照本法规定行使海洋环境监督管理权的部门报告，接受调查处理。沿海县级以上地方人民政府在本行政区域近岸海域的环境受到严重污染时，必须采取有效措施，解除或者减轻危害。"[③] 根据这个规定，导致事故或者突发性事件的责任者，必须：第一，立即采取有效措施；第二，向可能受到污染危害者及时通报；第三，向行使海洋环境监督管理权的部门报告。如，在海上，应尽量向就近的海事或者渔业部门报告。如在岸上，应及时向环境保护部门报告。在做报告时，责任者必须如实地反映情况，以便有关部门采取有效措施，遏制污染的扩大，并使损失控制在最低水平。《海洋环境保护法》的上述规定还明确了沿海县级以上地方人民政府对处理严重污染事故的责任。沿海县级以上地方人民政府对于所辖区域近岸海域环境受到的严重污染，有责任采取有效措施，解除或者减轻污染危

---

① 《排放污染物申报登记管理规定》第十四条。

② 根据《国家突发环境事故应急预案》，海洋环境污染事件责任单位和责任人以及负有监管责任的单位发现突发环境事件后，应在1小时内向所在地县级以上人民政府报告，同时向上一级相关专业主管部门报告，并立即组织进行现场调查。紧急情况下，可以越级上报。负责确认海洋环境污染事件的单位，在确认重大（Ⅱ级）环境事件后，1小时内报告省级相关专业主管部门，特别重大（Ⅰ级）海洋环境污染事件立即报告国务院相关专业主管部门，并通报其他相关部门。地方各级人民政府应当在接到报告后1小时内向上一级人民政府报告。省级人民政府在接到报告后1小时内，向国务院及国务院有关部门报告。重大（Ⅱ级）、特别重大（Ⅰ级）海洋环境污染事件，国务院有关部门应立即向国务院报告。海洋环境污染事件的报告分为初报、续报和处理结果报告三类。初报从发现事件后起1小时内上报；续报在查清有关基本情况后随时上报；处理结果报告在事件处理完毕后立即上报。初报可用电话直接报告，主要内容包括：海洋环境污染事件的类型、发生时间、地点、污染源、主要污染物质、人员受害情况、事件潜在的危害程度、转化方式趋向等初步情况。续报可通过网络或书面报告，在初报的基础上报告有关确切数据，事件发生的原因、过程、进展情况及采取的应急措施等基本情况。处理结果报告采用书面报告，处理结果报告在初报和续报的基础上，报告处理事件的措施、过程和结果，事件潜在或间接的危害、社会影响、处理后的遗留问题，参加处理工作的有关部门和工作内容，出具有关危害与损失的证明文件等详细情况。

③ 《中华人民共和国海洋环境保护法》第十七条。

害。有效措施，是指使用各种有效的仪器、设备，动员各方面力量，采取各种有效手段等，目的是将污染造成的损害控制在最低限度。《海洋环境保护法》对污染事故报告制度作了原则规定，相关的文件则对污染事故报告制度进一步作了具有操作性的具体规定。

八、重大海上污染事故防备应急制度

重大海上污染事故防备应急制度，是指防范重大海上污染事故，加强事故应急管理，按照应急计划解除或者减轻事故危害的制度。其内容主要包括应急组织指挥系统，应急防治队伍和防治设备，通信、监视、监测系统，应急反应和应急反应支持系统等。其目的：一是保护环境和自然资源，防治海上重大污染事故的污染危害，维护生态平衡，保障人体健康和社会公众利益；二是履行我国加入的《1990年国际油污防备、反应和合作公约》（该公约已扩大适用于非油污事故）等国际公约缔约国的义务；三是建立重大污染事故应急组织指挥系统和应急反应队伍，配备相应的设备，一旦重大污染事故发生，可迅速做出应急反应，控制和消除污染。

《海洋环境保护法》规定："国家根据防止海洋环境污染的需要，制定国家重大海上污染事故应急计划。国家海洋行政主管部门负责制定全国海洋石油勘探开发重大海上溢油应急计划，报国务院环境保护行政主管部门备案。国家海事行政主管部门负责制定全国船舶重大海上溢油污染事故应急计划，报国务院环境保护行政主管部门备案。沿海可能发生重大海洋环境污染事故的单位，应当依照国家的规定，制定污染事故应急计划，并向当地环境保护行政主管部门、海洋行政主管部门备案。沿海县级以上地方人民政府及其有关部门在发生重大海上污染事故时，必须按照应急计划解除或者减轻危害。"① "勘探开发海洋石油，必须按有关规定编制溢油应急计划，报国家海洋行政主管部门审查批准。"② "装卸油类的港口、码头、装卸站和船舶必须编制溢油污染应急计划，并配备相应的溢油污染应急设备和器材。"③ 在我国建立重大海上污染事故应急计划，实施对重大海上污染事故的应急制度，是根据《联合国海洋法公约》关于"各国应共同发展和促进各种应急计划，以应付海洋环境的污染事故"的规定所履行的国际义务，同时也是为保护我国海洋环境采取的重要而有效的措施。《1990年国际油污防备、反应和合作公约》也对各沿海国制定海上污染事故应急计划提出了要求，并规定实施溢油应急计划，应当与石油界、航运界、港口管理部门及其他部门合作，并做到：① 配备与有关风险相称的最低水平的溢油抗御设备及其使用方案；② 油污应急反应管理部门组织溢油应急演习，建立人员培训方案；③ 制定详细的油污事故反应计划，具有始终具备的通讯能力；④ 应由负责油污事故应急反应的管理机构，负责协调和组织，并有权力调动必要的用于实施应急反应的资源。在我

① 《中华人民共和国海洋环境保护法》第十八条。

② 《中华人民共和国海洋环境保护法》第五十四条。

③ 《中华人民共和国海洋环境保护法》第六十九条。

国，重大海上污染事故应急计划涉及船舶、石油平台和港口、码头及沿海地区石油、石化、化学危险品及其他可能发生重大海上污染事故的单位，实施重大海上污染事故应急计划，需要动用众多的人力、物力，涉及众多的部门和地方政府，牵扯面大，工作复杂，需要各地区、各部门协同配合①，因此，《海洋环境保护法》规定，由国家即国务院作为全国重大海上污染事故应急计划的制订者。根据《国家突发环境事件应急预案》，全国环境保护部际联席会议有关成员单位按照早发现、早报告、早处置的原则，开展对国内（外）海洋环境信息、海洋自然灾害预警信息、常规海洋环境监测数据、辐射环境监测数据的综合分析、风险评估工作。国务院有关部门和地方各级人民政府及其相关部门，负责突发环境事件信息接收、报告、处理、统计分析，以及预警信息监控。环境污染事件、生物物种安全事件、辐射事件信息接收、报告、处理、统计分析由环保部门负责；海上石油勘探开发溢油事件信息接收、报告、处理、统计分析由海洋部门负责；海上船舶、港口污染事件信息接收、报告、处理、统计分析由交通部门负责。环境污染事件和生物物种安全预警信息监控由环保总局负责；海上石油勘探开发溢油事件预警信息监控由海洋局负责；海上船舶、港口污染事件信息监控由交通部负责；辐射环境污染事件预警信息监控由环保总局（核安全局）负责。特别重大环境事件预警信息经核实后，及时上报国务院。

石油勘探开发重大海上溢油事故，对海洋环境污染损害的程度较高，有必要制定全国海洋石油勘探开发重大海上溢油应急计划。按照职责分工，国家海洋行政主管部门负责海洋石油勘探开发对海洋环境污染损害的环境保护工作，负责制定全国海洋石油勘探开发重大海上溢油应急计划，但应报国务院环境保护行政主管部门备案。1995 年国家海洋局发布了《海洋石油勘探开发溢油应急计划编制与审批程序》，一切从事海洋石油勘探开发的作业者，在从事海上钻井或者油田投产前，都必须按照规定的程序，编制溢油应急计划，配备必要的设备，组织应急人力，建立有效的制度，并报国家海洋行政主管部门审查批准。

我国船舶溢油事故频繁发生，而且重大船舶溢油事故呈增加趋势，据统计，1973—2002 年在我国海域发生的溢油量为 50 吨以上的船舶污染事故 59 起，溢油总量为 3.3 万多吨②，每年达 5 ~7 起。船舶溢油污染成为海洋环境污染的重要来源之一，其对海洋环境污染破坏的程度较高，制定船舶港口溢油事故应急计划，不仅是必要的，而且是十分迫切的。依照职责分工，国家海事行政主管部门负责船舶污染海洋环境的监督管理，因此，国家海事行政主管部门有权力，同时也有义务制定全国船舶重大海上溢油应急计划，并负责管理和实施这一计划。国家海事行政主管部门制定的全国船舶重大海上溢油应急计划，应当报国务院环境保护行政主管部门备案。装卸油类和散装化学危险品的港口、码头、装卸站和船舶，都必须按照国家海事行政主管部门的规定，编制污染应急计划，配备相应的污

① 张皓若、卞耀武：《海洋环境保护法释义》，法律出版社，2000 年版，第 32 - 33 页。

② http：//www. cleanupoil. org. cn/DataCenter/DataCenter_ 5. asp。（中国溢油应急专业网）。

染应急设备和器材。2000年4月1日《中国海上船舶溢油应急计划》由交通部和国家环境保护总局联合对外发布实施。目前，我国已建立了较为完善的海上船舶溢油应急体系，它包括了中国海上船舶溢油应急计划、海区溢油应急计划和港口污染应急计划、船上污染应急计划、油码头和设施的污染应急计划。海上船舶溢油应急体系的建立和污染应急计划的实施，提高了对海上船舶溢油事故的应急反应能力，减轻了船舶突发性污染事故对海洋环境的污染损害。[①]

在沿海陆域有不少油库、散装化学品库和其他可能发生重大海洋环境污染事故的单位，都可能发生重大污染事故。1989年，黄岛油库爆炸，630吨原油入海，造成胶州湾及邻近海域严重污染。为应对这类事故，《海洋环境保护法》规定："沿海可能造成重大海洋环境污染事故的单位，应按照国家的规定，制定污染事故应急计划"[②]，这与《中华人民共和国环境保护法》（以下简称《环境保护法》）所作"可能发生重大污染事故的企业事业单位，应当采取措施，加强防范"[③] 的规定精神是一致的。为了指导和规范这些单位制定污染事故应急计划，国务院环境保护行政主管部门有责任对制定这种应急计划的内容和程序作出规定。

沿海省、自治区、直辖市和沿海港口城市人民政府，应当根据全国重大海上污染事故应急计划，制定区域和地方重大海上污染事故应急计划，并由人民政府主管领导牵头组织应急指挥机构。当沿海地方发生重大海上污染事故时，沿海县级以上地方人民政府及其有关部门，应当按照污染事故应急计划的规定，采取必要的措施，解除或者减轻污染危害。这是法律赋予沿海县级以上地方人民政府及其有关部门的责任。

根据《国家突发环境事件应急预案》，海洋环境污染事件响应坚持属地为主的原则，地方各级人民政府按照有关规定全面负责突发海洋环境污染事件应急处置工作，国务院相关部门根据情况给予协调支援。按突发海洋环境污染事件的可控性、严重程度和影响范围，海洋环境污染突发环境事件的应急响应分为特别重大（Ⅰ级响应）、重大（Ⅱ级响应）、较大（Ⅲ级响应）、一般（Ⅳ级响应）四级。超出本级应急处置能力时，应及时请求上一级应急救援指挥机构启动上一级应急预案。根据需要，国务院有关部门和部际联席会议成立环境应急指挥部，负责指导、协调突发海洋环境污染事件的应对工作。环境应急指挥部根据突发环境事件的情况通知有关部门及其应急机构、救援队伍和事件所在地毗邻省（区、市）人民政府应急救援指挥机构。各应急机构接到事件信息通报后，应立即派出有关人员和队伍赶赴事发现场，在现场救援指挥部统一指挥下，按照各自的预案和处置规程，相互协同，密切配合，共同实施环境应急和紧急处置行动。现场应急救援指挥部成立前，各应急救援专业队伍必须在当地政府和事发单位的协调指挥下坚决、迅速地实施先期

① http://www.cleanupoil.org.cn/DataCenter/DataCenter_5.asp，中国溢油网。

② 《中华人民共和国海洋环境保护法》第十八条第四款。

③ 《中华人民共和国环境保护法》第三十一条第二款。

处置，果断控制或切断污染源，全力控制事件态势，严防二次污染和次生、衍生事件发生。应急状态时，专家组组织有关专家迅速对事件信息进行分析、评估，提出应急处置方案和建议，供指挥部领导决策参考。根据事件进展情况和形势动态，提出相应的对策和意见；对突发环境事件的危害范围、发展趋势作出科学预测，为环境应急领导机构的决策和指挥提供科学依据；参与污染程度、危害范围、事件等级的判定，对污染区域的隔离与解禁、人员撤离与返回等重大防护措施的决策提供技术依据；指导各应急分队进行应急处理与处置；指导环境应急工作的评价，进行事件的中长期环境影响评估。发生环境事件的有关部门、单位要及时、主动地向环境应急指挥部提供应急救援有关的基础资料，环保、海洋、交通、水利等有关部门提供事件发生前的有关监管检查资料，供环境应急指挥部研究救援和处置方案时参考。现场处置人员应根据不同类型环境事件的特点，配备相应的专业防护装备，采取安全防护措施，严格执行应急人员出入事发现场程序。现场应急救援指挥部负责组织群众的安全防护工作。部际联席会议各成员单位根据突发环境事件应急需要，提出项目支出预算报财政部审批后执行。

九、现场检查制度

现场检查制度，是指环境保护行政主管部门或者其他依法行使环境监督管理权的部门，对管辖范围内排污单位（包括船舶、平台、个人）的排污和污染治理等情况进行现场执法检查的制度。实行这个制度，可以督促排污单位遵守环境保护法律规定，采取措施防治污染，促使排污单位加强环境管理，减少污染物的排放和消除污染事故隐患，可以提高排污单位的领导人及有关人员的环境保护意识和环境法制观念，自觉履行环境保护义务，还可以促使环境监督管理部门，深入管辖范围内的排污单位，对其执行国家环境保护方针、政策、法律、法规和标准的情况进行监督检查，以便及时发现问题，有效地控制环境污染。《海洋环境保护法》规定："依照本法规定行使海洋环境监督管理权的部门，有权对管辖范围内排放污染物的单位和个人进行现场检查。被检查者应当如实反映情况，提供必要的资料。检查机关应当为被检查者保守技术秘密和业务秘密。"[①]根据法律的规定，现场检查是一种强制性行为，依法定检查机关的职权和法律法规的授权做出，不需经被检查的排污单位同意，检查人员是该机关的代表。法定的检查机关应当对管辖范围内的排污单位进行检查；检查具有随机性，法定检查机关可以随时对排污单位进行环境保护检查；检查者和被检查者双方都必须遵守法定的权利和义务。环境保护行政主管部门应当对通过管道、沟渠、设施，直接或者间接向海域排放污染物的企业、事业单位、生活和旅游设施进行现场检查；海洋行政主管部门应当对围填海、海上堤坝工程，人工岛、海上和海底物资储藏设施、跨海桥梁、海底隧道工程，海底管道、海底电（光）缆工程，海洋矿产资源勘

① 《中华人民共和国海洋环境保护法》第十九条第二款、第三款。

探开发及其附属工程，海上潮汐电站、波浪电站、温差电站等海洋能源开发利用工程，大型海水养殖场、人工鱼礁工程，盐田、海水淡化等海水综合利用工程，海上娱乐及运动、景观开发工程，以及国家海洋主管部门会同国务院环境保护主管部门规定的其他海洋工程的排放污染物情况进行现场检查。海事行政主管部门应当对船舶的排污情况进行现场检查。渔业行政主管部门应当对渔船进行现场检查。军队环境保护行政主管部门应当对军事船舶进行现场检查。进行现场检查时，应当出示行政执法证件或者佩带行政执法标志，可以要求被检查单位提供下列情况和资料：排污口设置情况和污染物排放情况；污染物治理设施及其运行、操作和管理情况；监测仪器、仪表、设备的型号和规格以及检定、校验情况；采用的监测分析方法和监测记录；限期治理进展情况；发生事故情况及有关记录；与污染有关的生产工艺、原材料使用情况；与污染防治有关的其他情况和资料。

十、海上联合执法制度

海上联合执法制度，是指行使海洋环境监督管理权的部门可以在海上实行联合执法的制度。《海洋环境保护法》规定："依照本法规定行使海洋环境监督管理权的部门可以在海上实行联合执法，在巡航监视中发现海上污染事故或者违反本法规定的行为时，应当予以制止并调查取证，必要时有权采取有效措施，防止污染事态的扩大，并报告有关主管部门处理。"①关于联合执法和巡航监视中执法的规定，是国家为强化和逐渐完善海上执法的重要举措。环境保护、海洋、海事、渔业等行使海洋环境监督管理权的部门，可以在海上实行联合执法，在海上巡航监视中，如发现海上污染事故或者违反海洋环境保护法律、法规规定的行为，有权力并有义务行使海洋环境管理权，对责任者的违法行为予以制止，并对肇事者和肇事船舶及肇事现场调查取证，必要时有权采取有效措施，防止污染事态的扩大。肇事船舶为外轮的，由海事部门登轮检查；对于造成渔业污染事故的外国籍船舶或者外国渔船，根据我国与一些国家签订的有关双边协定，渔业部门可以参与登轮检查。这样规定主要考虑到在海上发现污染事故的，可能不是依据《海洋环境保护法》的职责分工规定具有管辖权的海洋环境监督管理的部门，但是，为了及时控制污染损害的扩大，防止责任者逃逸，行使海洋环境监督管理权的任何一个部门，都有权行使紧急管理权，以保护海洋环境，维护国家海洋权益。所指"必要时有权采取有效措施"，主要是：第一，对于造成海洋环境污染，不及时抢救并企图逃逸的肇事者，海洋环境监督管理部门可以对企图逃逸的船舶扣押或者行使紧追权；对外国籍船舶的登临权则应由海事部门行使；第二，对于拒不按照海洋环境监督管理部门的要求采取措施控制污染蔓延的，或者拒不停止污染海洋环境行为的肇事者，可移交公安、司法机关处理；对于情节严重，触犯刑律的，司法机关可按照刑法有关规定追究刑事责任；第三，对于严重污染事故，需要采取紧急措施时，海

① 《中华人民共和国海洋环境保护法》第十九条第一款。

洋环境监督管理部门可以临时调动其他海上船舶或者调用设备；此外还包括其他有效措施。同时，行使紧急管理权的部门，必须将污染事故向有关主管部门报告，由有关主管部门处理。

十一、海洋环境监测制度

海洋环境监测是指应用化学、生物学、物理学、海洋毒理学和海洋环境流行病学等方法对环境中污染物的性质、浓度、影响范围进行的调查和测定。海洋环境监测是海洋环境管理的组成部分，是一项基础性工作，具有技术性和服务性的特点，是海洋环境监督管理和执法管理的技术支持系统，为实现我国海洋生态环境良性循环目标服务，为政府及其行政主管部门制定海洋发展战略、方针政策和海洋规划、计划，并实施我国海洋工作的宏观管理、协调和调控提供科学依据。我国的海洋监测工作几乎与海洋环境保护工作同时起步于1972年的渤海、黄海、东海海洋污染调查。1974年1月30日《中华人民共和国防止沿海水域污染暂行规定》正式颁布，该规定明确国家海洋局负责对海域水质的测试、调查和防治海水污染的科学研究工作。1974年后，我国开始了经常性的全国近岸海洋环境污染的调查工作。30多年来，我国的海洋环境监测工作从无到有，从相对薄弱到相对完善，取得了较快的发展，海洋监测管理伴随着海洋监测工作的发展也取得了较快的发展。我国海洋环境监测管理制度和体制建设在经历了起步时期（1972—1983年）和发展时期（1984—2001年）后，2002年步入健全时期。为了规范我国的海洋环境监测工作，《海洋环境保护法》规定，国家海洋行政主管部门组织海洋环境的调查、监测、监视和评价。国家海洋行政主管部门按照国家环境监测、监视规范和标准，管理全国海洋环境的调查、监测、监视，制定具体的实施办法，会同有关部门组织全国海洋环境监测、监视网络，定期评价海洋环境质量，发布海洋巡航监视通报，依法行使海洋环境监督管理权的部门分别负责各自所辖水域的监测、监视。其他有关部门根据全国海洋环境监测网的分工，分别负责对入海河口、主要排污口的监测。国务院有关部门应当向国务院环境保护行政主管部门提供编制全国环境质量公报所必需的海洋环境监测资料。环境保护行政主管部门应当向有关部门提供与海洋环境监督管理有关的资料。国家海洋行政主管部门按照国家制定的环境监测、监视信息管理制度，负责管理海洋综合信息系统，为海洋环境保护监督管理提供服务。国家海洋行政主管部门监督管理倾倒区的使用，组织倾倒区的环境监测。[①]《全国环境监测管理条例》则全面对监测机构及其职责与职能、监测站的管理制度、环境监测网和工作制度作了规定。《防止船舶污染海域管理条例》《防治陆源污染物污染损害海洋环境管理条例》《防治海岸工程建设项目污染损害海洋环境管理条例》《防治海洋工程建设项目污染损害海洋环境管理条例》，以及10余项部门规章和标准。它们对我国的环境监测管

① 《中华人民共和国海洋环境保护法》第五条、第十四条、第十六条和第五十条。

理作了规定，明确了监测管理在海洋环境保护中的重要性，并对沿海各级环境监测机构的主管部门作了明确规定。国家环保局颁布《环境监测人员合格证制度（暂行）》《环境监测质量保证管理规定（暂行）》《全国环境监测仪器设备管理规定》和《环境监测报告制度》，分别规定了我国环境监测人员的合格证制度和报告制度。我国已经在近海海域布设了数百个测站，进行了数万站次监测，获取的大量的监测数据是研究我国管辖海域污染状况和变化趋势的宝贵的基础资料。

十二、海洋环境保护规划制度

海洋环境保护规划是海洋环境保护工作的基础和行动方案。制定海洋环境保护规划有利于海洋环境保护工作有计划有目的地进行。海洋环境保护规划主要包括：海洋环境保护目标、具体方案、海洋环境保护的具体任务，对各部门和各地区的要求，海洋环境保护的具体措施等。《环境保护法》规定："县级以上人民政府环境保护行政主管部门，应当会同有关部门对管辖范围内的环境状况进行调查和评价，拟订环境保护规划，经计划部门综合平衡后，报同级人民政府批准实施。"①《海洋环境保护法》规定："国家根据海洋功能区划制定全国海洋环境保护规划和重点海域区域性海洋环境保护规划。毗邻重点海域的有关沿海省、自治区、直辖市人民政府及行使海洋环境监督管理权的部门，可以建立海洋环境保护区域合作组织，负责实施重点海域区域性海洋环境保护规划、海洋环境污染的防治和海洋生态保护工作。"② 根据《环境保护法》和《海洋环境保护法》，负责海洋环境监督管理的海洋行政主管部门应当组织制定全国海洋环境保护规划和重点海域区域性海洋环境保护规划，并接受国务院环境保护行政主管部门的指导、协调和监督。③ 各级地方海洋行政主管部门应当制定管辖海域的海洋环境保护规划。现在沿海很多省、自治区、直辖市和设区的市，如天津、厦门等都已经订立了各自的海洋环境保护规划，并获得了所在地人民政府的批准。

十三、海洋功能区划制度

海洋功能区划是根据海洋不同区域的自然资源、环境状况和地理要素，并考虑到海洋资源与空间的开发利用现状和社会经济等发展的需求，按照一定的指标体系和规则，划定特定的主导功能，以利于资源合理开发利用，发挥最佳效益。它是结合海洋开发利用现状和社会经济发展需要，划分出具有特定主导功能，适应不同开发方式，并取得最佳综合效益区域的一项基础性工作，是海洋环境管理的基础。海洋功能区划的范围包括我国享有主

① 《中华人民共和国环境保护法》第十二条。
② 《中华人民共和国海洋环境保护法》第七条。
③ 《中华人民共和国海洋环境保护法》第五条。

权和管辖权的全部海域、岛屿和必要依托的陆域。[①] 国家制订海洋功能区划的目的是：① 为了科学确定海域功能；② 根据经济和社会发展的需要，统筹安排各有关行业用海；③ 为了保护和改善生态环境，保障海域可持续利用，促进海洋经济的发展；④ 保障海上交通安全；⑤ 保障国防安全，保证军事用海需要。[②] 修订后的《海洋环境保护法》第六条规定："国家海洋行政主管部门会同国务院有关部门和沿海省、自治区、直辖市人民政府拟定全国海洋功能区划，报国务院批准。沿海地方各级人民政府应当根据全国和地方海洋功能区划，科学合理地使用海域。"《海域使用管理法》将海洋功能区划制度列为专章进行规定。按照该法的规定，由国务院海洋行政主管部门会同国务院有关部门和沿海省、自治区、直辖市人民政府，编制全国海洋功能区划。沿海县级以上地方人民政府海洋行政主管部门会同本级人民政府有关部门，依据上一级海洋功能区划，编制地方海洋功能区划。养殖、盐业、交通、旅游等行业规划涉及海域使用的，应当符合海洋功能区划。沿海土地利用总体规划、城市规划、港口规划涉及海域使用的，应当与海洋功能区划相衔接。[③]

我国于1997年颁布实施了《全国海洋功能区划技术导则》（GB/T17108—1997），作为海洋功能区划的国家标准和技术规范。于2007年5月颁布实施《全国海洋功能区划技术导则》（GB/T17108—2006）代替了GB/T17108—1997。

从2000年开始，国家海洋局着手编制《全国海洋功能区划》，经过2年的编制和协调，国务院于2002年8月22日批准了《全国海洋功能区划》。2004年2月22日山东省首先建立了省级海洋功能区划制度。威海、烟台、青岛等市还依据海洋功能区划，制定并实施了海域使用调整计划。此后，浙江、辽宁、河北、江苏、福建、海南等省相继确立了海洋功能区划制度。

海洋功能区划制度的实施，有效地规范了海洋开发利用秩序，保护了海洋生态环境。但是由于一直没有一个统一的海洋功能区划管理规定，使得海洋功能区划工作存在一些亟待解决的矛盾，如，海洋功能区划的内容不科学、编制水平低、缺乏可操作性、管理不规范等[④]。为了规范海洋功能区划编制、审批、修改和实施工作，提高海洋功能区划的科学性，国家海洋局发布了《海洋功能区划管理规定》。[⑤] 该《规定》明确了海洋功能区划编制的原则，对全国海洋功能区划、省级海洋功能区划、市县级海洋功能区划的主要任务分别规定，建立了编制和修改海洋功能区划的公众参与机制。为了规范政府行为，对海洋功能区划的编制、审批和备案以及评估、修改和实施都作了详细的规定。该《规定》的实施，对于蓝色国土开发，防止政府行为的随意性，防止对海洋功能区划编制的干扰，确保

① 张皓若、卞耀武主编：《海洋环境保护法释义》，法律出版社，2000年版，第15－16页。

② 《海洋功能区划管理规定》，第八条。

③ 《中华人民共和国海域使用管理法》第十条和第十五条。

④ http：//news. sohu. com/20070807/n251453244_ 1. shtml。2008年5月访问。

⑤ 该规定于2007年8月1日起开始实施。

海洋功能区划得到严格执行有重要意义。

十四、重点海域排污总量控制制度

重点海域污染物总量控制制度是1999年新修订的《海洋环境保护法》建立的一项新的制度，要求根据海洋环境容量确定污染物排海总量，以保证海水水质符合规定要求。由国家确定污染物排海总量控制指标并对主要污染源分配排放控制数量，在重点海域对主要污染物实行该项控制指标。其目的是对进入国家重点保护海域和已受到严重污染的海域的主要污染物数量进行控制。

长期以来，我国只有《海水水质标准》和《污染物综合排放标准》的浓度控制方法作为污染物排海的标准。随着经济的发展，海洋所承载的环境负担越来越重，部分海域的环境质量严重退化。建立重点海域排污总量控制制度是控制我国局部海域环境恶化的有效措施。

除了《海洋环境保护法》之外，《防治海洋工程建设项目污染损害海洋环境管理条例》也明确规定："国家海洋主管部门根据国家重点海域污染物排海总量控制指标，分配重点海域工程污染物排海控制数量。"地方性环境保护法规《江苏省海洋环境保护条例》《浙江省海洋环境保护条例》等也都制定了省管辖的重点海域污染物排海总量控制指标和主要污染源排放控制计划，《山东省碧海行动计划》将重点海域排污总量控制制度作为其重要组成部分。

不过，统计数字却不能让我们对总量控制制度的实施感到满意。根据《2007年上半年中国海洋环境质量通报》，2007年上半年陆源入海排污口排放现象有增无减，排污口邻近海域海水质量持续恶化，部分重点海水增养殖区水质富营养化程度有所加剧，[①] 由此可见，重点海域排污总量控制制度还需要加大力度贯彻下去。

十五、海洋环境保护区域合作、区域协调制度

由于海洋具有流动性，全世界的海洋是一个互相联通的整体，一个海域污染了，往往会扩散到周边，因此，对海洋环境的保护各地无法独善其身。海洋环境保护的区域合作与区域协调制度为保护海洋环境所必需。只有加强各区域污染防治和生态保护，提高区域环境保护的整体水平，才能真正获得良好的海洋环境。

《海洋环境保护法》第八条规定："跨区域的海洋环境保护工作，由有关沿海地方人民政府协商解决，或者由上级人民政府协调解决。跨部门的重大海洋环境保护工作，由国务院环境保护行政主管部门协调；协调未能解决的，由国务院作出决定。"同时，《防治陆源污染物污染损害海洋环境管理条例》第二十条、第二十一条也作出规定，河流跨越省、

① http://www.soa.gov.cn/hyjwwhygbhyhjzlgb/2007/10/1192695976084197.htm。

自治区、直辖市，在入海河口处发生陆源污染物污染损害海洋环境事故的，由入海河口处所在省、自治区、直辖市人民政府环境保护行政主管部门和水利部门会同有关省、自治区、直辖市人民政府环境保护行政主管部门、水利部门和流域管理机构调查处理。沿海相邻或者相向地区向同一海域排放陆源污染物的，由有关地方人民政府协商制定共同防治陆源污染物污染损害海洋环境的措施。

在实践中，“泛珠三角”区域环境保护部门联手开展环境保护合作，本着自愿参与、实事求是、突出重点和与相关规划相衔接的原则，共同签署了《“泛珠三角”区域环境保护合作协议》，建立起区域环境保护合作机制，开展海洋环保合作是其重要内容。协议中海洋环保合作的主要任务是：成立南海海洋污染防治协调机构，建立联防联治机制，开展南海海洋环境保护合作，开展南海近岸海域污染防治、生态保护和环境管理技术政策交流合作。相关省（区）开展海洋环境保护地方立法、陆源控制规划及管理控制措施等方面的交流与合作。合作建立近岸海上污染事故、赤潮灾害等情况通报制度。建立海洋环境质量状况通报制度，及时通报本省（区）所辖海域发生的溢油、赤潮灾害及其他海上污染事件等信息。①

长江三角洲区域合作也应着眼于大环境与资源配置制度合作，对海洋资源的深度开发、利用和保护，海洋工程的规划与建设进行制度协调。

十六、落后工艺设备淘汰和清洁生产制度

落后工艺设备淘汰制度是指对浪费资源和严重污染环境的落后生产技术、工艺、设备和产品在规定的期限内不得再生产、销售、进口、使用和转让的制度。清洁生产制度是指不断采取改进设计、使用清洁的能源和原料、采用先进的工艺技术与设备、改善管理、综合利用等措施，从源头削减污染，提高资源利用效率，减少或者避免生产、服务和产品使用过程中污染物的产生和排放，以减轻或者消除对人类健康和环境的危害②的制度。这两种制度均从环境效益与经济效益的平衡出发，着眼于防治污染的源头控制，能够使资源得到充分的利用，体现了我国环境保护法中预防为主、防治结合的原则，从内涵上来讲，两种制度是一致的。

1992 年在巴西里约热内卢召开的联合国环境与发展大会制定的《21 世纪议程》，将清洁生产作为实现可持续发展的重要内容，号召各国工业界提高能效，开发更先进的清洁技术，更新、替代对环境有害的产品和原材料，实现环境和资源的保护与合理利用。1994 年 3 月 25 日，国务院第 10 次常务会议，讨论通过了《中国 21 世纪议程》，即《中国 21 世纪人口、环境与发展》白皮书。在“可持续的能源生产与消费”一章及优先项目中，《中

① 《“泛珠三角”区域环境保护合作专项规划（2005—2010）》，第五章第 7 节。

② 《中华人民共和国清洁生产促进法》第二条。

国21世纪议程》推出一系列清洁煤技术发展项目和示范工程建设项目①，把建立资源节约型生产体系和推行清洁生产列入了可持续发展战略与重大行动计划。2002年我国颁布实施《清洁生产促进法》。从此，清洁生产和落后生产工艺设备淘汰均有法可依。

《中国海洋21世纪议程》将促进清洁生产列为专项进行规定，目标是通过改进生产工艺，优化生产环节，交叉利用可再生资源以及其他方式，使单纯尾端污染控制转向全过程污染控制，减少海洋产业自身产生的污染物总量，防止海洋产业污染损害海洋环境。《海洋环境保护法》第十三条规定，国家加强防治海洋环境污染损害的科学技术的研究和开发，对严重污染海洋环境的落后生产工艺和落后设备，实行淘汰制度。企业应当优先使用清洁能源，采用资源利用率高、污染物排放量少的清洁生产工艺，防治对海洋环境的污染。这是我国海洋环境保护中有关落后工艺设备淘汰和清洁生产制度的规定。这条规定把对落后生产工艺和设备实行淘汰制度的一般法律制度，引入海洋环境保护法之中；同时把使用清洁能源、采用清洁生产工艺作为防治海洋环境污染的重要措施之一。② 此条中规定的“防治海洋环境污染损害的科学技术的研究和开发”指：一是制定海洋产业清洁生产的标准和法规，研究和开发清洁生产技术、装备和工艺，为海洋产业的清洁生产和生产绿色食品创造条件；二是研究和开发船舶及平台石油生产及生活废物无害化处理的技术装备，含油污水油水分离的技术装备，以及低能耗的船用机器，减少船舶运行中的废物产出和排海数量；三是研究开发水产品废弃物利用和无害化处理的技术装备，减少水产加工自身的废物产出量和入海量。研究入海农药和化肥等无害海洋环境的技术指标等；四是研究和开发优质饵料和科学的投料方法，减少海水养殖过程中饵料浪费和污染养殖水域；制定适当的池养水体排放标准；五是研究和开发适合各种海洋旅游娱乐区使用的游客生活废物回收、无害化处理或再利用的装置，减少娱乐区的废物排放量和清扫量；六是合理利用海洋自净能力。深水管道排污可以减少污水治理费用，利用海洋自净能力净化污水。沿海城市应逐步推广污水深水管道排海工程。③

第三节　加强我国海洋环境法制建设的对策与建议

一、完善海洋环境保护的立法

我国于1999年修订了《海洋环境保护法》，为海洋环境保护提供了法律依据。但是，该法中有不少事项没有明确规定执行主体，对很多事项的规定留有余地，这给该法的有效实施带来很大困难。修订后的《海洋环境保护法》一方面把全国海洋环境保护规划、重点

---

① http：//live. yeewe. com/10000/201250786. htm。2008年5月访问。

② 张皓若、卞耀武：《海洋环境保护法释义》，法律出版社，2000年版，第25－26页。

③《中国海洋21世纪议程》。

海域区域性海洋环境保护规划、国家海洋环境质量标准、国家水污染物排海标准和全国重大海上污染事故应急计划及国家环境监测、监视规范和标准、国家环境监测、监视信息管理制度9项制定权都列了出来；另一方面，又规定排污总量控制、排污费和倾倒费征收使用、限期治理权限、深海离岸排污口设置、海上处置放射性物质豁免浓度、船舶油污保险和赔偿基金制度、对违反排污费、倾倒费和限期治理规定的行政处罚制度7项由国务院制定具体办法或由国务院规定。如，《海洋环境保护法》第三条规定，“国家建立并实施重点海域排污总量控制制度，确定主要污染物排海总量控制指标，并对主要污染源分配排放控制数量。具体办法由国务院制定”。第七条第一款规定，“国家根据海洋功能区划制定全国海洋环境保护规划和重点海域区域性海洋环境保护规划”。第九条规定，“国家根据海洋环境质量状况和国家经济、技术条件，制定国家海洋环境质量标准”。第十四条规定，“国家海洋行政主管部门按照国家环境监测、监视规范和标准，管理全国海洋环境的调查、监测、监视，制定具体的实施办法，会同有关部门组织全国海洋环境监测、监视网络，定期评价海洋环境质量，发布海洋巡航监视通报”等。据粗略统计，在修改后的《海洋环境保护法》中，原则规定由“国家”实行或者“国务院”制定的重大事项有十六个条款；笼统规定“由行使海洋环境监督管理权的部门”处理的事项有十一个条款；授权人民政府管理的事项提法不一，有的用沿海地方各级人民政府，有的用沿海省级人民政府，有的用沿海县级以上地方人民政府。尤其是该法第五条第六款规定，“沿海县级以上地方人民政府行使海洋环境监督管理权的部门的职责，由省、自治区、直辖市人民政府根据本法及国务院有关规定确定”；第九十六条规定“涉及海洋环境监督管理的有关部门的具体职权划分，本法未作规定的，由国务院规定”。这就是说，国家环境保护总局和其他行使海洋环境保护监督权的部门的具体职权划分，在国务院作出规定之前，只能按照《海洋环境保护法》的现有规定实施一定的监督管理工作；沿海县级以上地方人民政府环境保护部门和其他行使海洋环境保护监督权的部门的职责，在省、自治区、直辖市人民政府确定之前，对本行政区的海洋环境保护工作无权进行执法监督管理。同时，由于“涉及海洋环境监督管理的有关部门的具体职权划分，本法未作规定的，由国务院规定”，就会在行使海洋环境监督管理权的部门中出现两种现象：有的可能坐视等待，等国务院规定具体职权之后再开展工作；有的可能借机争抢管理范围，插手其他部门分管的工作。这种状况，已经给全国的海洋环境保护工作造成了不应有的损失，如果不通过制定行政规章弥补海洋环境保护法存在的这些问题，已经生效的《海洋环境保护法》的许多规定都将形同虚设。根据《中华人民共和国立法法》和《中华人民共和国海洋环境保护法》的有关规定，国家应当对以下事项制定具体的规定。

（一）重点海域排污总量控制办法

立法依据：《海洋环境保护法》第三条规定：国家建立并实施重点海域排污总量控制制度，确定主要污染物排海总量控制指标，并对主要污染源分配排放控制数量。具体办法由国务院制定。

（二）海岸带环境保护条例

立法依据：①《海洋环境保护法》第九条第三款规定：沿海地方各级人民政府根据国家和地方海洋环境质量标准的规定和本行政区近岸海域环境质量状况，确定海洋环境保护的目标和任务，并纳入人民政府工作计划，按相应的海洋环境质量标准实施管理。② 国家环境保护总局《2001 年全国环境保护工作要点》之七：加强对污水直排入海的企业和污水排海工程的监督管理。启动近岸海域环境功能区达标工作，制定达标计划并开始实施，建立重点环境功能区的监测报告制度。加强近岸湿地、芦苇、红树林、珊瑚礁的生态环境保护。开展海岸带环境保护示范区试点。[①]

（三）向海洋直接排放污染物收费办法

立法依据：《海洋环境保护法》第十一条第一款规定：直接向海洋排放污染物的单位和个人，必须按照国家规定缴纳排污费。第十一条第三款规定：根据本法规定征收的排污费，必须用于海洋环境污染的整治，不得挪作他用。具体办法由国务院规定。第九十三条规定：对违反本法第十一条、第十二条有关缴纳排污费、限期治理等规定的行政处罚，由国务院规定。

（四）环境监测监视规范和标准

立法依据：《海洋环境保护法》第十四条规定：国家海洋行政主管部门按照国家环境监测、监视规范和标准，管理全国海洋环境的调查、监测、监视，制定具体的实施办法，会同有关部门组织全国海洋环境监测、监视网络，定期评价海洋环境质量，发布海洋巡航监视通报。依照本法规定行使海洋环境监督管理权的部门分别负责各自所辖水域的监测、监视。其他有关部门根据全国海洋环境监测网的分工，分别负责对入海河口、主要排污口的监测。

（五）环境监测监视信息管理办法

立法依据：《海洋环境保护法》第十六条规定：国家海洋行政主管部门按照国家制定的环境监测、监视信息管理制度，负责管理海洋综合信息系统，为海洋环境保护监督管理提供服务。

（六）海洋环境保护联合执法实施办法

立法依据：《海洋环境保护法》第十九条第一款规定：依照本法规定行使海洋环境监督管理权的部门可以在海上实行联合执法，在巡航监视中发现海上污染事故或者违反本法规定的行为时，应当予以制止并调查取证，必要时有权采取有效措施，防止污染事态的扩

① 2001 年温家宝副总理对国务院参事叶汝求、邓引引、谢又予提出的《关于海岸带环境保护管理中的问题与建议》作出批示：要加强海岸带环境保护管理工作。请环保总局会同国家海洋局研究提出意见。

大，并报告有关主管部门处理。

（七）制定海洋污染损害赔偿计算办法

立法依据：《海洋环境保护法》第九十条规定：“造成海洋环境污染损害的责任者，应当排除危害，并赔偿损失；完全由于第三者的故意或者过失，造成海洋环境污染损害的，由第三者排除危害，并承担赔偿责任。对破坏海洋生态、海洋水产资源、海洋保护区，给国家造成重大损失的，由依照本法规定行使海洋环境监督管理权的部门代表国家对责任者提出损害赔偿要求。”为了将海洋环境保护法的规定落实到实处，国家应当制定《海洋污染损害赔偿计算办法》。

（八）海洋生态恢复、建设促进办法

《海洋环境保护法》第二十条规定：“国务院和沿海地方各级人民政府应当采取有效措施，保护红树林、珊瑚礁、滨海湿地、海岛、海湾、入海河口、重要渔业水域等具有典型性、代表性的海洋生态系统，珍稀、濒危海洋生物的天然集中分布区，具有重要经济价值的海洋生物生存区域及有重大科学文化价值的海洋自然历史遗迹和自然景观。”“对具有重要经济、社会价值的已遭受到破坏的海洋生态，应当进行整治和恢复。”由于我国海岸带人口密集，人类的经济活动频繁，大部分地方已经被人类所改变，人类的活动留下了难以磨灭的痕迹。也可以说完全天然的、没有人类干扰的海岸带区域是不存在的。而人类活动的目的也是要使人类的环境更美好、更适于生存。所以我们对海岸带生态不仅仅要保护其原有的风貌，还要进行建设。特别是在科学技术高度发达的当今世界，人类有意识的活动能够极大地改善环境。为了促进对海岸带生态环境的恢复和建设，建议国家制定海洋生态恢复、建设促进办法。

当前亟须制定的除上述规定外，还有一些海洋环境保护标准。如：岸滩和工厂化海水养殖废水排放标准和滨海集约化畜禽养殖污水排放标准等。

二、制定区域海洋海岸带环境保护规划

我国沿海地区面积占全国的14%，人口占40%以上，国内生产总值占60%以上。[①] 沿海地区是改革开放的前沿及全国经济中心和区域经济最有活力的热点地区，现已形成了5个经济圈：即环渤海经济圈；长江三角洲经济圈；珠江三角洲经济圈；台湾海峡西部、福建和浙江南部经济圈；广西北海经济圈。沿海经济圈既是工业化和城市化快速发展的地域，也是区域性环境污染严重区，对海洋环境已经造成严重的损害，近岸海域生态环境前景堪忧。每年因赤潮、溢油、病毒和污染造成了严重的经济损失。

① 引自人民网：http://www.people.com.cn/GB/channel1/907/20001101/296152.html，2009年10月访问。

每个经济圈可以说是一个整体，经济紧密结合，不可分割。但是由于每个经济圈由不同的省、市（自治区）组成，而每个省、市（自治区）又是相对独立的规划和管理单位，根据法律、法规的规定，各省要制定各自的海洋环境保护规划，而这些规划又是相对独立的，所以在每个经济圈内缺乏统一的综合性规划，难以做到产业结构布局合理及经济发展和环境保护相协调。所以在最发达的经济圈内往往是海岸带环境破坏最严重的区域。由于海洋环境的保护与人类在海岸带的活动密切相连，只有对区域性的海岸带环境进行综合规划，才能做到产业布局合理、资源充分利用，真正达到保护的目的。

三、为内海、重要海湾制定污染防治特别法

不少学者针对渤海以及某些海湾污染严重的情况，建议为这些内海和海湾制定专门法。从经济社会发展对海洋环境的压力和海域环境污染的状况等方面综合起来考虑，可以先行制定渤海特别法。

渤海是我国唯一的半封闭型内海，环境污染非常严重。“十一五规划”把天津滨海新区的建设上升为国家战略，不仅会带来环渤海经济区经济的腾飞，还会给渤海带来更为严峻的环境压力。国际间和国家建立的与闭海或半闭海环境保护有关的法律法规最初基本上都是一般法，而在一般法不足以解决有关闭海或半闭海的环境保护问题时，有关国家或一国才为闭海或半闭海制定专门的法律或签订专门的公约。从特殊国土区域的角度看，渤海与我国三江源地区具有同等重要的意义，都需要专门立法加以特别保护。我国现行海洋环境保护法规定了海洋环境保护的一般制度，并未充分体现对渤海这个特殊海域的特殊保护。不论是从渤海自身的自然特征，还是从国外治理闭海半闭海的经验来看，都有必要为渤海制定环境保护单行法。①

① 周珂、吕霞：《关于制定渤海环境保护单行法必要性的思考》，《昆明理工大学学报》（社会科学版）2007年第3期。

第七章　海上交通安全管理法律对策

第一节　我国海上交通监督管理现状

一、我国海上交通管理立法

改革开放后，随着国民经济的持续发展，港口建设、航海贸易、捕捞养殖、资源开发、科学研究、打捞救助等各项海洋事业迅猛发展，营运船舶、渔业船舶、农副业船舶、救助和其他作业船舶以及军用船舶和政府公务船舶总数已达几十万艘，沿海港口吞吐量1983年不足3亿吨，2005年达到48.5亿吨。[①] 世界上百十个国家的商船、渔船、工程船、调查船进出中国港口或者在中国沿海水域航行。海上船舶密度的增大，增加了引发海上交通安全事故的几率。为了保证海上活动能安全有序地进行，1983年9月2日第6届全国人民代表大会常务委员会第2次会议通过了《中华人民共和国海上交通安全法》，从原则上规定了在海上活动的船舶、设施和人员必须遵守的规定，包括应该具备的技术条件、应当承担的义务和享受的权利，是海上活动必须共同遵守的交通安全准则。此后在《中华人民共和国领海及毗连区法》《中华人民共和国专属经济区和大陆架法》《中华人民共和国海洋环境保护法》《中华人民共和国海商法》中，也有若干有关维护航行安全或者防止海难事故的规定。国务院发布的《中华人民共和国船舶和海上设施检验条例》《中华人民共和国船舶登记条例》《中华人民共和国对外国籍船舶管理规则》《国际航行船舶进出中华人民共和国口岸检查办法》《中华人民共和国海上国际集装箱运输管理规定》《中华人民共和国海上交通事故调查处理条例》《中华人民共和国海上航行警告和航行通告管理规定》《中华人民共和国航道管理条例》《中华人民共和国航标条例》《中华人民共和国渔港水域交通安全管理条例》以及交通部发布的《中华人民共和国船舶安全检查规则》《中华人民共和国船舶签证管理规则》《中华人民共和国海船船员考试发证规则》《中华人民共和国海员证管理办法》《油船安全生产管理规则》《海上雾中航行规则》《船舶防台技术操作规则》等有关海上交通安全管理的行政法规和规章，对《中华人民共和国海上交通安全法》作了补充完善。中国的海上交通安全法，既从国情出发，又注意了与中国承认的有关国际

① http://www.expresscn.com/ReadNews.asp? NewsID = 428.

公约的协调和衔接，已构成了比较完备的海上交通安全法律体系。

二、海上交通安全监督管理体制

为了对海上交通安全实行管理，《海上交通安全法》规定："中华人民共和国港务监督机构，是对沿海水域的交通安全实施统一监督管理的主管机关。"① 由于港务监督机构在机构改革中变为海事行政主管部门，所以我国的海上交通安全管理是由港务监督实行统一领导，分级管理。在国家海事主管部门的领导下，沿海港口的海事行政主管部门对管辖范围内的交通安全实施监督管理。《渔港水域交通安全管理条例》规定："中华人民共和国渔政渔港监督管理机关是对渔港水域交通安全实施监督管理的主管机关，并负责沿海水域渔业船舶之间交通事故的调查处理。"② 1988 年国务院批准的农业部"三定方案"规定农业部渔业局代表国家行使渔船检验和渔港监督管理权。沿海省、自治区、直辖市渔港监督局和地市、县级渔港监督，受同级渔业行政主管部门领导，在业务上接受上一级渔港监督机构的指导，对本行政区的渔港水域交通安全实施监督管理。

三、海上交通安全监督管理的主要制度

（一）船舶和海上设施检验制度

船舶和海上设施检验，是国家对船舶和海上设施应具备的安全航行、安全作业的技术条件实施的技术监督，其目的是为了保证船舶、海上设施具备安全航行、安全作业的技术条件，保障人民生命财产的安全。《海上交通安全法》规定："船舶和船上有关航行安全的重要设备必须具有船舶检验部门签发的有效技术证件。"③ 国务院发布的《船舶和海上设施检验条例》对船舶和海上设施检验的目的、原则、范围、种类、程序和主管机关作了明确规定。中华人民共和国船舶检验局是实施船舶和海上设施各项法定检验工作的主管机构。经国务院交通行政主管部门批准，船检局可以在主要港口和工业区设置船舶检验机构。经国务院交通行政主管部门和省、自治区、直辖市人民政府批准，省、自治区、直辖市人民政府交通行政主管部门可以在所辖港口设置地方船舶检验机构。船舶检验机构应当按照安全第一、质量第一的原则实施船舶和海上设施的各项检验。

1. 法定检验

中国籍船舶（不包括军用舰艇、公安船艇和体育运动船艇）的所有人或者经营人，必须向船舶检验机构申请检验。建造或者改建船舶时，应当申请建造检验；营运中的船舶，申请定期检验；由外国籍船舶改为中国籍船舶的，申请初次检验；因发生事故，影响船舶

① 《中华人民共和国海上交通安全法》第三条。

② 《中华人民共和国渔港水域交通安全管理条例》第三条。

③ 《中华人民共和国海上交通安全法》第四条。

适航性能的，或者改变船舶证书所限定的用途或者航区的，或者船舶检验机构签发的证书失效的，或者海上交通安全或者环境保护主管机关责成检验的，申请临时检验。在中国沿海水域从事钻探、开发作业的外国籍钻井船、移动式平台的所有人或者经营人，必须向船检局设置或者指定的船舶检验机构申请作业前检验和作业期间的定期检验。中国沿海水域内的移动式平台、浮船坞和其他大型设施进行拖带航行，起拖前必须向船检局设置的或者指定的船舶检验机构申请拖航检验。海上设施的所有人或者经营人，必须向船检局设置或者指定的船舶检验机构申请检验，但是海上设施中的海上石油天然气生产设施除外。建造或者改建海上设施时，应当申请建造检验；使用中的海上设施，应当申请定期检验；因发生事故影响海上设施安全性能的，应当申请临时检验；海上交通安全或者环境保护主管机关责成检验的，应当申请临时检验。船舶经检验合格后，船舶检验机构应当按照规定签发相应的检验证书。

2. 入级检验

国际航行船舶，为了揽载货物、保险和处理海事的需要，通常都申请具有权威性的船级社办理入级，取得船级证书，并将实施入级检验的船级社的简称字母绘划在船的两舷外侧，以显示身价。依照《船舶和海上设施检验条例》规定，从事国际航行的中国籍船舶、在海上航行的乘客定额100人以上的客船、载重量1 000吨以上的油船、滚装船、液化气体运输船和散装化学品运输船、船舶所有人或者经营人要求入级的其他船舶必须向中国船级社申请入级检验。中国船级社是社会团体性质的船舶检验机构，承办国内外船舶、海上设施和集装箱的入级检验、鉴证检验和公证检验业务；经船检局授权，可以代行法定检验。

3. 渔船检验

依照《渔业法》规定，“制造、更新改造、购置、进口的从事捕捞作业的船舶必须经渔业船舶检验部门检验合格后，方可下水作业。具体办法由国务院规定”①。不具备渔业船舶检验证书的，不发给捕捞许可证。1996年农业部根据《渔业法》和《船舶和海上设施检验条例》制定了《渔业船舶监督检验管理规定》，对渔业船舶实行建造检验、定期检验、初次检验和临时检验4种法定检验。2003年6月11日国务院发布了《渔业船舶检验条例》。《条例》规定，国家对渔业船舶实行强制检验制度。强制检验分为初次检验、营运检验和临时检验。国务院渔业行政主管部门主管全国渔业船舶检验及其监督管理工作。中华人民共和国渔业船舶检验局（以下简称国家渔业船舶检验机构）行使渔业船舶检验及其监督管理职能。②

（二）船舶登记制度

船舶登记是国家按照确定的登记条件确认船舶悬挂本国旗帜航行权，确定船籍港，并

① 《中华人民共和国渔业法》第二十六条。

② 《中华人民共和国渔业船舶检验条例》第三条第二款。

将登记船舶置于有效管辖和控制之下的监督管理活动，其目的是为了加强国家对船舶的监督管理，保障船舶登记有关各方的合法权益。《海上交通安全法》第五条规定："船舶必须持有船舶国籍证书，或船舶登记证书，或船舶执照。"我国目前的船舶登记采用严格登记制度，执行的是1994年《中华人民共和国船舶登记条例》，管理登记行为的机构主要有中央与地方两个登记机构，即中央直属与地方政府所属的海事机构。其登记的范围、权限，由国家海事机构统一确定。

船舶经依法登记取得中华人民共和国国籍，方可悬挂中华人民共和国国旗航行；未经登记的，不得悬挂中华人民共和国国旗航行。船舶不得具有双重国籍。凡在外国登记的船舶，未中止或者注销原登记国国籍的，不得取得中华人民共和国国籍。在下列条件下的船舶可以进行登记：第一，在我国境内有住所或者主要营业所的中国公民的船舶；第二，依据我国法律设立的主要营业所在我国境内的企业法人的船舶。但是，在该法人的注册资本中有外商出资的，中方投资人的出资额不得低于50%；第三，我国政府公务船舶和事业法人的船舶；第四，我国港务监督机构认为应当登记的其他船舶。军事船舶、渔业船舶和体育运动船艇的登记依照有关法规的规定办理。中国籍船舶上的船员应当由中国公民担任；确需雇佣外国籍船员的，应当报国务院交通行政主管部门批准。中国籍船舶上应持适任证书的船员，必须持有相应的中华人民共和国船员适任证书。

船舶所有人应当进行船舶所有权登记。"船舶所有权的取得、转让和消灭，应当向船舶登记机关登记；未经登记的，不得对抗第三人"①。船舶所有人申请船舶所有权登记，应当向船籍港船舶登记机关交验足以证明其合法身份的文件，并提供有关船舶技术资料和船舶所有权取得证明文件的正本、副本。船籍港船舶登记机关应当对船舶所有权登记申请进行审查核实，对符合规定的，应当向船舶所有人颁发船舶所有权登记证书，授予船舶登记号码，并在船舶登记簿中载明船舶名称、船舶呼号以及其他有关事项；对不符合规定的，应当书面通知船舶所有人。依照船舶所有权登记规定申请登记的船舶，经核准后，船舶登记机关发给船舶国籍证书。国内航行的船舶，船舶所有人应当根据船舶的种类交验法定的船舶检验机构签发的船舶检验证书簿和其他有效船舶技术证书。对经审查符合规定的船舶，船籍港船舶登记机关予以核准并发给船舶国籍证书。在境外建造船舶，船舶所有人应当持船舶建造合同和交接文件以及有效船舶技术证书，到中华人民共和国驻外大使馆、领事馆申请办理临时船舶国籍证书。从境外购买新造的船舶，船舶所有人应当持船舶所有权取得的证明文件和有效船舶技术证书，到中华人民共和国驻外大使馆、领事馆申请办理临时船舶国籍证书。

在我国也实行渔船登记制度，渔船必须取得船舶登记。《渔业法》规定，不具备渔业船舶登记证书的，不发给捕捞许可证。渔业船舶的所有权登记和国籍申请，按照农业部发

① 《中华人民共和国海商法》第九条。

布的《渔业船舶登记办法》的规定执行。登记机关核准登记后，向从事远洋航行和作业的渔业船舶签发渔业船舶国籍证书；向在其他航区作业的渔业船舶签发渔业船舶登记证书；船长在12米以下的签发渔业船舶执照。

（三）船舶设施、人员配备和考试发证制度

我国法律对船舶的设施、人员的配备也有规定。《海上交通安全法》规定："船舶应当按照标准定额配备足以保证船舶安全的合格船员。""船长、轮机长、驾驶员、轮机员、无线电报务员话务员以及水上飞机、潜水器的相应人员，必须持有合格的职务证书。其他船员必须经过相应的专业技术训练。""设施应当按照国家规定，配备掌握避碰、信号、通信、消防、救生等专业技能的人员。"①《海商法》规定："船长、驾驶员、轮机长、轮机员、电机员、报务员，必须由持有相应适任证书的人担任。"②

所有船舶必须按照《船舶最低安全配员规则》规定的定额，配备足以保证船舶安全的合格船员，即包括船长在内的船上一切任职人员。职务船员必须持有相应的适任证书。各类各级适任证书，必须经过规定课目考试合格后，由中华人民共和国港务监督局正式授权的官员署名签发。其他船员必须按照《船员培训管理规则》的规定，经过相应的专业技术训练。

国务院发布的《渔港水域交通安全管理条例》规定："渔业船舶的船长、轮机长、驾驶员、轮机员、电机员、无线电报务员、话务员，必须经渔政渔港监督管理机关考核合格，取得职务证书，其他人员应当经过相应的专业训练。"③ 农业部发布的《海洋渔业船舶考试发证规则》对渔业职务船员配备标准、职务证书的分类和适用范围、考试资格和手续、考试课目、证书签发与审证作了具体规定。渔业船舶船员配备和考试发证工作应当按照这个规定执行。

（四）口岸制度

《海上交通安全法》《对外国籍船舶管理规则》《防止船舶污染海域管理条例》《国际航行船舶进出中华人民共和国口岸检查办法》和《海关法》等法律、法规对中国的口岸制度作了全面规定，其内容主要包括以下几个方面。

1. 进口制度

国际航行船舶（指进出中华人民共和国口岸的外国籍船舶和航行国际航线的中国籍船舶）的船方或者其代理人应当在船舶预计抵达口岸7日前（航程不足7日的，在驶离上一口岸时），填写《国际航行船舶进口岸申请书》，报请抵达口岸的主管机关审批。但是因人员病急、机件故障、遇难、避风等意外情况，未及申请的，可以在进入的同时，向主管

---

① 《中华人民共和国海上交通安全法》第六条、第七条、第八条。

② 《中华人民共和国海商法》第三十二条。

③ 《中华人民共和国渔港水域交通安全管理条例》第十四条。

机关紧急报告，并听取指挥。

2. 升挂国旗制度

进入中华人民共和国口岸、锚地的外国籍船舶，应当每日悬挂中国国旗，早晨升起，傍晚降下。外国籍船舶悬挂的中国国旗尺度，一般应不小于其悬挂的船旗国国旗的尺度。

3. 联检制度

船方或者其代理人在船舶预计抵达口岸24小时前（航程不足24小时的，在驶离上一口岸时），应当将抵达时间、停泊地点、靠泊移泊计划及船员、旅客的有关情况报告海事机构、海关、边防检查机关、卫生检疫机关和动植物检疫机关等检查机关。检查机关对进入口岸的国际航行船舶及其所载船员、旅客、货物和其他物品依法实施检查。除法规规定的情形或者其他特殊情形外，检查机关不登船检查。

4. 武器弹药封存制度

外国籍非军用船舶进入中国口岸后，船上的武器弹药由主管机关予以封存。

5. 强制引航制度

外国籍船舶进出中国港口或者在港内航行、移泊及靠离港外系泊点、装卸站等，必须由主管机关指派引航员引航。

6. 污染防治制度

到港船舶的含油污水不得任意排放，应由港口油污水处理设施接收处理。港口无接收处理条件，船舶含油污水又确需排放时，应事先向主管机关提出书面报告，经批准后，按规定条件和指定区域排放。船舶垃圾不得任意倒入港区水域，需倾倒船舶垃圾的，应招用垃圾倾倒车船接收处理。船舶进行《海洋环境保护法》第七十条所指的活动①，应当事先按照有关规定，报经主管机关批准或者核准。

7. 事故报告制度

船舶在港内发生交通事故和污染事故，应当按照有关规定向主管机关报告，并接受调查处理。

8. 出口制度

船方或者其代理人应当在船舶驶离口岸前4小时内（船舶在口岸停留时间不足4小时的，在抵达口岸时）到检查机关办理必要的出口岸手续。有关检查机关应当在《船舶出口岸手续联系单》上签注；船方或者其代理人持《船舶出口岸手续联系单》和主管机关要求的其他证件、资料，到港口主管机关申请领取出口岸许可证。船舶领取出口岸许可证后

① 《中华人民共和国海洋环境保护法》第七十条规定：进行下列活动，应当事先按照有关规定报经有关部门批准或者核准：

（一）船舶在港区水域内使用焚烧炉；（二）船舶在港区水域内进行洗舱、清舱、驱气、排放压载水、残油、含油污水接收、舷外拷铲及油漆等作业；（三）船舶、码头、设施使用化学消油剂；（四）船舶冲洗沾有污染物、有毒有害物质的甲板；（五）船舶进行散装液体污染危害性货物的过驳作业；（六）从事船舶水上拆解、打捞、修造和其他水上、水下船舶施工作业。

方可出口。如有违反中华人民共和国有关的法律、法规或规章的行为；或者处于不适航状态；或者发生交通事故、污染事故手续未清；或者未向主管机关或者有关部门交付应承担的费用，也未提供适当的担保；或者有其他妨害或者可能妨害海上交通安全的情况，主管机关有权禁止其离港或者责令其停航。主管机关认为船舶对港口安全具有威胁时，有权责令其离港。

（五）琼州海峡通过制度

1964 年 6 月 8 日国务院发布了《外国籍非军用船舶通过琼州海峡管理规则》，1974 年 4 月 14 日经国务院、中央军委批准对该规则第六条作了修改。经修改的规则规定一切外国籍军用船舶不得通过；一切外国籍非军用船舶如需通过，必须在进入海峡管理区 48 小时或者在开出港起航以前经由中国外轮代理公司向琼州海峡管理处申请批准，接到批准过峡的通知后，应在进入管理区 24 小时前或者在开出港起航后 2 小时内，向管理处确报进入管理区的时间，准许日夜过峡，但在进入管理区和在管理区通过时航速不得超过 10 节；不准进行照相、测量以及其他违反中华人民共和国法令的行为；不得使用雷达，如在航行中遇浓雾、暴雨等视线恶劣的情况，需要使用雷达时，应向管理处提出报告，经批准后方可使用；如情况紧急，危及船舶航行安全时，可以一边申报一边使用，并在事后将使用起讫时间和经过情况报告管理处备案。外国籍非军用船舶违反以上规定，未进入管理区的，可令其停止进入，由原路返航绕海南岛航行，或俟其办妥过峡手续并经批准后，再行过峡；已经进入管理区的，可令其停航并监送至海口港检查处理，在处理后视情况可准其通过管理区，或者令其退出管理区，直到押送其退出海峡。

（六）规定海道和分道通航制

1956 年 6 月 30 日交通部海运管理总局发布的《老铁山水道航行规定》指出：“以老铁山灯塔为基点十海里距离为半径，以北城隍岛为基点七海里为半径，所划的区域内，禁止国内外商船航行，在这两个禁区的中间水道准许国内外商船通过。”《规定》还提出了航行老铁山水道的商船必须遵守的具体事项。

1962 年 2 月 14 日交通部发布《关于禁止通过遇岩以内海区的规定》，指出：“航行老铁山水道和进出大连港的船舶，除了应遵守关于通过老铁山水道的规定外，必须保持本船在遇岩（北纬 38°34′12″，东经 120°38′12″）至老铁山禁区外沿连线以南海区和遇岩北至大陆子午线以东海区航行，否则，必须对由此产生的一切后果负责。”

（七）航行、停泊和作业安全管理制度

船舶、设施航行、停泊和作业必须遵守中华人民共和国的有关法律、行政法规和规章。船舶、设施上的人员必须遵守有关海上交通安全的规章制度和操作规程，保障船舶、设施航行、停泊和作业的安全。国际航行船舶进出港口必须接受主管机关的检查。国内航行船舶进出港口必须办理进出港签证。除经主管机关特别许可外禁止船舶进入或者穿越禁航区。在沿海水域划定禁航区必须经国务院或者主管机关批准。但是，为军事需要划定禁航区可以由国家军事主管部门批准。禁航区由主管机关公布。在国家规定实行沿海定线分道航行办法的地段，船舶必须沿右侧分道航线行驶，除为避免紧急情况外不得进入或者超越分隔带或者分隔线。船舶、设施储存、装卸、运输危险货物必须具备安全可靠的设备和条件，遵守国家关于危险货物管理和运输的规定。船舶装运危险货物必须向主管机关办理申报手续。经批准后，方可进出港口或者装卸。大型设施和移动式平台的海上拖带必须经船舶检验部门进行拖航检验，并报主管机关核准。在沿海水域进行水上水下施工以及划定相应的安全作业区，必须报经主管机关核准公告。无关的船舶不得进入安全作业区。施工单位不得擅自扩大安全作业区的范围。在港区内使用岸线或者进行水上水下施工包括架空施工，还必须附图报经主管机关审核同意。未经主管机关批准不得在港区、锚地、航道、通航密集区以及主管机关公布的航路内设置、构筑设施或者进行捕捞、养殖和其他有碍航行安全的活动。禁止损坏助航标志和导航设施。发现船舶、设施有下列情况，应当迅速报告主管机关：助航标志或者导航设施变异、失常；有妨碍航行安全的障碍物、漂流物；其他有碍航行安全的异常情况。航标周围不得建造或者设置影响其工作效能的障碍物。航标和航道附近有碍航行安全的灯光，应当妥善遮蔽。设施的搬迁、拆除，沉船沉物的打捞清除，水下工程的善后处理，都不得遗留有碍航行和作业安全的隐患。在未妥善处理前，其所有人或者经营人必须负责设置规定的标志，并将碍航物的名称、形状、尺寸、位置和深度准确地报告主管机关。对影响安全航行、航道整治以及有潜在爆炸危险的沉没物、漂浮物，其所有人、经营人应当在主管机关限定的时间内打捞清除。未经主管机关批准，不得擅自打捞或者拆除沿海水域内的沉船沉物。

（八）海难救助制度

船舶、设施或者飞机遇难时，除发出呼救信号外还应当以最迅速的方式将出事时间、地点、受损情况、救助要求以及发生事故的原因向主管机关报告。遇难船舶、设施或者飞机及其所有人、经营人应当采取一切有效措施组织自救。事故现场附近的船舶、设施收到求救信号或者发现有人遭遇生命危险时，在不严重危及自身安全的情况下，应当尽力救助遇难人员，并迅速向主管机关报告现场情况和本船舶、设施的名称、呼号和位置。发生碰撞事故的船舶、设施应当互通名称、国籍和登记港，并尽一切可能救助遇难人员。在不严重危及自身安全的情况下当事船舶不得擅自离开事故现场。主管机关接到求救报告后应当立即组织救助。有关单位和在事故现场附近的船舶、设施必须听从主管机关的统一指挥。外国派遣船舶或者飞机进入中华人民共和国领海或者领海上空搜寻救助遇难的船舶或者人员，必须经主管机关批准。

（九）船舶安全检查制度

依照《船舶安全检查规则》的规定，中华人民共和国海事行政主管部门有权对进出港口的一切外国籍民用船舶和200总吨（750千瓦）及以上的中国籍海船进行安全检查。对外国籍船舶的安全检查以中国有关法律、法规、规章和有关国际公约为依据；对中国籍船舶的安全检查以中国有关法律、法规、规章技术规范和中国参加的国际公约为依据。船舶安全检查的内容包括：船舶文书；船员证书和配员；船体、机电设备；消防、救生设备；航行及操纵设备；无线电设备；应急设备；防污染设备；安全设备等。检查人员进行船舶安全检查时，船长应如实报告船舶的安全状况，并指派有关船员陪同检查。陪同船员应按检查人员的要求测试和操纵有关设备，回答有关问题。在条件允许时，检查人员视情节可要求船方进行消防、救生演习。主管机关发现船舶的实际状况同证书所载不相符合时有权责成其申请重新检验或者通知其所有人、经营人采取有效的安全措施。主管机关认为船舶对港口安全具有威胁时有权禁止其进港或者令其离港。船舶、设施有下列情况之一的主管机关有权禁止其离港，或者令其停航、改航、停止作业：违反中华人民共和国有关的法律、行政法规或者规章；处于不适航或者不适拖状态；发生交通事故，手续未清；未向主管机关或者有关部门交付应承担的费用，也未提供适当的担保；主管机关认为有其他妨害或者可能妨害海上交通安全的情况。船舶、设施发生事故，对交通安全造成或者可能造成危害时，主管机关有权采取必要的强制性处置措施。

（十）交通事故调查处理制度

《海上交通安全法》对交通事故的调查处理作了如下规定："船舶、设施发生交通事故，应当向主管机关递交事故报告书和有关资料，并接受调查处理。事故的当事人和有关人员，在接受主管机关调查时，必须如实提供现场情况和与事故有关的情节。"① "船舶、设施发生的交通事故，由主管机关查明原因，判明责任。"②为了加强海上交通安全管理，及时调查处理海上交通事故，国务院批准发布了《海上交通事故调查处理条例》，对船舶、设施交通事故的报告制度、调查和处理的权限、程序作了具体规定。同时，对船舶、设备发生海上交通事故引起的民事侵权赔偿纠纷的调解，以及对违反交通事故调查处理规定的罚则作了规定。在进行海上交通事故调查处理时，应按这个条例的有关规定办理。

（十一）违反海上交通安全法的法律责任

《海上交通安全法》规定："对违反本法的，主管机关可视情节，给予下列一种或者几种处罚：① 警告；② 扣留或者吊销职务证书；③ 罚款。"③ "当事人对主管机关给予的罚款、吊销职务证书处罚不服的，可以在接到处罚通知之日起15天内，向人民法院起诉；期满不起诉又不履行的，由主管机关申请人民法院强制执行。"④ "因海上交通事故引起的

① 《中华人民共和国海上交通安全法》第四十二条。
② 《中华人民共和国海上交通安全法》第四十三条。
③ 《中华人民共和国海上交通安全法》第四十四条。
④ 《中华人民共和国海上交通安全法》第四十五条。

民事纠纷，可以由主管机关调解处理，不愿意调解或调解不成的，当事人可以向人民法院起诉；涉外案件的当事人，还可以根据书面协议提交仲裁机构仲裁。”① “对违反本法构成犯罪的人员，由司法机关依法追究刑事责任。”②

《渔港水域交通安全管理条例》《水上安全监督行政处罚规定》及《渔业港航监督行政处罚规定》等对违反海上交通安全法的法律责任作了具体规定。

第二节　我国海上交通安全管理存在的问题及法律对策

一、船舶检验存在的问题及法律对策

虽然我国加强了海上交通安全的法制建设，但是形势仍不容乐观，在某种程度上说还是比较严峻的。频繁发生的海上交通事故就能说明这一点。1999 年在渤海发生的“11·24”“大舜”轮沉没事件就是一个典型事例。造成这些事故的一个十分重要的因素就是船舶技术状况不好。有的企业忽视工作质量，置船舶安全于不顾。具体表现在：第一，一些地区和部门由于利益驱动，淡化了全局观点和法制观念，采取降低检验和实验标准，减免审图、现场检验和交验程序，减少检验收费等不正当手段，争抢船东申请检验。其结果是一些技术状况不符合规范要求的船舶进入航运市场，埋下了不安全的隐患。第二，由于一些地区的检验单位相互争抢业务，搞“议价检验”，造成建造船舶异地发证屡禁不止。还有一些地区搞所谓“发证一条龙”，名义上是方便发证，实质上是“钱证交易”。第三，有的船检部门利用手中的权力，违反规定，把正常的检验业务变相转为技术咨询业务，以此向船东索取咨询费，甚至双重收费。有的船检部门超越权限开展检验业务。第四，在具体的检验业务中出现了偏离正常检验秩序的现象。有些船检部门在审查时把关不严，迁就设计部门、擅自降低规范要求。有的检验人员在签发证书时不签名、不盖章，有的甚至私自刻制不符合规定或不该使用的印章。一些船舶证书记载的主尺度、干舷、航区、吨位、乘客定额及稳性状况与实船不符。此外，检验单位管理不严，私发证书的情况也时有发生。第五，近几年，在一些地区“一船多证”，“大船小证”的现象恶性膨胀，严重冲击了航运市场，干扰了航运秩序，给船舶管理造成困难。造成这种现象的主要原因是一些船检部门管理混乱、纪律松弛、滥发证书。

为减少、避免船舶发生海上交通安全事故，建议在立法上进一步明确国家船舶检验主管机关的法律地位，规范海事机构与船舶检验机构之间的工作关系和各检验机构之间的工作关系，具体规定海事机构对船检工作的管理内容、方式和要求。制定各类船舶检验技术

① 《中华人民共和国海上交通安全法》第四十六条。

② 《中华人民共和国海上交通安全法》第四十七条。

规范和标准，实行验船机构和人员的资质认定制度，对验船机构和人员建立责任制度和责任追究制度。

二、船舶登记存在的问题及法律对策

总的来讲，我国船舶登记工作的发展是健康的，但在新的形势下，船舶登记也遇到了一些新问题。比如，虽然各地的登记机关都有自己的登记范围、权限，但是，有些地方以所谓的“优惠政策”，超越权限进行登记。如从事内河船舶登记的机构为了收取登记费用办理海船登记。也有的船东隐瞒实情，进行欺骗登记。一些走私船经过登记机关之手，摇身一变成为合法的中国籍船舶。此外，更为突出的问题是方便旗船问题。

目前，我国国际航行的船舶悬挂方便旗的比例已超过50%。自20世纪90年代中期以来，中国船东在国外船厂大量订造新船，据统计，1994年，订造199万载重吨；1995年，订造249万载重吨：1996年，订造210万载重吨；1997年，订造85万载重吨。这些在国外订造的新船绝大部分移籍海外。这样不但造成国家税源大量流失，而且直接影响我国船队的国际地位和航运大国形象，致使我国战略利益受损，不能不引起人们的关切和忧虑。

三、港口国监督存在的问题及法律对策

《中华人民共和国船舶安全检查规则》第五条规定：“对外国籍船舶的安全检查以我国有关法律、法规、规章和有关国际公约为依据；对中国籍船舶的安全检查，以我国有关法律、法规、规章、技术规范和我国参加的国际公约为依据。”第六条规定：“船舶安全检查的内容包括：（一）船舶文书；（二）船员证书和配员；（三）船体、机电设备；（四）消防、救生设备；（五）航行及操纵设备；（六）无线电设备；（七）应急设备；（八）防污染设备；（九）安全制度；（十）按第五条规定应检查的其他项目。”我国是亚太地区最大的港口国，加强我国的港口国监督检查对整个亚太地区具有举足轻重的影响。然而我国的港口国监督检查力度却与此极不相称。在最能体现港口国监督检查力度的两项指标检查率和滞留率上，我国的检查率排在俄罗斯、澳大利亚、新西兰、日本、智利之后，列东京备忘录第5位，且检查率和滞留率均低于亚太地区的平均水平。这说明我国港口国监督检查的范围过窄、检查力度不够，与我国航运大国的地位极其不相符。因此，继续加强我国港口国监督检查力度十分必要。

我们的建议是：

（一）抓紧修改《中华人民共和国船舶安全检查规则》

《中华人民共和国船舶安全检查规则》是交通部于1990年3月14日制定的部门规章，迄今已实施20多年。在此期间，有关国际公约作了修改，我国船舶管理和船舶状况也发生了重大变化。我国应该根据变化了的情况对《船舶安全检查规则》进行修改。例如，第二条，“本规则适用于进出中华人民共和国港口的一切外国籍和200总吨（750千瓦）及

其以上的中国籍海船。本规则不适用从事营业性运输以外的军用船舶、渔业船舶和体育运动船舶，但法律、法规和交通部规章另有规定的除外。”再如，第三条，“中华人民共和国港务监督局统一负责全国船舶安全检查工作。各港务监督（包括港航监督）负责对进出本港船舶的安全检查。对外国籍船舶的安全检查，由中华人民共和国港务监督局授权的港务监督实施。”由于我国行政体制的改革，船舶安全检查的机关已改为海事行政主管部门。原规定中不包括的渔业船舶不仅数量多，而且单船的马力和吨位也有所加大。如果仅限于200总吨（750千瓦）及其以上的中国籍海船，将会有数十万渔船由于免受安全检查而影响海上交通安全。我国2004年的检查率为39.72%，排在TOKOY MOU主要的港口国之后且低于平均水平。美国、澳大利亚、我国香港都有法律规定每年检查必须达到多少的任务限制。如果把渔船包括在内，其安全检查率将会有极大提高。又如，作为港口国监督的执行者的技术能力问题，将直接影响检查质量的高低。按照《港口国监督程序》要求：港口国监督检查人员必须是有经验的官员，能用英语与主要船员交流，执行操作性检查的港口国监督检查人员还应具有船长或轮机长证书或适当的海上资历；或有主管机关认可院校的海上相关专业的学历并受过专门培训以保证具有足够的适任技能，或主管机关的合格官员并具有等效级别的经历并受过培训。在实际操作中，先进的港口国监督执行国家，如，美国、欧洲各国、澳大利亚等都有国内法规定，要求港口国监督检查人员必须由具有丰富经验的船长或轮机长担任并定期召开研讨会更新港口国监督检查人员的港口国监督知识。这保证了他们的专业判断能力和专业水准。而我国的港口国监督检查人员主要来自航海类院校毕业生或者国轮安全检查员。前者缺乏航海资历，专业判断能力不足；后者虽有经验，但在熟悉国际公约和英语方面往往存在很大的不足。可以通过修改《船舶安全检查规则》来使港口国监督检查人员资格问题有所改善。

（二）建立健全港口国监督检查制度

我国的港口国监督检查人员在一些大的港口是执证上岗，但在一些小的港口却存在无证检查的情况。这对我国港口国监督检查质量存在很大的影响。这种不规范不统一的做法需要通过立法来规范。如，我国港口国监督相关信息的获取和公布存在严重障碍。我国与亚太相关组织之间、我国执行港口国监督的各港口之间未实现联网，对到港船舶的受检历史不能立即查明。这就容易造成对一些船舶的漏查或者对一些船舶的重复检查以及其他的诸多不便。这一点也可以通过立法来加以完善。

第八章　海洋资源开发利用的法律对策

第一节　我国海洋资源开发及其利用状况

一、我国的海洋资源

海洋资源是指赋存于海洋环境中可以被人类利用的物质和能量以及与海洋开发有关的海洋空间。海洋是富饶而未充分开发的自然资源宝库。海洋自然资源包括海洋生物资源、海洋能源、海洋矿产资源、海洋旅游资源、海水资源、海洋空间资源等。我国是世界上人口最多的海洋大国，开发海洋已经形成了多产业组成的海洋经济体系，海洋资源的进一步发现、开发和利用对于我国的长期可持续发展具有越来越重要的战略意义。

（一）生物资源

我国近岸海域水质肥沃，生产力高，是各种海洋生物栖息、生长的良好场所，海洋生物有3 000多种。牡蛎、贻贝、扇贝、蛤仔、文蛤、泥蚶、毛蚶、蛏子、海螺等贝类，海带、紫菜、麒麟菜、石花菜等藻类是近岸海域主要海产品种，带鱼、大黄鱼、小黄鱼、鲆、鲳、鳕、鲱、鲐、鲷、对虾、毛虾、鹰爪虾、青虾、梭子蟹等鱼虾蟹类也是近岸海域主要捕捞或养殖对象。沿海分布着35个渔场，浅海滩涂的可养面积260万公顷。海洋生物中除1 000多种可供食用外，700多种可以用来生产药物，可供药用的海藻50多种，无脊椎动物近300种，脊椎动物近百种。还有大量海产生物可用作工业原料。辽东湾的斑海豹、北部湾的儒艮、长江口的中华鲟、海南的海龟和玳瑁以及海南大田坡鹿、辽宁蝮蛇、江苏大丰麋鹿、海南陵水的猕猴、江苏盐城的丹顶鹤等都是珍稀动物。青岛柱头虫、厦门文昌鱼更是世界稀有的生物种类。近岸海域还广泛分布多种植物，北方的芦苇、南方的红树林都是宝贵的资源。①

（二）港口资源

我国有基岩海岸500多千米，占我国大陆岸线总长度的1/4以上。这类海岸岸线曲折，岬湾相间，深入陆地的港湾众多；大量的沿岸岛屿常在沿岸和港口一带形成水深流急的通道，使许多港口和深水岸段受到一定程度的掩护；岸滩狭窄，坡度陡，水深大，许多

---

① 国家环境保护总局：《中国近岸海域环境功能区划》，中国环境科学出版社，2002年版，第6页。

岸段 5 ~ 10 米等深线逼近岸边，可选为大中型港址。我国还有淤泥质海岸 4 000 多千米，其中大河河口岸段常有一些受掩护的深水岸段和较稳定的深水河槽，可建设大中型港口。我国沙砾质海岸呈零星分布，岸滩物质组成以砂、砾为主，岸滩较窄，坡度较陡；堆积地貌发育类型多，常伴有沿岸沙坝、潮汐通道和潟湖；有一定的水深和掩护条件，可建设中小型港口。我国大陆和岛屿沿岸面积在 10 平方千米以上的海湾有 160 多个，其中深水港湾 34 个，宜建港的海湾和河口湾有 118 个，深水岸线总长 400 多千米，绝大多数常年不冻。经过多年勘探，可建中级泊位以上的港址约 164 处，其中可建万吨级以上泊位的约 40 处，可建 5 万 ~ 10 万吨级泊位的约 34 处，可建 10 万 ~ 15 万吨级泊位的有 5 处。后 5 处是辽宁省的大连湾至大窑湾岸段，山东省的胶州湾（黄岛至薛家岛），浙江的金塘水道（北岭山），福建省的厦门（嵩屿），广东省的大鹏湾。我国沿海可供选择建中级泊位以上的港口平均密度为 169. 6 千米（含岛屿岸线），即每 1 000 千米岸线有 5. 9 处港址。其中，黄渤海港址平均密度为 124 千米，南海平均密度为 165. 3 千米，东海平均密度为 238 千米。

我国沿海主要的河口有鸭绿江口、海河口、长江口、甬江口、瓯江口、闽江口、韩江口、珠江口等，其水陆集疏运条件良好，有不少深水岸段和一定的避风条件，故开发利用较早。已开发利用的有上海港、广州港、黄埔港、天津港、营口港、丹东港、镇海港、温州港、福州港、汕头港、防城港等。另外，潟湖内不受或少受河流影响，并有一定的掩护条件和较大水深的岸段，可选为中小港址。已开发利用的有海门港、神泉港、甲子港、碣子港、乌坎港、汕尾港、清澜港、三亚港、北海港、新开河港等。①

（三）油气资源

我国海域处在华北板块、扬子板块与太平洋板块和菲律宾板块的接合部位，板块挤压，地质活动频繁，地质构造类型多，又受新华夏构造控制，有利于油气资源的形成和富集。在近海大陆架上，有 9 个沉积盆地，面积近 90 万平方千米，石油储量有 200 亿吨，天然气储量 6 万亿立方米；在近岸海域及其附近，石油储量为 5. 28 亿吨，天然气储量为 1 082. 7亿立方米。其中，辽东湾石油地质储量约 1. 4 亿吨，黄河口附近浅海石油地质储量为 1. 2 亿吨。①

（四）砂矿资源

我国沿海有 2/3 的岸段属于砂质海岸，滨海砂矿资源丰富。砂矿种类达 60 种以上，具有工业开采价值的矿种主要有钛铁矿、锆石、金红石、独居石、磷钇石、铌（钽）铁矿和石英砂等。主要分布在广东、广西、海南、福建 4 省区。我国海滨砂矿探明储量约 15. 25 亿吨，其中金属矿产为 0. 25 亿吨，非金属矿产为 15 亿吨。钛铁矿和锆石两种矿产占金属矿总储量的 90% 以上。重要滨海砂矿产地 90 多处，各类矿床 200 多个，其中大型矿床 44 个，中型矿床 50 个，小型矿床 114 个，另有 106 个矿点。此外，一些滨海区域还

① 参见《全国近岸海域环境功能区划》第一章。

有一定数量的煤炭、油页岩、金属和其他非金属资源。[①]

（五）海盐资源

我国海盐生产条件优越，有大面积的宜盐土地及滩涂，其中，山东省27.4万公顷，河北省6.7万公顷，江苏省11.7万公顷，福建省10.5万公顷，辽宁省9.4万公顷，浙江省1.6万公顷，天津市3.9万公顷，广东省1.3万公顷，海南省0.8万公顷，广西壮族自治区0.7万公顷。我国有四大盐区，它们是：复州湾盐区、长芦盐区、莱州湾盐区和淮北盐区。多年来，我国海盐产量一直居世界第一。

（六）海洋能源

海洋能源是指海水运动（水平运动和垂直运动）所产生的潮汐能、潮流能、海流能和波浪能，以及由海水本身温度、盐度差异所产生的温差和盐差能。我国近海海洋能源理论蕴藏量约为4亿~5亿千瓦。近岸海域主要是利用潮汐能，其资源蕴藏量均在1亿千瓦以上，其中90%在福建、浙江和上海三省市的沿岸。

此外，辽宁的复县、长海，天津的塘沽，山东的威海、成山头、长岛，江苏的西连岛，上海的佘山，浙江的镇海、嵊山，福建的崇武、平潭、东山，广东的南澳，广西的白龙尾、涠州和海南的东方等沿海地区，还有比较丰富的风能资源。[①]

（七）旅游资源

我国海洋旅游资源丰富，有海洋旅游景区1 500多处，滨海沙滩100多处。其中最重要的有国务院公布的16个国家历史文化名城，25处国家重点风景名胜区，130处国家重点文物保护单位以及5处国家海岸带自然保护区。在287处主要景区中，有45处海岸景区、15处最主要的岛屿景区，8处奇特景区，19处比较重要的生态景区，19处海底景区，62处比较著名的山岳景区以及119处比较有名的人文景区。[①]

二、我国海洋资源开发利用状况及存在的主要问题

我国对海洋资源的开发与管理基本上是根据海洋资源自然属性形成产业。改革开放以来，海洋资源的开发已取得重大进展。中国的海盐产量居世界第一，海洋捕捞、海水养殖也已进入世界大国行列。中国港口建设和海运事业发展迅速，已跻身于世界十大海运国的行列。但是我国目前的海洋资源开发利用还是存在一定的问题。主要表现如下。

（一）海洋资源的开发利用与管理模式影响海洋资源综合优势的发挥

由于过度开发和开发利用无秩序，造成海洋生物、珊瑚礁等资源严重破坏。当前海洋资源的开发、管理，是按行业所属部门进行管理，这种管理模式是陆地各种资源开发部门管理职能向海洋的延伸，各部门从各自部门的利益出发考虑海洋资源开发与规划，

---

① 参见《全国近岸海域环境功能区划》第一章。

不能综合考虑从整体上优化开发利用规划，使得海洋的综合优势和潜力不能有效发挥。

（二）海洋资源开发与保护的政策、法规亟待完善

中国现已制定的海洋资源开发保护法律法规，绝大多数都是单行法规，缺乏能调节行业矛盾的综合性管理法规、区域性管理法规和海洋基本法。有的法规不配套、不系统，基本上是陆上法规的海上延伸，缺乏对海洋这个特定区域固有特征的考虑。

（三）海洋开发秩序混乱

开发未能按照海域本身所固有的功能进行，尚未形成合理开发利用海洋的秩序。部分海域和海岛开发秩序混乱，严重影响了各类海洋资源的合理利用。

（四）过度捕捞导致某些渔业资源严重衰竭

海洋渔业资源是海洋资源的重要组成部分，也是人类开发利用海洋最早的领域，对人类社会的生存发展具有十分重要的意义。但随着全球人口的急剧增加，加上对海洋资源的合理开发利用尚缺乏深刻的科学认识，从而导致对海洋渔业资源的过度捕捞，造成全球海洋渔业资源结构发生明显的变化。

近20年来，我国沿岸近海的捕捞失控，海洋捕捞船只急剧增加，渔船马力加大，捕捞手段日益完善，造成渔业资源急剧衰减或枯竭，许多优质品种无法再形成渔汛，海洋生态系统受损严重。例如，渤海优质经济鱼类的比例从20世纪50年代的近70%下降到90年代的低于20%。产量和质量都大大下降，特别是幼鱼占捕捞总量的60%以上。现在的渤海，小黄鱼、带鱼几乎绝迹。① 而且，过度捕捞和副渔获物对许多珍稀海洋生物造成巨大破坏。底层拖网、毒鱼或炸鱼等酷鱼滥捕现象也十分突出。渔业资源的衰退不仅破坏了海洋生态系统的平衡，影响了海洋生物的多样性，还使得捕捞量进一步减少，从而影响了沿海渔民的就业和收入。

（五）海洋生物多样性面临威胁

海洋是生物多样性的宝库，其物质表现是海洋生物资源，它们具有现实或潜在的价值，海洋生物不仅是人类食物的重要来源，还具有重要的药用及工业价值。因此，海洋生物多样性是人类生存与可持续发展的重要物质基础之一，保护海洋生物多样性就是保护海洋生物资源和人类的生存环境。

由于对海洋资源的开发利用强度的日益加剧，中国海洋生物多样性已经受到各种威胁，主要体现在以下几个方面。

1. 生境丧失

这主要由滩涂围垦、海洋及海岸工程或人工构造物以及航道疏浚等活动造成。这些活动重则使海洋生境彻底丧失，轻则使海洋生物的正常活动受到严重干扰。如，红树林分布

① http：//lwl. czyz. com. cnhyzyhuanjing/guodubulao. htm. 2003 - 10 - 17.

面积减少，许多洄游鱼类的生活史受到航道工程的影响。

2. 海洋生物的急剧减少或大量死亡

这主要由于陆源污染物的排放以及海洋石油开采或航运溢油等造成。这些污染物引起海洋生物的急剧减少或大量死亡，有些污染直接影响其正常繁殖或导致基因变异。

3. 生物入侵

远洋船携带和一些部门盲目引进外来种，导致本地海洋生态系统受到影响，许多原有物种因被排挤而消失。例如，福建海域发现一种原产南美洲的沙筛贝，它占据了海岸基岩及养殖设施的表面，不仅使得当地的附着生物全部消失，还因争夺饵料使人工养殖的各种贝类产量下降。

4. 海水养殖单一化

盲目发展的单一海洋养殖品种不仅占据了大量野生海洋生物的栖息地，还因饵料分解造成了海域富营养化，直至赤潮发生，进而造成大批海洋生物死亡。

第二节　我国海洋资源开发利用的法律制度

一、海域使用管理的法律制度

20 世纪 80 年代以来，我国的海洋开发一直处于高速发展时期，海洋开发利用成为沿海地区的热点。海水养殖、滨海旅游、海洋油气开采、海洋工程建设和海水综合利用等新兴海洋产业发展迅速。为了加强海域综合管理，保证海域的合理利用和持续开发，提高海域使用的社会、经济和生态环境的整体效益，2001 年 10 月 27 日，第九届全国人民代表大会常务委员会第二十四次会议通过了《中华人民共和国海域使用管理法》，以法律的形式确立了我国的海域使用管理制度。依据该法，海域使用管理主要包括以下几项重要内容：海域权属制度、海洋功能区划制度、海域使用权制度、海域使用权登记制度、海域有偿使用制度和海域使用统计制度。

（一）海域权属制度

我国《宪法》第九条规定："矿藏、水流、森林、山岭、草原、荒地、滩涂等自然资源，都属于国家所有，即全民所有；由法律规定属于集体所有的森林和山岭、草原、荒地、滩涂除外。国家保障自然资源的合理利用，保护珍贵的动物和植物。禁止任何组织或者个人用任何手段侵占或者破坏自然资源。"《海域使用管理法》贯彻了宪法的规定，宣布："海域属于国家所有，国务院代表国家行使海域所有权。任何单位或者个人不得侵占、买卖或者以其他形式非法转让海域。单位和个人使用海域，必须依法取得海域使用权。"①

---

① 《中华人民共和国海域使用管理法》第三条。

（二）海洋功能区划制度

《海域使用管理法》确立了海洋功能区划制度。海洋功能区划是指依据海洋自然属性和社会属性，以及自然资源和环境特定条件，界定海洋利用的主导功能和使用范畴。该法规定："海域使用必须符合海洋功能区划。"[①] 编制海洋功能区划应当按照海域的区位、自然资源和自然环境等自然属性，科学确定海域功能；根据经济和社会发展的需要，统筹安排各有关行业用海；保护和改善生态环境，保障海域可持续利用，促进海洋经济的发展；保障海上交通安全；保障国防安全，保证军事用海需要。

海洋功能区划分为全国海洋功能区划和地方海洋功能区划。"全国海洋功能区划由国务院海洋行政主管部门会同国务院有关部门和沿海省、自治区、直辖市人民政府编制，报国务院批准。地方海洋功能区划由沿海县级以上地方人民政府海洋行政主管部门会同本级人民政府有关部门，依据上一级海洋功能区划编制。"[②] 地方海洋功能区划的审批与全国海洋功能区划的审批不同，它分为两个层次：沿海省、自治区、直辖市海洋功能区划，经该省、自治区、直辖市人民政府审核同意后，报国务院批准。沿海市、县海洋功能区划，经该市、县人民政府审核同意后，报所在的省、自治区、直辖市人民政府批准，报国务院海洋行政主管部门备案。之所以这样规定，一是编制主体明确，程序法定；二是审批权限集中，保持统一，有利于协调；三是层次分明，有利于在集中的基础上反映地域的特点；四是规定海洋行政主管部门会同有关部门编制海洋功能区划，反映了海域使用多功能的特点，有利于各用海行业的统一协调。

划定的海洋功能区不能随意修改，即使有充分理由也应当依照法定程序和法定权限进行修改。根据《海域使用管理法》的规定，"海洋功能区划的修改，由原编制机关会同同级有关部门提出修改方案，报原批准机关批准；未经批准，不得改变海洋功能区划确定的海域功能。经国务院批准，因公共利益、国防安全或者进行大型能源、交通等基础设施建设，需要改变海洋功能区划的，根据国务院的批准文件修改海洋功能区划"[③]。这样规定，既可以使海洋功能区划能够适应变化了的客观需要，又保证了批准权限与修改权限相一致。

海洋功能区划在实施中不可避免地会涉及其他规划。一是区划与行业规划的关系。一般情况下，在编制海洋功能区划时都会考虑到行业的需要，而制定行业规划时，也会考虑到发挥海洋的整体效益和最佳效益，所以两者一般相互促进，不会相互冲突。如果需要统筹安排时，"养殖、盐业、交通、旅游等行业规划涉及海域使用的，应当符合海洋功能区划"[④]。二是区划与其他重要规划的关系。其他重要规划，例如，沿海土地利用总体规划、

---

① 《中华人民共和国海域使用管理法》第四条。
② 《中华人民共和国海域使用管理法》第十条。
③ 《中华人民共和国海域使用管理法》第十三条。
④ 《中华人民共和国海域使用管理法》第十五条。

城市规划、港口规划等。这几种规划与海洋功能区划各有不同的作用，但又相互联系，其交叉点在海域的使用上。对此，《海域使用管理法》规定："沿海土地利用总体规划、城市规划、港口规划涉及海域使用的，应当与海洋功能区划相衔接。"①

（三）海域使用权制度

《海域使用管理法》规定："单位和个人使用海域，必须依法取得海域使用权。"② 根据该法规定，单位和个人取得海域使用权有三种方式：即申请取得、通过招标或者拍卖的方式取得。申请取得是向国家海洋行政主管部门申请取得。这是行政审批的方式，是当前采用较多的一种方式。《海域使用管理法》规定，单位和个人可以向县级以上人民政府海洋行政主管部门申请使用海域。县级以上人民政府海洋行政主管部门依据海洋功能区划，对海域使用申请进行审核，并依照本法和省、自治区、直辖市人民政府的规定，报有批准权的人民政府批准。根据《海域使用管理法》规定，下列项目用海应当报国务院审批：填海50公顷以上的项目用海；围海100公顷以上的项目用海；不改变海域自然属性的用海；700公顷以上的项目用海；国家重大建设项目用海；国务院规定的其他项目用海。除此之外的项目用海的审批权限，由国务院授权省、自治区、直辖市人民政府规定。③《海域使用管理法》施行前，已经由农村集体经济组织或者村民委员会经营、管理的养殖用海，符合海洋功能区划的，经当地县级人民政府核准，可以将海域使用权确定给该农村集体经济组织或者村民委员会，由该集体经济组织的成员承包，用于养殖生产。

（四）海域使用权登记制度

依据《海域使用管理法》，国家建立海域使用权登记制度，依法登记的海域使用权受法律保护。④ 海域使用申请经依法批准后，国务院批准用海的，由国务院海洋行政主管部门登记造册，向海域使用申请人颁发海域使用权证书；地方人民政府批准用海的，由地方人民政府登记造册，向海域使用申请人颁发海域使用权证书。海域使用申请人自领取海域使用权证书之日起取得海域使用权。海域使用权的取得、变更或者终止应当按照国家规定进行登记。经登记的海域使用权由海洋行政主管部门在登记之日起30日内向社会公告。海域使用权登记资料可以公开查询。经依法登记的海域使用权及他项权利受法律保护，任何单位和个人均不得侵犯。目前的海域使用登记工作，仍然按照国家海洋局1997年发布的《关于印发海域使用登记工作方案的通知》进行登记。主要程序是：县级政府或者海洋行政主管部门发布登记通知或者公告，说明登记工作的具体事宜；海域使用者提出申请，填写海域使用登记申请表，并提交有关文书资料，例如，法人营业执照或者身份证明、使

---

① 《中华人民共和国海域使用管理法》第十五条。

② 《中华人民共和国海域使用管理法》第三条。

③ 《中华人民共和国海域使用管理法》第十六条、第十七条、第十八条。

④ 《中华人民共和国海域使用管理法》第六条、第二十三条。

用海域的项目批准文件、使用海域的总平面图和其他相关资料等；海洋行政主管部门进行调查核实，必要时进行现场勘测；对审核合格的项目，报有审批权的人民政府批准；海洋行政主管部门登记造册，颁发海域使用证书。海域使用权最高期限：养殖用海15年；拆船用海20年；旅游、娱乐用海25年；盐业、矿业用海30年；公益事业用海40年；港口、修造船厂等建设工程用海50年。[①] 海域使用权可以依法转让，也可以依法继承。海域使用权期限届满，海域使用权人需要继续使用海域的，应当至迟于期限届满前2个月向原批准用海的人民政府申请续期。除根据公共利益或者国家安全需要收回海域使用权的外，原批准用海的人民政府应当批准续期。准予续期的，海域使用权人应当依法缴纳续期的海域使用金。因企业合并、分立或者与他人合资、合作经营，变更海域使用权人的，需经原批准用海的人民政府批准。海域使用权期满，未申请续期或者申请续期未获批准的，海域使用权终止。海域使用权终止后，原海域使用权人应当拆除可能造成海洋环境污染或者影响其他用海项目的用海设施和构筑物。因公共利益或者国家安全的需要，原批准用海的人民政府可以依法收回海域使用权。如果在海域使用权期满前提前收回海域使用权，对海域使用权人应当给予相应的补偿。

（五）海域有偿使用制度

依据《海域使用管理法》，国家实行海域有偿使用制度。[②]单位和个人使用海域应当按照国务院的规定缴纳海域使用金。海域使用金应当按照国务院的规定上缴财政。对渔民使用海域从事养殖活动收取海域使用金的具体实施步骤和办法，由国务院另行规定。根据不同的用海性质或者情形，海域使用金可以按照规定一次缴纳或者按年度逐年缴纳。军事用海，公务船舶专用码头用海，非经营性的航道、锚地等交通基础设施用海，教学、科研、防灾减灾、海难搜救打捞等非经营性公益事业用海免缴海域使用金。公用设施用海、国家重大建设项目用海和养殖用海，按照国务院财政部门和国务院海洋行政主管部门的规定，经有批准权的人民政府财政部门和海洋行政主管部门审查批准，可以减缴或者免缴海域使用金。

（六）海域使用统计制度

海域使用统计制度是国家对海域面积、分布、使用状况和权属情况等进行的调查、汇总、统计分析和提供统计数据、资料的制度。它是国家统计制度的重要组成部分。依据《海域使用管理法》，国家建立海域使用统计制度，定期发布海域使用统计资料。[③] 各有关部门、单位和个人都必须按照《统计法》的规定，如实上报有关数据，并随着实际变化不断进行更新和完善。统计数据应当依法定期公布，为海域利用和管理服务。

---

① 《中华人民共和国海域使用管理法》第二十五条。

② 《中华人民共和国海域使用管理法》第六条。

③ 《中华人民共和国海域使用管理法》第六条第二款。

（七）法律责任制度

《海域使用管理法》规定了违反海域使用规定所应承担的责任。包括对非法占用海域的惩处，对非法批准使用海域行为的惩处，对阻挠、妨害依法使用海域和违法使用海域行为的责任等。

二、海洋生物资源开发利用的法律制度

我国《渔业法》《野生动物保护法》《海洋环境保护法》等法律确立了我国海洋生物资源开发利用的法律制度。包括海洋生物资源的权属制度、使用许可制度、渔船登记检验制度、渔法渔具限制制度、禁渔区和休渔期制度、自然保护区制度、珍稀濒危海洋生物的保护制度等。

（一）海洋生物资源权属制度

我国《野生动物保护法》第三条规定："野生动物资源属于国家所有。国家保护依法开发利用野生动物资源的单位和个人的合法利益。"国家是海洋野生动物资源所有权的唯一主体，其他任何单位和个人都不得取得野生动植物资源的所有权。国家渔业行政主管部门依照法律的规定代表国家行使海洋野生动物资源的所有权。任何单位和个人滥捕国家保护的海洋野生动物或者破坏海洋野生动物生存环境的行为，都是对国家财产所有权的侵犯，要受到法律的制裁。

（二）养殖许可制度

依据《渔业法》，国家对海水养殖业实行养殖证制度。[①] 不论单位或者个人使用国家规划确定用于养殖业的海域、滩涂的，应当向沿海县级以上地方人民政府渔业行政主管部门提出申请，由本级人民政府核发养殖证。依法领取养殖证的单位或者个人即取得使用海域、滩涂的养殖权，成为养殖权人。养殖权人依法享有按照养殖证规定的海域、滩涂的位置、范围、期限和其他条件，占有、使用该海域、滩涂从事养殖生产，获得或者自行销售养殖的水产品以及法律法规规定的其他权利。同时，应当承担相应的义务。养殖权人应当按照养殖证规定的海域、滩涂的位置、范围、养殖对象、养殖方式、期限和其他条件进行养殖生产；无正当理由不得使养殖海域、滩涂荒芜。[②] "新建、改建、扩建海水养殖场，应当按照规定执行环境影响评价制度。"[③] 养殖生产过程中不得使用含有毒有害物质的饵料、饲料。在养殖生产中应当注意保护水域生态环境，科学确定养殖密度，合理投饵、施肥、使用药物，不得造成水域的环境污染。[④] 依法取得的养殖海域、滩涂的使用权和承包

① 《中华人民共和国渔业法》第十一条、第十二条和第四十条。
② 《中华人民共和国渔业法》第四十条。
③ 《中华人民共和国海洋环境保护法》第二十八条第二款。
④ 《中华人民共和国渔业法》第二十条。

经营权受法律保护。

（三）水产苗种管理制度

2000 年修改后的《渔业法》增加了对水产苗种的管理。该法规定："国家鼓励和支持水产优良品种的选育、培育和推广。水产新品种必须经全国水产原种和良种审定委员会审定，由国务院渔业行政主管部门批准后方可推广。""水产苗种的进口、出口由国务院渔业行政主管部门或者省、自治区、直辖市人民政府渔业行政主管部门审批。""水产苗种的生产由县级以上地方人民政府渔业行政主管部门审批。但是，渔业生产者自育、自用水产苗种的除外。"[①] 水产苗种的进口、出口，必须按照有关动植物进出境检疫法律、行政法规的规定实施检疫，防止病害传入境内和传出境外。进口转基因水产苗种必须按照国务院有关规定进行安全性评价。[②] 有的地方立法对于苗种的保护作了进一步的规定。例如，《山东省实施〈中华人民共和国渔业法〉办法》第十八条规定："县级以上人民政府渔业行政主管部门应当加强水产苗种质量管理，定期对苗种质量进行检测，检测结果应当向社会公布。"[②]

（四）捕捞许可证制度

国家对捕捞业实行捕捞许可证制度。这是控制捕捞强度、保护和合理利用渔业资源的重要手段之一，也是国际上普遍实行的一项基本的渔业管理制度。国家对渔业捕捞许可证的审批发放实行统一领导、分级管理。所谓统一领导是指统一规定捕捞许可证管理办法，统一印制捕捞许可证，统一监督管理捕捞许可证的审批发放。所谓分级管理是指捕捞许可证由国务院渔业行政主管部门和沿海县级以上地方人民政府渔业行政主管部门按照不同作业海域、作业类型、捕捞品种和渔船马力大小实行分级审批发放。依照《渔业法》规定，使用海洋大型拖网、围网作业的捕捞许可证由国务院渔业行政主管部门批准发放；其他作业的捕捞许可证由县级以上地方人民政府渔业行政主管部门批准发放。具体办法由省、自治区、直辖市人民政府规定。捕捞许可证是国家批准从事捕捞生产的证书。依法领取捕捞许可证即取得渔业捕捞权。

（五）捕捞限额制度

《渔业法》规定，"国家根据捕捞量低于渔业资源增长量的原则，确定渔业资源的总可捕捞量，实行捕捞限额制度。"[③] 该法还对实行捕捞限额制度作了如下规定：国务院渔业行政主管部门负责组织渔业资源的调查和评估，为实行捕捞限额制度提供科学依据；国务院渔业行政主管部门负责确定国家管辖海域的捕捞限额总量，报国务院批准后逐级分解下达；捕捞限额总量的分配应当体现公平、公正的原则，分配办法和分配结果必须向社会

---

① 《中华人民共和国渔业法》第十六条。
② 《中华人民共和国渔业法》第十七条。
③ 《中华人民共和国渔业法》第二十二条。

公开，并接受监督。国务院渔业行政主管部门和省、自治区、直辖市人民政府渔业行政主管部门负责对捕捞限额制度的实施情况进行监督检查，对超过上级下达的捕捞限额指标的，要在次年指标中予以核减。

（六）渔船检验、登记制度

渔船管理是我国渔业管理中的重要环节，任务重，难度大，存在的问题很突出。为了有效控制捕捞许可证的审批发放，《渔业法》规定要严格控制新增捕捞渔船，渔业船舶必须具有渔业船舶检验证书和登记证书的才能发给捕捞许可证。同时规定：“制造、更新改造、购置进口的从事捕捞作业的船舶必须经渔业船舶检验部门检验合格后，方准下水作业。”[①] 国务院发布的《中华人民共和国渔港水域交通安全管理条例》规定，“渔业船舶必须经船舶检验部门检验合格，取得船舶技术证书，并领取渔政渔港监督管理机构签发的渔业船舶航行签证簿后方可从事渔业生产”[②]。依照《中华人民共和国渔业船舶监督检验管理规定》、《中华人民共和国渔业船舶登记办法》以及《中华人民共和国渔业船舶检验条例》，凡中国境内的企业法人或者公民的渔业船舶，以及依法成立的三资企业的渔业船舶，都必须进行船舶登记。船舶登记的项目分为所有权登记、国籍登记、抵押权登记、光船租赁登记。办理渔业船舶登记的港口是渔业船舶的船籍港。每艘渔业船舶只能有一个船籍港。船籍港可以由船舶所有人的居住地或者营业地就近选择。渔业船舶只能有一个船名，由登记机关按农业部的统一规定受理。

（七）船网工具控制指标制度

自20世纪60年代末期以来，捕捞量虽然逐步上升，但渔获物质量却大大下降。在渔获物中传统的优质经济鱼类的比例逐渐减少，低质小杂鱼的比例不断增加；近海渔业资源明显朝着低龄化、小型化、低质化方向演变。造成渔业资源衰退的原因主要是捕捞量远远超过了资源的再生能力。我国沿海各省、区、市海洋渔业产量1965年为191万吨，1975年为307万吨，1985年为420万吨。加上台湾省、香港地区及周边国家在我国海域的捕捞活动，实际总捕捞量远远超过了可允许捕捞量。我国海洋机动渔船1965年为7 500艘、62.4万马力，1975年为30 000艘200万马力，1985年为132 785艘495.1万马力。国办发〔1987〕19号文件依照1986年《渔业法》关于“船网工具控制指标”的规定，要求把全国近海捕捞机动渔船的数量和总马力原则上控制在1985年的水平上。但实际上，不仅未得到有效控制，反而增长更为迅猛。到1995年，海洋机动渔船已达273 978艘980.1万马力。与1985年的控制指标相比，约增长了1倍。近几年，对渔业资源的掠夺性捕捞仍在加剧。为了有效保护、合理养护渔业资源，控制和减轻近海捕捞的强度，实现渔业资源的可持续利用，国家实行合理安排内水和近海捕捞力量的方针，对船网工具实行控制指标制

① 《中华人民共和国渔业法》第二十六条。

② 《中华人民共和国渔港水域交通安全管理条例》第十三条。

度。海洋捕捞业船网工具控制指标由农业部报国务院批准后，向有关省、自治区、直辖市下达。地方各级渔业行政主管部门控制本行政区域内捕捞渔船的数量、功率。具体办法由省、自治区、直辖市人民政府规定，送农业部备案。依照《渔业法》规定，县级以上地方人民政府渔业行政主管部门批准发放捕捞许可证时，不得超过国家下达的船网工具控制指标。① 实行船网工具指标制度关键在于严格控制制造、更新改造、购置、进口捕捞渔船和对渔业船舶实行强制报废制度。

（八）渔业资源品种重点保护制度

《渔业法》规定，“重点保护的渔业资源品种”由国务院渔业行政主管部门或者省、自治区、直辖市人民政府渔业行政主管部门规定。②《渔业法实施细则》规定，“重要的、洄游性的共用渔业资源，由国家统一管理；定居性的、小宗的渔业资源，由地方人民政府渔业行政主管部门管理。”③ 据此，各省、自治区、直辖市根据本地的渔业资源情况，可以确定地方重点保护的渔业资源品种，如山东省把海蜇、毛蚶、鹰爪虾、蚶魁、增殖对虾和金乌贼作为海洋专项渔业资源品种，进行保护和管理。④

县级以上人民政府渔业行政主管部门应当加强对重点保护的渔业资源品种的保护管理。《渔业法》《渔业法实施细则》和《水产资源繁殖保护条例》等法律法规对重点保护的渔业资源品种的保护管理作了多项规定。因养殖或者其他特殊需要捕捞鳗鲡、鲥鱼、中华绒螯蟹、真鲷、石斑鱼等有重要经济价值的水生动物苗种或者禁捕的怀卵亲体的，必须经国务院渔业行政主管部门或者省、自治区、直辖市人民政府渔业行政主管部门批准并领取专项许可证件，方可在指定区域和时间内按照批准限额捕捞。捕捞其他有重要经济价值的水生动物苗种的批准权由省、自治区、直辖市人民政府渔业行政主管部门规定。禁止捕捞中国对虾苗种或者春季亲虾。因养殖需要中国对虾怀卵亲体的应当限期由养殖单位自行培育。国家保护水产种质资源及其生存环境，并在具有较高经济价值和遗传育种价值的水产种质资源的主要生长繁殖区域建立水产种质资源保护区。未经国务院渔业行政主管部门批准，任何单位和个人不得在水产种质资源保护区内从事捕捞活动。

（九）捕捞标准和渔具渔法禁限制度

规定捕捞对象的可捕捞标准，原则上是根据捕捞对象的初次性成熟时的体长、体重和年龄，规定其可捕捞的长度和重量。其目的是使各种捕捞对象至少能有一次产卵机会，以保证捕捞对象的正常繁育。“水生动物的可捕标准，应当以达到性成熟为原则。对各种捕捞对象应当规定具体的可捕标准（长度或者重量）和渔获物中小于可捕标准部分的最大比

① 《中华人民共和国渔业法》第二十三条。

② 《中华人民共和国渔业法》第三十条。

③ 《中华人民共和国渔业法实施细则》第三条第四款。

④ 《山东省海洋专项渔业资源管理办法》第二条。

重。捕捞时应当保留足够数量的亲体，使资源能够稳定增长。各种经济藻类和淡水食用水生植物，应当待其长成后方得采收，并注意留种、留株，合理轮采。”① 可捕捞标准以达到性成熟为原则是最低的标准。为了保证捕捞对象的群体有最大的、逐年稳定的繁殖能力和最优良的品质，还应根据捕捞对象的生长速度和饵料利用情况来规定其适当的长度和重量。未达到可捕捞标准的，称为幼体。在渔业生产过程中不可避免地要捕获一些幼体，但必须控制幼体在同一品种的渔获物中所占的最大比例。《渔业法》规定，“捕捞的渔获物中幼鱼不得超过规定的比例。”我国准许混捕幼鱼的数量一般不得超过20%。如果超过这个比例，渔船必须停止作业或者转移渔场，其超过部分按当地收购价缴纳罚款或者资源补偿费。我国从部级到省、自治区、直辖市对主要捕捞种类已明确规定可捕标准及其在渔获量中幼鱼所占的比例。

我国法律对渔具、渔法也作了限制性的规定。《渔业法》规定，“禁止使用炸鱼、毒鱼、电鱼等破坏渔业资源的方法进行捕捞。禁止制造、销售、使用禁用的渔具。禁止使用小于最小网目尺寸的网具进行捕捞”②。现有危害资源的渔具、渔法，应当根据其危害资源的程度区别对待。对危害资源较轻的应当有计划、有步骤地予以改进。对严重危害资源的应当加以禁止或者限期淘汰。在没有完全淘汰之前，应当适当地限制其作业场所和时间。捕捞小型成熟鱼、虾的小眼网具，只准在指定的水域和时间内作业。

（十）禁渔和休渔制度

鉴于我国沿海多系鱼类产卵场和幼鱼育肥场的特点，1955年国务院颁布了《关于渤海、黄海以及东海机轮渔船拖网渔业禁渔区的命令》，设置了17个基点联合而成的禁渔区线，其向陆一侧的水域为禁渔区。规定机轮拖网不得在禁渔区内生产。只有经农业部批准，以调查、试验研究为目的的作业不在此限。1957年国务院对以上命令做了补充规定，将机轮拖网渔业禁区线向南延伸两个基点到北纬27°。从1979年起，将该禁渔区线的渤海段，改划为大连老铁山灯塔至烟台蓬莱灯塔间的连线，在此线以西的渤海海域，全面禁止机动渔船底拖网作业。1979年出台的《水产资源繁殖保护条例》规定，“对某些重要鱼虾贝类产卵场、越冬场和幼体索饵场，应当合理规定禁渔区、禁渔期，分别不同情况，禁止全部作业，或者限制作业的种类和某些作业的渔具数量”③。“凡是鱼、蟹等产卵洄游通道的江河，不得遮断河面拦捕，应当留出一定宽度的通道，以保证足够数量的亲体上溯或者降河产卵繁殖。更不准在闸口拦捕鱼、蟹幼体和产卵洄游的亲体，必要时应当规定禁渔期。”④ 1981年国务院决定在东海和黄海设立两个幼鱼保护区，规定每年1月1日至2月末以及8月1日至10月31日禁止机动底拖网渔船进入大黄鱼幼鱼保护区从事捕捞生产。

① 《中华人民共和国水产资源繁殖保护条例》第五条。
② 《中华人民共和国渔业法》第三十一条。
③ 《中华人民共和国水产资源繁殖保护条例》第七条。
④ 《中华人民共和国水产资源繁殖保护条例》第八条。

规定每年9月1日至10月31日禁止底拖网渔船进入带鱼幼鱼保护区从事捕捞生产。经国务院批准，从1989年开始，在东海又设立了产卵带鱼保护区。从每年5月1日至6月30日禁止拖网、对网（大洋网）渔船以及其他以捕捞产卵带鱼为主要作业的渔船进入保护区海域生产。上述禁渔的期限就是国家规定的禁渔期。禁止在禁渔区、禁渔期进行捕捞和销售非法捕捞的渔获物。①

农业部针对海洋渔业资源不断衰退的状况，为保护东黄海的渔业资源，从1995年开始在东海、黄海实行全面伏季休渔制度②，从1999年起在南海实行伏季休渔制度。近几年，全国十几万艘渔船在休渔期基本上做到了“船进港、网入库、人上岸、证集中”。但是由于捕捞船只过多，捕捞强度很大，2～3个月的伏季休渔所养护的渔业资源在开捕后一个月左右即基本上被捕捞殆尽。总之，休渔成果不明显，渔业资源仍在衰退。这告诉我们，休渔制度仍有待完善。

（十一）渔业资源增殖制度

渔业资源增殖是用人为的手段和方法，通过促进渔业资源的繁殖和生长，使资源量增加并使最大资源量得以维持的活动过程。渔业资源增殖的目的，是要充分利用水域中的生产潜力增加水产品的产量。对象生物的资源增殖量决定于环境容量、初始数量、死亡系数和生长系数等因素。人为地控制和调解其中一个或几个因素，即可实现增殖的目的。具体的渔业资源增殖工作，根据其性质和特点的不同，可分为生物苗种、渔场环境和资源管理三个方面。《渔业法》及其实施细则对渔业资源增殖制度作了如下的规定：“沿海县级以上人民政府渔业行政主管部门负责对其管理的海洋渔业水域统一规划，采取措施，增殖渔业资源。”③ 在“机动渔船底拖网禁渔区线”外侧建造人工鱼礁的，必须经国务院渔业行政主管部门批准；在“机动渔船底拖网禁渔区线”内侧建造人工鱼礁的，必须经有关沿海省、自治区、直辖市渔业行政主管部门或其授权单位批准。④ 县级以上人民政府渔业行政主管部门可以向受益的单位和个人征收渔业资源增殖保护费。⑤ 凡在中华人民共和国内水、滩涂、领海以及中华人民共和国管辖的其他海域采捕天然生长和人工增殖水生动植物的单位和个人，必须依照国家规定缴纳渔业资源增殖保护费。⑥ 征收的渔业资源保护费专门用于增殖和保护渔业资源。

（十二）渔业水域区划制度

渔业区划是根据各地的渔业自然资源条件、社会经济条件和渔业生产特点，按照一定

---

① 《中华人民共和国渔业法》第三十条。

② 休渔制度，是我国独有的渔业资源保护制度，又称伏季休渔制度，是指在夏、秋两季在一定水域停止某种或者某些特定捕捞作业使渔业资源得到休养生息，以保护渔业资源的制度。

③ 《中华人民共和国渔业法》第二十八条。

④ 《中华人民共和国渔业法实施细则》第二十二条。

⑤ 《中华人民共和国渔业法》第二十八条。

⑥ 《渔业资源增殖保护费征收办法》第二条。

的区划依据和标志，把全国的渔业水域[①]划分成若干个渔业区，并系统全面地阐明各个渔业区的渔业生产条件和特点，所存在的问题和增产潜力，以及今后渔业生产发展的方向和途径。我国在1980年成立全国渔业自然资源调查和渔业区划办公室，组织有关单位制定了《全国简明渔业区划》。1984年《中国渔业资源调查和区划》编辑委员会、《中国渔业区划》编写组在对调查所得的大量资料进行系统的整理和分析的基础上，陆续编写了各海区、各流域及各省、市、自治区的渔业区划，最后编制了全国综合渔业区划。[②] 2002年农业部第一次发布了《中国海洋渔业水域图》。此次发布的《中国海洋渔业水域图》是按照黄渤海区、东海区、南海区3个海区分别编制的。各海区渔业水域图是根据近年来海洋渔业资源调查资料、调查报告、鱼类分布图集以及相关研究成果按类进行编制的，包括：主要中上层鱼类、主要底层鱼类、主要虾蟹类、主要头足类、大型浮游动物（主要为海蜇），以及国家级和省级海洋自然保护区、水产种质资源保护区、水生野生动植物保护区、幼鱼资源保护区。通过地图方式向社会公布这些渔业水域，将有助于让更多的人了解渔业水域分布情况，从而减少和避免渔业水域受到污染。[③]

（十三）渔业水域生态保护制度

保护渔业资源除保护渔业资源本体外，还必须保护渔业水域生态。[④] 影响渔业水域生态状况的因素是多方面的。除了大自然条件变化外，还包括对渔业资源的开发利用、污染物入海、拦河筑坝、围海造地、修筑海岸工程等。保护渔业生态，就是要针对这几个方面采取防治措施，维护渔业水域的生态平衡，实现渔业水域生态系统的良性循环，使海洋渔业资源得到合理的、永续的利用。依照《海洋环境保护法》的规定，渔业水域生态保护的重点是“重要渔业水域”，保护的目的既包括防止渔业水域生态的退化，也包括对已经遭到破坏的重要渔业水域生态进行整治和恢复。[⑤]《渔业法》及其实施细则和《海洋环境保护法》及其实施条例等法律、法规对保护海洋渔业水域生态的规定还包括：在具有较高经济价值和遗传育种价值的水产种质资源的主要生长繁育区域建立水产种质资源保护区。未经国务院渔业行政主管部门批准，任何单位或者个人不得在水产种质资源保护区内从事捕捞活动。[⑥] 任何单位和个人，在鱼、虾、蟹、贝幼苗的重点产区直接引水、用水的，应当采取避开幼苗的密集期、密集区，或者设置网栅等保护措施。[⑦] 在鱼、虾、蟹洄游通道建

① 根据《中华人民共和国渔业法》实施细则和《中华人民共和国海洋环境保护法》，海洋渔业水域是指中华人民共和国的内水、滩涂、领海、专属经济区以及中华人民共和国管辖的一切其他海域中鱼、虾、蟹、贝类的产卵场、索饵场、越冬场、洄游通道和鱼、虾、蟹、贝、藻类及其他水生动植物的养殖场所。

② 胡笑波：《渔业经济学》，中国农业出版社，1995年版，第259页。

③ http：//cccfna. mofcom. gov. cn/column/print. shtml？/xuehuidongtai/200504/20050400035703.

④ “渔业水域生态环境”，可概括为在渔业水域中影响鱼、虾、蟹、贝、藻类等海洋渔业生物生存和发展的各种生态条件的综合。

⑤《中华人民共和国海洋环境保护法》第二十条。

⑥《中华人民共和国渔业法》第二十九条。

⑦《中华人民共和国渔业法实施细则》第二十六条。

闸、筑坝，对渔业资源有严重影响的，建设单位应当建造过鱼设施或者采取其他补救措施。[①] 沿海滩涂未经县级以上人民政府批准，不得围垦；重要的苗种基地和养殖场所不得围垦。[②] 进行水下爆破、勘探、施工作业，对渔业资源有严重影响的，作业单位应当事先同有关县级以上人民政府渔业行政主管部门协商，采取措施，防止或者减少对渔业资源的损害；造成渔业资源损失的，由有关县级以上人民政府责令赔偿。[③] 发展生态渔业建设，采用生态渔业生产方式，改善海洋生态状况，引进海洋动植物物种，应当进行科学论证，避免对海洋生态系统造成危害。[④] 在重要渔业水域不得新建排污口和进行污染环境的工程建设。[⑤] 向海域排放含热废水，要避免热污染对水产资源的危害。[⑥] 对破坏海洋生态、海洋水产资源、海洋保护区，给国家造成重大损失的，追究损害赔偿责任。[⑦] 沿海地方各级人民政府应当采取措施，保护和改善海洋渔业水域的生态，防治污染。[⑧] 沿海地方各级人民政府渔业行政主管部门，应当依照《海洋环境保护法》的有关规定对海洋渔业水域生态实施监督管理和渔业污染事故的调查处理。

《野生动物保护法》还对珍稀、濒危野生生物的生存环境保护进行了规定。建设项目对国家或者地方重点保护野生动物的生存环境产生不利影响的，建设单位应当提交环境影响报告书；环境保护部门在审批时，应当征求同级野生动物行政主管部门的意见。[⑨] 依照这一规定，兴建涉海工程建设项目，不得改变、破坏国家和地方重点保护的珍稀、濒危海洋野生动植物的生存环境。不得兴建可能导致重点保护的野生动物生存环境污染和破坏的涉海工程建设项目，确需兴建的，应当征得渔业行政主管部门同意，并由建设单位负责组织采取异地繁育等措施，保证物种延续。

（十四）濒危野生海洋生物分级重点保护制度

我国对珍稀、濒危海洋野生生物实行分级重点保护。国家重点保护的珍稀、濒危海洋野生动物分为一级保护野生动物和二级保护野生动物。国家重点保护的野生动物名录及其调整，由国务院野生动物行政主管部门制定[⑩]，报国务院批准公布。依照1988年《国家重点保护野生动物名录》，儒艮、中华白海豚、中华鲟、达氏鲟、白鲟、红珊瑚、库氏砗磲、

① 《中华人民共和国渔业法》第三十二条。

② 《中华人民共和国渔业法》第三十四条。

③ 《中华人民共和国渔业法》第三十五条。

④ 《中华人民共和国海洋环境保护法》第二十五条、第二十八条。

⑤ 《中华人民共和国海洋环境保护法》第三十条和《防治海岸工程建设项目污染损害海洋环境管理条例》第十条。

⑥ 《中华人民共和国海洋环境保护法》第三十六条。

⑦ 《中华人民共和国海洋环境保护法》第九十一条。

⑧ 《中华人民共和国渔业法》第三十六条。

⑨ 《中华人民共和国野生动物保护法》第十二条。

⑩ 全国陆生野生动物行政主管部门为国务院林业行政主管部门，全国海洋和其他水生野生动物行政主管部门为国务院渔业行政主管部门。

鹦鹉螺、多鳃孔舌形虫、黄岛长吻虫等为国家一级保护珍稀、濒危海洋野生动物；文昌鱼、黄唇鱼、大珠母贝、虎斑宝贝、冠螺、花鳗鲡、克氏海马鱼、海龟、玳瑁、鲸类、斑海豹和海狗等鳍足目所有种等为国家二级保护珍稀、濒危海洋野生动物。由于海洋中的植物被认识得不多，所以虽然《中国植物红皮书》将两种红树植物红榄李和水椰列为濒危种，但是在1998年通过的国家重点保护野生植物名录（第一批）中缺少海洋植物。

除了国家重点保护珍稀、濒危海洋野生生物以外，沿海省、自治区、直辖市可以确定地方重点保护珍稀、濒危海洋野生生物，地方重点保护珍稀、濒危海洋野生生物名录，由沿海省、自治区、直辖市人民政府制定并公布，报国务院备案。国务院和沿海省、自治区、直辖市人民政府的渔业行政主管部门应当会同环境保护等有关主管部门对本行政区管理的珍稀、濒危海洋野生生物资源状况定期进行调查和评价。建立系统的档案资料，为制定和调整国家和地方重点保护的珍稀、濒危海洋野生生物名录及制定珍稀、濒危海洋野生动植物保护规划提供科学依据。国务院和沿海省、自治区、直辖市人民政府的渔业行政主管部门会同环境保护等有关主管部门，在对本行政区珍稀、濒危海洋野生动植物资源状况进行调查和评价的基础上，拟订珍稀、濒危海洋野生动植物保护规划，经计划部门综合平衡后，报同级人民政府批准实施。

由于我国是《濒危野生动植物种国际贸易公约》的成员国，2001年4月19日农业部专门发文通知，对《濒危野生动植物种国际贸易公约》附录一的物种及其产品的国内管理，按国家一级保护物种管理；对《濒危野生动植物种国际贸易公约》附录二、附录三中的物种及其产品和附录一中人工驯养繁殖的物种及其产品的国内管理按照国家二级保护物种管理；对《濒危野生动植物种国际贸易公约》附录物种和国家重点保护物种规定保护级别不一致的，国内管理以国家保护级别为准，进出口管理以《濒危野生动植物种国际贸易公约》附录保护级别为准。

我国列入《濒危野生动植物种国际贸易公约》的海洋动物中附录一动物有：驼海豚属所有种、灰鲸、小鳁鲸、鳁鲸、北须鲸、鳀鲸、蓝鲸、长须鲸、座头鲸、露脊鲸属所有种、儒艮、海龟科、棱皮龟、巨无齿忙；附录二动物有：鲟形所有种、砗磲科所有种、共壳目所有种、珊瑚科所有种、角珊瑚目所有种、石珊瑚目所有种。

（十五）保护区制度

建立自然保护区是保护野生动植物的最重要的措施。我国《野生动物保护法》《水生野生动物保护实施条例》《野生植物保护条例》《自然保护区条例》《海洋自然保护区管理办法》《中华人民共和国水生动植物自然保护区管理办法》都规定，国务院野生动物行政主管部门和省、自治区、直辖市政府应当在国家和地方重点保护野生生物的主要生息繁衍的地区和水域，划定自然保护区，加强对国家和地方重点保护野生动物及其生存环境的保护管理。

（十六）迁地保护、离体基因保护和濒危动物的拯救急救制度

迁地保护是指通过人为的方式，将濒危野生动植物的一部分种群迁移到适当的地方，加以人工管理和繁殖以扩大其种群的办法。建立动物园、水族馆等是迁地保护的主要方式。我国第一个水族馆是青岛水族馆，以后全国各地大中城市都有了自己的海洋水族馆。离体保存是指利用现代技术，特别是低温技术，将濒危、野生生物的组织、生殖细胞或基因片断进行长期储存以保存物种的遗传物质。常用的方法是建立动物细胞库，如精子库、配子库、胚胎库和细胞库等。从现在的技术条件来看，离体基因保护对于保护濒危野生动物来说意义不大。因为低等动物中有无性繁殖，但高等动物要保持进化潜力必须要有一个群体作为支撑，而克隆无性繁殖技术很难创造出一个特征丰富的群体来。目前我国采取的保护珍稀、濒危海洋野生动植物的措施主要包括原地保护、迁地保护、离体基因保存三种方式。实施这些措施必须建立一定的机构和进行必要的投入。

我国法律还规定了对濒危动物的拯救急救措施。① 任何单位和个人发现受伤、搁浅和误入港湾、河汊而被困的珍稀、濒危海洋野生动物时，应当及时报告渔业行政主管部门或者其所属的渔政监督机构，由其采取紧急救护措施；也可以要求附近具备救护条件的单位采取紧急救护措施，并报告渔业行政主管部门。② 捕捞作业中误捕珍稀、濒危海洋野生动物的，应当立即无条件放生等。各级渔业行政主管部门应当监视、监测环境对珍稀、濒危海洋野生动物的影响。由于环境影响对珍稀、濒危海洋野生动物造成危害时，渔业行政主管部门应当会同环境保护等有关主管部门进行调查处理。

（十七）珍稀濒危野生海洋动物的特许捕捉和驯养繁殖制度

《野生动物保护法》《渔业法》《水生动物保护实施条例》等规定禁止捕捉、杀害国家重点保护的珍稀、濒危海洋野生动物。确需捕捉国家重点保护的珍稀、濒危海洋野生动物的，必须申请特许捕捉证。法律、法规也规定经过批准可以捕捉重点保护的海洋动物③，其中包括：为进行海洋野生动物科学考察、资源调查，必须捕捉的；为驯养繁殖国家重点保护的海洋野生动物，必须从自然水域或者场所获取种源的；为承担省级以上科学研究项目或者国家医药生产任务，必须从自然水域或者场所获取国家重点保护的海洋野生动物的；为宣传普及海洋野生动物知识或者教学、展览的需要，必须从自然水域或者场所获取国家重点保护的海洋野生动物的；因其他特殊情况必须捕捉的。需要捕捉国家一级保护海洋野生动物的，必须附具申请人所在地和捕捉地的沿海省、自治区、直辖市人民政府渔业行政主管部门签署的意见，向国务院渔业行政主管部门申请特许捕捉证。需要在本省、自

---

① 《中华人民共和国野生动物保护法》第十三条规定，国家和地方重点保护野生动物受到自然灾害威胁时，当地政府应当及时采取拯救措施。

② 《中华人民共和国渔业法》第九条。

③ 《中华人民共和国野生动物保护法》第十六条；《渔业法》第三十七条；《水生野生动物保护实施条例》第十二条。

治区、直辖市捕捉国家二类保护海洋野生动物的，必须附具申请人所在地的县级人民政府渔业行政主管部门签署的意见，向省、自治区、直辖市人民政府渔业行政主管部门申请特许捕捉证。取得特许捕捉证的单位和个人，必须按照特许捕捉证规定的种类、数量、地点、期限、工具和方法进行捕捉，防止误伤海洋野生动物或者破坏其生存环境。捕捉作业完成后，应当及时向捕捉地的县级人民政府渔业行政主管部门或者其所属的渔政监督管理机构申请查验。

根据《野生动物保护法》规定，"经营利用野生动物或者其产品的，应当缴纳野生动物资源管理费"。1999 年农业部下达了《关于征收水生野生动物资源保护费有关问题的通知》，财政部下达了《财政部国家计委关于同意征收水生野生动物资源保护费的复函》，2000 年下达了《国家计委、财政部关于水生野生动物资源保护费收费标准及其有关事项的通知》。这些法律文件规定对捕捉、出售、利用列入《濒危野生动植物种国际贸易公约》（附录一、附录二）和列入国家一级保护的水生野生动物或其产品的，应当收取资源保护费，经批准用于科学研究的除外。按照2000 年的《捕捉国家重点保护水生野生动物资源保护费收费标准》，每捕捉一只海豹（海狮或海狗）须交纳资源保护费 5 000 元，儒艮 80 000 元，中华白海豚 80 000 元，其他鲸类 20 000 元，绿海龟 5 000 元（幼体 800 元，卵 20 元）。

国家鼓励驯养繁殖野生动物。驯养繁殖国家重点保护野生动物的，应当持有许可证。[①] 驯养繁殖国家一级保护海洋野生动物的，应当持有国务院渔业行政主管部门核发的驯养繁殖许可证；驯养繁殖国家二级保护海洋野生动物的，应当持有沿海省、自治区、直辖市人民政府渔业行政主管部门核发的驯养繁殖许可证。

（十八）运输、携带、进出口珍稀濒危海洋野生动物的管理制度

运输、携带国家重点保护海洋野生动物或者其产品出县境的，应当凭特殊捕捉证或者驯养繁殖许可证，向县级人民政府渔业行政主管部门提出申请，报省、自治区、直辖市政府渔业行政主管部门或者其授权的单位批准。[②] 出口国家重点保护海洋野生动物或者其产品的，必须经出口单位或者个人所在地的省、自治区、直辖市人民政府渔业行政主管部门核准，报国务院渔业行政主管部门批准。外国人在中国管辖海域内进行有关海洋野生动物科学考察、标本采集、拍摄电影、录像等活动的，必须向国家重点保护的海洋野生动物所在地的省、自治区、直辖市人民政府渔业行政主管部门提出申请，经其审核后，报国务院渔业行政主管部门或者其授权的单位批准。2006 年国务院通过的《濒危野生动植物进出口管理条例》规定，进口或者出口濒危野生动植物及其产品的，应当向海关提交允许进出口证明书，接受海关监管，并自海关放行之日起 30 日内，将海关验讫的允许进出口证明

① 《中华人民共和国野生动物保护法》第十七条；《水生野生动物保护实施条例》第十七条。
② 《中华人民共和国水生野生动物保护实施条例》第十九条。

书副本交国家濒危物种进出口管理机构备案。

三、海洋矿产资源开发利用的法律制度

《中华人民共和国矿产资源法》《中华人民共和国矿产资源法实施细则》《中华人民共和国对外合作开采海洋石油资源条例》等法律法规确立了我国海洋矿产资源开发利用的法律制度。

（一）海洋矿产资源所有权制度

位于我国管辖海域中的海洋矿产资源是我国矿产资源的重要组成部分，其勘探和开发同样适用我国的《矿产资源法》及其实施细则。国家管辖海域内的海底矿产资源属于国家所有，由国务院代表国家行使海底矿产资源的所有权；国务院授权国务院地质矿产主管部门对全国海底矿产资源分配实施统一管理。① 国家对海底矿产资源的勘查、开采实行中央和地方、主管与协管有机结合的管理体制。“国务院地质矿产主管部门主管全国海底矿产资源勘查、开采的监督管理工作。国务院有关主管部门按照国务院规定的职责分工，协助国务院地质矿产主管部门进行海底矿产资源勘查、开采的监督管理工作。省、自治区、直辖市人民政府地质矿产主管部门主管本行政区域海底矿产资源勘查、开采的监督管理工作。省、自治区、直辖市人民政府有关主管部门，协助同级地质矿产主管部门进行海底矿产资源勘查、开采的监督管理工作。”② 沿海设区的市人民政府和县级人民政府及其负责管理地质矿产资源的部门，依法对本级人民政府批准开办的国有矿山企业和本行政区域内的集体所有制矿山企业、私营矿山企业、个体采矿者以及在本行政区域内从事勘查施工的单位和个人进行监督管理，依法保护探矿权人、采矿权人的合法权益。上级地质矿产主管部门有权对下级地质矿产主管部门违法的和不当的海底矿产资源勘查、开采管理行政行为予以改变或者撤销。

（二）海底矿产资源的探矿权和采矿权制度

国家对海底矿产资源的勘查、开采实行许可证制度。勘查海底矿产资源，必须依法申请登记，领取勘查许可证，取得探矿权；开采海底矿产资源，必须依法申请登记，领取采矿许可证，取得采矿权。①取得勘查许可证的单位或者个人称为探矿权人，取得采矿许可证的单位或者个人称为采矿权人。勘查、开采“领海及中国管辖的其他海域的矿产资源”，由国务院地质矿产主管部门审批登记，颁发勘查、采矿许可证。③ 探矿权申请人申请办理勘查许可证时，应当向登记管理机关提交申请登记书，以坐标标定的勘查工作区范围图、经批准的地质勘查计划或者承包合同的有关文件、探矿权申请人资质条件的证明等有关资

① 《中华人民共和国矿产资源法》第三条。
② 《中华人民共和国矿产资源法》第十一条。
③ 《中华人民共和国矿产资源法》第十六条。

料。登记管理机关依法对申请登记的勘查项目进行审核，作出准予登记或者不予登记的决定并通知探矿权申请人。准予登记的探矿权申请人应当按照国家规定缴纳探矿权使用费、探矿权价款，办理登记手续，领取勘查许可证，成为探矿权人。[①] 探矿权人享有按照勘查许可证规定的区域、期限、工作对象进行勘查、优先取得勘查作业区内新发现矿种的探矿权、优先取得勘查作业区内矿产资源的采矿权等项权利，并应承担在规定的期限内开始施工、按照探矿工程设计施工、在勘查许可证规定的期限内完成勘查工作、编写矿产资源勘查报告提交有关部门审批、遵守劳动安全和环境保护等法律法规等各项义务。[②]

采矿权申请人申请办理采矿许可证时，应当向登记管理机关提交申请登记书、矿区范围图、矿产资源开发利用方案、环境影响评价报告、采矿权申请人资质条件的证明等有关资料。登记管理机关依法对申请登记的采矿项目进行审核，作出准予登记或者不予登记的决定并通知采矿权申请人。准予登记的采矿权申请人应当按照国家规定缴纳采矿权使用费、采矿权价款，办理登记手续，领取采矿许可证，成为采矿权人。[①]采矿权人享有按照采矿许可证规定的开采范围和期限从事开采活动、自行销售矿产品等项权利，并应承担在批准的期限内进行矿山建设或者开采，有效保护、合理开采、综合利用矿产资源、依法缴纳资源税和矿产资源补偿费、遵守劳动安全和环境保护等法律、法规等项义务。

国家实行矿产资源补偿费制度的目的是为了保障和促进矿产资源的勘查、保护和合理利用，维护国家对矿产资源的财产权益。海底矿产资源采矿权人应当依法纳税和缴纳矿产资源补偿费。[③] 矿产资源补偿费是采矿权人为补偿国家矿产资源的消耗而向国家缴纳的一定费用，按照矿产品销售收入的一定比例（0.5% ~4%）计征。国家对集体矿产企业和个体采矿实行积极扶持、合理规划、正确引导、加强管理的方针，鼓励集体矿山企业开采国家指定范围内的海底矿产资源，允许个人采挖零星分散的小矿体或者矿点和只能用作普通建筑材料的砂、石。国家允许外国的公司、企业和其他经济组织以及个人依照中华人民共和国有关法律、行政法规的规定，在中华人民共和国管辖海域投资勘查、开采海底矿产资源。国家保护依法取得的探矿权和采矿权不受侵犯，保障勘查作业区和矿区的生产秩序、工作秩序不受影响和破坏。

（三）海底矿产资源探矿权采矿权的转让制度

依照《矿产资源法》及其实施办法的规定，为了保护海底矿产资源探矿权人、采矿权人的合法权益，促进海洋矿业发展，国家规定探矿权人在完成规定的最低海底矿产资源勘查投入后，经依法批准可以将探矿权转让他人；已经取得海底矿产资源采矿权的矿山企业，因企业合并、分立，与他人合资、合作经营，或者因企业资产出售以及其他变更企业

① 《中华人民共和国矿产资源法实施细则》第六条。

② 《中华人民共和国矿产资源法实施细则》第十六条和第十七条。

③ 《中华人民共和国矿产资源法》第五条规定：“开采矿产资源，必须按照国家有关规定缴纳资源税和资源补偿费。”

资产产权的情形，需要变更采矿权主体的，经依法批准，可以将采矿权转让他人。

国务院地质矿产主管部门负责海底矿产资源探矿权、采矿权转让的审批。申请转让探矿权、采矿权的，应当按照规定向审批管理机关提交有关资料。审批管理机关应当在规定的时间内作出准予转让或者不准转让的决定并通知转让人和受让人。准予转让的，转让人和受让人应当在规定的时间内到原登记管理机关办理变更登记手续；受让人按照国家规定缴纳有关费用后，领取勘查许可证或者采矿许可证，成为探矿权人或者采矿权人。探矿权、采矿权转让后，探矿权人、采矿权人的权利义务随之转移。

（四）对外合作开采海洋石油管理制度

1982 年国务院发布了《中华人民共和国对外合作开采海洋石油资源条例》。2001 年对其进行了修订。该条例规定："中华人民共和国的内海、领海、大陆架以及其他属于中华人民共和国管辖海域的石油资源，都属于中华人民共和国国家所有。" 在中国管辖海域内"为开采石油而设置的建筑物、构造物、作业船舶，以及相应的陆岸油（气）集输终端和基地，都受中华人民共和国管辖"①。有关对外合作开采海洋石油资源的专门规定还包括以下方面：我国对外合作开采海洋石油的业务，统一由中国海洋石油总公司全面负责。②"中国海洋石油总公司就对外合作开采石油的海区、面积、区块，通过组织招标，采取签订石油合同方式，同外国企业合作开采石油资源。"③ 由石油合同中的外国合同者投资进行勘探，负责勘探作业，并承担全部勘探风险；发现商业性油（气）田后，由外国合同者同中国海洋石油总公司双方投资合作开发，外国合同者并应负责开发作业和生产作业，直至中国海洋石油总公司按照石油合同规定在条件具备的情况下接替生产作业。外国合同者可以按照石油合同规定，从生产的石油中回收其投资和费用，并取得报酬。④ 外国合同者可以将其应得的石油和购买的石油运往国外，也可以依法将其回收的投资、利润和其他正当收益汇往国外。⑤ 参与合作开采海洋石油资源的中国企业、外国企业，都应当依法纳税，缴纳矿区使用费。⑥ 外国合同者在执行石油合同从事开发、生产作业过程中，必须及时地、准确地向中国海洋石油总公司报告石油作业情况；完整地、准确地取得各项石油作业的数据、记录、样品、凭证和其他原始资料，并定期向中国海洋石油总公司提交必要的资料和样品以及技术、经济、财会、行政方面的各种报告。⑦ 外国合同者为执行石油合同应当在中华人民共和国境内设立分支机构或者代表机构，并依法履行登记手续⑧。外国合同者为

① 《中华人民共和国对外合作开采海洋石油资源条例》第二条。
② 《中华人民共和国对外合作开采海洋石油资源条例》第六条。
③ 《中华人民共和国对外合作开采海洋石油资源条例》第七条。
④ 《中华人民共和国对外合作开采海洋石油资源条例》第八条。
⑤ 《中华人民共和国对外合作开采海洋石油资源条例》第九条。
⑥ 《中华人民共和国对外合作开采海洋石油资源条例》第十条。
⑦ 《中华人民共和国对外合作开采海洋石油资源条例》第十四条。
⑧ 《中华人民共和国对外合作开采海洋石油资源条例》第十五条。

执行石油合同，应当使用中华人民共和国境内现有的基地；如需设立新基地，必须位于中华人民共和国境内。① 中国海洋石油总公司有权派人参加外国作业者为执行石油合同而进行的总体设计和工程设计。② “外国合同者为执行石油合同，除租用第三方的设备外，按计划和预算所购置和建造的全部资产，当外国合同者的投资按照规定得到补偿后，其所有权属于中国海洋石油总公司，在合同期内，外国合同者仍然可以依据合同的规定使用这些资产。”③

四、港口资源开发利用的法律制度

根据我国《港口法》，港口是指具有船舶进出、停泊、靠泊，旅客上下，货物装卸、驳运、储存的功能，具有相应的码头设施，由一定范围的水域组成的区域。港口是整个交通运输体系的重要组成部分，其布局规划和建设直接影响到海洋运输业的发展。作为对外开放的窗口，港口是国内运输系统向外部世界延伸，与国际贸易和运输相接的节点，其直接影响综合运输网的结构。港口与港口城市互为依托，可以发展工业、航运和贸易，并以此带动商业、旅游业和服务业的发展。所以依法开发、利用、保护港口资源意义重大。我国现在已经颁布了《港口法》，涉及港口资源的立法还有《海上交通安全法》《海洋环境保护法》《防治海岸工程建设项目污染损害海洋环境管理条例》《对外国籍船舶管理规则》等。

（一）港口规划制度

考虑到港口资源利用的全局性、综合性、长远性等特征，合理建设港口的意义深远，规划成为重要的法律手段。依据《港口法》《土地管理法》《城镇建设规划条例》等的规定，国家对港口建设进行规划管理。港口发展规划的制定是综合运输网发展的产物，它应当符合生产力布局的要求，并满足资源开发利用的需要；应当与城市发展相辅相成，形成有向外辐射能力的经济活动中心；应符合国土开发的总体要求。《港口法》规定国务院和有关县级以上地方人民政府应当在国民经济和社会发展计划中体现港口的发展和规划要求，并依法保护和合理利用港口资源。港口发展规划包括三个方面：第一，港口发展战略规划：围绕着整个交通运输体系的发展和整个国民经济的发展来制定；第二，港口建设实施规划：港口建设项目设施的机会研究和可行性研究、工程可行性研究；第三，建设规划的实施及后评价：港口建设项目的概述、项目的立项决策、设计、建设的情况；项目立项决策、设计、建设的情况；建设项目各阶段主要指标的变化分析；项目考核期运营情况和评价；效益评价，后评价的结论。④

---

① 《中华人民共和国对外合作开采海洋石油资源条例》第十八条。

② 《中华人民共和国对外合作开采海洋石油资源条例》第十九条。

③ 《中华人民共和国对外合作开采海洋石油资源条例》第二十条。

④ 交通部《港口建设项目后评价报告编制办法》。

（二）港口环境保护制度

保护港口环境是港口资源开发利用法律的重要方面。在港口建设项目实施中的环境保护问题主要包括绿化、废气处理、粉尘控制、废水回收处理、垃圾处理和噪声控制等。在港口建设工程的可行性研究阶段，必须编报港口工程建设环境影响报告书，报告书要包括：港口建设项目概况；建设项目周围环境现状；建设项目对环境可能造成影响的分析、预测和评估；建设项目环境保护措施及其技术、经济论证；建设项目对环境影响的经济损益分析；对建设项目实施环境监测的建议；环境影响评价的结论。① 在港口工程可行性研究报告中还应当包括建设项目所应采取的节能措施。港口运行过程中也有一些环境保护规定。港口经营人应当依照有关环境保护的法律、法规的规定，采取有效措施，防治对环境的污染和危害。禁止在港区水域从事养殖、种植活动；禁止向港口水域倾倒泥土、沙石以及排放超过规定标准的有毒、有害物质等。

（三）港口安全制度

港口法律也涉及港口的安全、航运安全等问题。维护港口安全，保障船舶、设施和生命财产的安全是我国港口及交通法制建设的目的之一。依据《港口法》《海上交通安全法》等法律、法规的规定，保障港口、航运安全包括以下内容。

首先是加强安全管理。港口行政主管部门应当制定所辖港口的章程，包括港口的地理位置、航道条件、港口水深、机械设施和装卸能力等情况的说明，并对港口码头、港外系泊点、装卸站和船闸等加强安全管理，保持良好状态。

其次要确保安全生产。港口经营人要建立健全安全生产责任制等规章制度，完善安全生产条件，采取保障安全生产的有效措施，确保安全生产。在港区内使用岸线或者进行水上、水下施工，必须附图报经主管机关审核同意。船舶进出港口，应当向海事管理机构报告，海事管理机构接到报告后，应当及时通报有关行政主管部门。船舶载运危险货物进出港口以及在港口内进行危险货物的装卸、过驳作业，应当将危险货物的名称、特性、包装、进出港口的时间、作业的时间和地点等进行通报。船舶、设施发现助航标志或导航设施变异、失常，有妨碍航行安全的障碍物、漂流物等有碍航行安全的异常情况，应当迅速报告主管机关。港口经营人应当依法制定本单位的危险货物事故应急预案，重大生产安全事故的旅客紧急疏散和救援预案，以及预防自然灾害预案，保障组织实施。港口的行政主管部门依法制定可能危及社会公共利益的港口危险货物事故应急预案，建立健全港口重大生产安全事故的应急救援体系。有关部门应当保持通信联络畅通，保持助航标志、导航设施明显有效，妥善遮蔽航标和航道附近有碍航行安全的灯光，及时提供海洋气象预报和必要的航海图书资料，统一发布航行警告和航行通告。港口行政主管部门遇有旅客滞留、货物积压阻塞港口的情况，应当及时采取有效措施，进行疏港。所有人和经营人对其设施的

① 《中华人民共和国环境影响评价法》第十七条。

搬迁、拆除，沉物的打捞清除，水下工程的善后处理，都不得遗留有碍航行和作业安全的隐患，在未妥善处理前，必须负责设置规定的标志，并将碍航物的名称、形状、尺寸、位置和深度准确地报告主管机关。船舶、设施发生事故，对交通安全造成或者可能造成危害时，主管机关有权采取必要的强制性处置措施。禁止损害助航标志和导航设施。不得在港口进行可能危及港口安全的采掘、爆破等活动。因工程建设等确需进行的，必须采取相应的安全保护措施，不得在港口、锚地、航道、通航密集区以及主管机关公布的航路内设置、构筑设施，或者进行其他有碍安全的活动，航标周围不得建造或者设置影响其工作效能的障碍物。与港口、航运有关的行政主管部门应当在各自职责范围内对港口、航运安全依法进行监督检查。

（四）港口经营许可制度

从事港口经营，应当向港口行政管理部门书面申请取得港口经营许可，并依法办理工商登记。港口行政管理部门实施港口经营许可，应当遵循公开、公正、公平的原则。港口经营包括码头和其他港口设施的经营，港口旅客运输服务经营，在港区内从事货物的装卸、驳运、仓储的经营和港口拖轮经营等。取得港口经营许可，应当有固定的经营场所，有与经营业务相适应的设施、设备、专业技术人员和管理人员，并应当具备法律、法规规定的其他条件。

第三节　完善我国海洋资源开发利用法律制度的建议

一、对海洋资源的综合利用立法，协调各部门利益

海洋资源立法的主要目的是为了合理开发利用海洋资源。立法为公、立法为民，是立法公正的核心价值观。但是长期以来海洋资源的开发利用分属不同的部门管理，而各个部门在拟定立法草案的过程中往往过多考虑了本部门、本行业的利益，而没有充分考虑国家的整体利益；过分考虑了其所管理的海洋资源的重要性，对其他海洋资源开发利用的需要考虑不足。部门立法之间由于缺乏协调，导致不同立法之间相互抵触，或者出现管理空白等问题。

例如，海域使用管理制度涉及《土地管理法》《渔业法》《矿产资源法》《海洋环境保护法》《海上交通安全法》等多个法律领域。《海域使用管理法》虽设专门条文对与相关法律的协调问题做出了规定。但这些规定并不完善，实施效果也不十分理想，相关法律之间的冲突现象仍然比较严重。如，在《海域使用管理法》与《土地管理法》两法中，均未将滩涂区分为潮上带滩涂、潮间带滩涂和潮下带滩涂，而是笼统地将三者纳入其调整范围。这样便造成了陆和海之间界线不清，管陆和管海的部门的管理范围的界线不清。由此

引发了管理中的争权现象等。[①]

为妥善解决我国对海洋资源多部门分工管理造成的矛盾，建议借鉴其他国家对于海洋资源综合利用的法制建设实践。例如，韩国于 1987 年 12 月 4 日颁布了《海洋开发基本法》，规定海洋和海洋资源的合理开发利用及保护方面的基本政策和发展方向，促进国民经济的发展和人民生活的提高。[②] 韩国《海洋开发基本法》确立了韩国的海洋开发综合基本计划制度和海洋资源开发制度。[③] 韩国政府制定海洋开发综合基本计划，并每年根据此基本计划制定海洋开发的实施计划，国务总理领导下的由 20 名委员组成的海洋开发委员会作为海洋开发综合基本计划和海洋开发重要政策的审议机构。海洋开发综合基本计划对以下内容作出规定：政府关于海洋开发的基本设想；海洋开发的发展目标，海洋开发中的科学技术研究，海洋环境的保护与管理，海洋开发的合理调整与管理，海洋技术城的建设与管理，海洋研究机关与专门人才的培养，海洋开发情报交流系统化，海洋开发的国际合作，为推进海洋开发综合计划实施的其他必要事项。《海洋开发基本法》规定了韩国政府进行海洋生物资源、海洋矿物资源、海洋能源、海洋空间资源的开发利用和海洋环境保护的原则性措施。主要包括：政府对海洋生物资源的调查、开发，保护与管理中的新渔场的开拓，渔场技术与加工技术的提高，养殖技术的开发和海洋生物资源的持续扩大再生产采取必要的措施，政府对海洋中埋藏的有用矿物资源的勘探，开发和海水中化学资源的利用采取必要的措施，政府对海洋中的潮汐、波浪、海流等能源的转化采取必要的措施，政府对围海造田、航道、港湾的开发，海洋建筑物与设施的设置、人工岛的建设等海洋空间利用采取必要的措施，政府对海洋开发事业中对海洋环境造成的影响进行分析、评价，对海洋环境恶化的防治和消除以及海域污染的恢复采取必要的措施等。如果我国也像韩国等沿

① 我国东南某省某地，有一个有着 200 多户、人口 1 000 多人的渔村，拥有 3 处滩涂，共计 1 000 多亩。自该村建村聚居时起，此滩涂就由村民祖上管理经营，直至土地改革时滩涂所有权属仍然没有任何变化。1962 年公社化时期确定其所有权仍在该村范围内，一直持续至今，由农民集体管理收益。改革开放后由于实行体制下放，1987 年全村集体决议将大部分滩涂分为自留滩涂由各家各户承包管理。渔民每人拥有 0.5 亩自留滩从事渔业经营。据此，滩涂是该村主要的经济命脉，是百姓的饭碗。当时没有任何单位和个人提出异议，虽然未办理相关证书，但是渔民拥有一份 1985 年由县公证处出具的公证文书，其记载证明该村拥有该片滩涂集体所有权。但是 1998 年，当地政府与外地商人签订协议，将该村及邻近的其他村的集体滩涂 2 000 多亩（其中以该村的滩涂为主，约占 1 048 亩）的使用权出卖给外地商人，期限为 50 年，收取地款 201 万元。该村渔民的养殖设施被拆除，养殖的水产品被破坏，失去了唯一的生产生活出路，引起了渔民的强烈反对。该村渔民自然不服当地市人民政府的土地出让批复，向市中级人民法院提起行政诉讼。市中级人民法院以涉及滩涂所有权问题应先向省人民政府申请行政复议为由裁定驳回起诉。村民不服，向省高级人民法院上诉，被省高级人民法院裁定驳回上诉，维持市中级人民法院的裁定。2001 年 8 月，该村渔民向省人民政府申请行政复议，请求撤销市政府批文、确认农民集体土地所有权。省人民政府经行政复议，于 2001 年 11 月 26 日做出行政复议决定书，认定市人民政府土地出让批复超越权限，违反法定程序，予以撤销，同时责令市人民政府及其有关部门重新办理围垦土地手续。但是，该行政复议决定并未支持渔民的主张，仍认定两村滩涂为国家所有，对渔民主张的镇政府非法行政行为破坏农民养殖生产、侵犯申请人滩地使用权的事实也未作出认定（案例引自：孙宪忠主编《中国渔业权研究》，法律出版社，第 326 页）。

② 《韩国海洋开发基本法》第 1 条，引自国家海洋局海域管理司编《国外海洋管理法规选编》，海洋出版社，2001 年版，第 149 页。

③ 《韩国海洋开发基本法》第 3 条及第 6 条、第 7 条、第 8 条、第 9 条、第 10 条。

海国家一样制定一部综合性的“海洋资源开发利用基本法”，结合我国具体情况和实际需要，将开发利用各种海洋资源涉及的共性问题，对开发利用各种海洋资源必须共同遵循的原则、政府采取的管理措施、各主管部门的职权划分、渎职与越权管理的法律责任等作出原则规定，则会对协调现行有关法律之间的矛盾，加强各有关主管部门的分工合作具有重要意义。

二、制定国际海底区域矿产资源勘探和开发法，填补法律制度空白

《联合国海洋法公约》为我国加强国际海底管理提供了国际法律依据，但同时也使我们面临加速海洋立法，完善海洋法律体系，加强海洋执法力量建设的严重挑战。联大第48届会议决议敦促世界各国加速国内海洋立法，以便和《联合国海洋法公约》条款相衔接。决议还敦促世界各国加强海洋综合管理，把海洋管理列入国家发展战略。因此，我国应当加速国内海洋立法，加速制定基本法和与其相配套的法规，改革海洋管理体制，加强海洋管理力量的建设。我国应根据《联合国海洋法公约》和《执行协定》，就国际海底矿产资源勘探和开发制定一部法律。该法律可由全国人大常委会制定，其名称可定为《中华人民共和国国际海底区域矿产资源勘探开发法》。该法应主要规定如下内容：① 国际海底区域矿产资源勘探和开发的基本原则；② 国际海底区域矿产资源开发的申请和审批程序；③ 鼓励国际海底区域矿产资源勘探开发的措施；④ 国际海底区域开发中的环境保护；⑤ 国际海底区域矿产资源勘探和开发的管理。

三、制定红树林保护管理办法

《海洋环境保护法》第二十条规定：国务院和沿海地方各级人民政府应当采取有效措施，保护红树林、珊瑚礁、滨海湿地、海岛、海湾、入海河口、重要渔业水域等具有典型性、代表性的海洋生态系统，珍稀、濒危海洋生物的天然集中分布区，具有重要经济价值的海洋生物生存区域及有重大科学文化价值的海洋自然历史遗迹和自然景观。对具有重要经济、社会价值的已遭到破坏的海洋生态，应当进行整治和恢复。由于我国红树林破坏严重，国家已经把保护红树林作为一项重要的任务。《国家环境保护“九五”计划和2010年远景目标》将制定《红树林保护区和管护区管理条例》列入计划。为了适应红树林保护与管理的急需，建议尽快进行红树林保护的国家立法。

目前，我国无专门的红树林保护立法，而红树林系统内的森林、水产资源、环境分别属于林业、水产、环保、海洋管理部门。这种分散的管理势必造成各自为政的局面。为解决这一问题，应通过立法确立一个统一的负责红树林开发与保护的机构。

红树林保护法应当包括以下内容：① 国家对红树林资源及其生长状况进行调查和评价，拟定红树林营造保护计划。② 对有代表性的红树林生态系统区域、较大面积的红树林分布区域和珍稀、濒危的红树林物种的天然分布区域，应当建立自然保护区。③ 不足

以建立自然保护区的小面积红树林，由所在地的县级人民政府林业行政主管部门，根据实际情况建立管护区或保护点或设立标志，划定护林责任区，委任专职或兼职护林员，聘任护林监督员，授权护林员和护林监督员检查。④ 在红树林生长地区，县级人民政府林业行政主管部门会同红树林所在地的乡级人民政府，组织、督促毗邻红树林的村民委员会和其他有关单位，订立护林公约，组织群众保护红树林。⑤ 沿海县级以上地方人民政府林业行政主管部门应对本辖区内珍稀、濒危的红树林物种进行登记、编号、设置标志、建立档案，采取合理的保存形式和严格的保护措施。⑥ 对已遭受人为破坏但经采取保护措施后尚可恢复的红树林植被和生长环境，国家采取工程、生物等措施，防止破坏加剧，加快恢复进程。⑦ 沿海县级以上地方人民政府林业行政主管部门，负责组织本辖区的红树林资源清查，建立红树林档案和数据库，绘制红树林分布图，掌握红树林资源变化情况。⑧ 严格控制红树林的采伐。⑨ 国家应当采取措施鼓励开展红树林旅游活动。⑩ 国家应当采取措施鼓励营造红树林，提高红树林覆盖率。国家应当采取措施鼓励红树林区的综合利用，包括生态养殖、建立教育基地等。

第九章　海商法的建设与完善

海运在人类寻求生存，追求财富、权力、知识及控制环境等方面扮演着至关重要的角色。能够对抗“海上危险”的船舶建造使得人类能进一步冒险，自陆地向海洋寻找鱼类和其他海产食物。自古代始，通过海产食物和思想观念的交流，海洋运输促进了贸易和旅行，繁荣和丰富了人类文化。“海上运输亦促进了公法和私法的一个重要组成部门法的发展”①，这便是海商法。与各个历史时期的经济发展水平和航海贸易的状况相适应，海商法的发展经历了一个从无到有、从简单的传统航海贸易到复杂的以多式联运和集装箱运输为主导的现代运输方式的成长过程。② 纵观海商法的历史发展轨迹和各个时期的航海贸易实践，海商法无不表现出与时俱进的特点。从早期的海事惯例到随后的各国海事立法，再到现代渐趋丰富多样的表现形式，都说明了这一点。在当今各国普遍重视环境保护、全面推行可持续发展战略的背景下，海商法这一历史悠久、内容独特的法律，也顺应时代要求进行着从立法理念到具体制度的全面革新。

第一节　海商法的演进

在研究法的领域时，我们常从法的历史开始。法的生命不是推理，而是经验。只有了解海商法的演进过程，才能从总体上掌握并深刻理解海商法的特点和发展趋势。

法学界公认的海商法的萌芽，是公元前出现的调整地中海沿岸海上商业活动的《罗德法》(Lex Rhodia)。古希腊《罗德法》中的规定体现了海上运输活动的特殊性质，如“为减轻货载而投弃货物者，因保全利益而受之损失，应由全体收益方分摊”。这表明当航运走出内河的领域而进入海洋的时候，减轻“承运人”所面临的风险就成为了海商法所确立的意旨。

中世纪的海商法处于一个由私人立法向国家立法、由地区性法律向国内法发展的阶段。中世纪三大海法所体现出来的海商法的调整对象已经不仅仅局限在基于海上货物运输的流程做出相关的规定，而是扩展到与货运有关的领域，使得海商法的调整对象与其他领域的法律相结合，丰富了海商法律内涵。

① 威廉·泰特利著，郭国汀译：《海事海商法的简明历史》，下载于“中国法律资源网”。

② 邹彦：《海商法的发展及其趋势对我国〈海商法〉修改的启示》，下载于“中国涉外商事海事审判网”。

近代的海商法作为各国国内法的组成部分，由于国家意志的充分介入，海商法增添了有关海事司法、国家对海岸和港湾渔业的管理等具有行政色彩的内容。这一时期的海商法完成了构建法律体系的任务，因为海商法的特殊性质决定了它必然要带有行政管理的色彩。维护国家的利益是海商法的立法目的之一。

现代海商法的发展更多的是以公约的制定为标志的海商法外延的扩展。在国际海事委员会、政府间海事协商组织（后改名为“国际海事组织”）、联合国贸发会议等国际组织的促动下，大批的国际海事公约得以制定。海商法的调整对象从原来的以海上运输为核心扩展到了包括船舶本身的法律地位与相关制度、海上货运和旅客运输、海损事故和责任限制、防止溢油污染和环境保护等属于大海商法的内容，其调整范围也极大地突破了一国主权管辖的范围。国际条约、国际海事惯例已成为现代各国海商法的主要渊源。

海商法是传统的商事法律。大陆法系最早的商法典中就有“海商篇”。传统商法的“营利性”特征在海商法中体现得淋漓尽致：航运企业甘冒巨大而又难以预防的海上风险去经营海商，是为营利；救助公司面对“无效果、无报酬”的风险规则仍出海作业，缘于对高额回报的期待；租船市场的合同约定、海上保险的各种安排无不体现出商主体经营牟利、追求效益的特点。海商法，被商法学者称为“最典型的商法”①，在其产生、发展的相当长时期里，张扬着商法的理念——强调“个人本位”、“权利本位”、“私法自治”，讲求自由、平等，崇尚诚实信用，以经济效率为主要追求目标，注重交易快捷和安全，维护商事交易秩序，努力实现商人的营利目标。

“贸易是天生的平等派”，航海贸易亦如是。交易双方的平等、自由，交易内容的意思自治，使海商法在发挥其调整功能时显示出民商法的特质。与所有商事法律一样，维护商事自由是海商法与生俱来的本性与价值追求。但是，包括财产自由、缔约自由、经营自由和联合自由在内的商事自由并非绝对的自由，均受到一定限制。在当代社会，商法甚至包括民法在内的私法，常常受到经济法、劳动法和行政法的制约。究其原因，是由于传统的个人主义的私法理念发生了动摇。20 世纪以前，由于经济的相对不发达，人与人之间联系形式较少，财富上的差距较小，工业和科技发展造成的污染尚不严重，法律可以允许个人享有较大的行为自由，由此形成了一系列通过个人享有较大的行为自由实现自然人人格平等的原则，如所有权绝对原则、契约自由原则、过错责任原则等。然而，进入 20 世纪后，由于经济的迅速发展，大量新的交易形式被创造出来；超大企业的出现，使自然人各个体在经济实力上形成了天壤之别；工业和科技的发展使污染成为严重的社会问题。在此情况下，传统的商人自治的私法机制受到了极大的挑战：对个体自由和权利的维护，并不能当然地导致社会公平和正义；单纯强调个性的自由解放，激活各单个社会细胞，并不能保证整个社会肌体健康成长；个体与团体、与社会整体有着矛盾冲突，需要法律协调。客

---

① 徐学鹿著：《商法总论》，人民法院出版社，1999 年版，第 36 页。

观事实要求商法在调整方法与保护目的上做出调整：应在加强形式主义和严格责任的基础上，将国家公权引入商事关系中，通过国家干预来弥补私法自治的不足。这样一来，商法的公权色彩便逐渐增强，反映到法律理念上，即出现了法律的“社会本位”倾向。

在迈向现代的发展进程中，海商法也体现出由个人本位向社会本位推移的发展倾向。海商法理念是人们关于借助于此法可以实现理想的社会经济生活目标模式的一种信念。它相信可以克服或缓和由生产社会化和经济人对利益的极力追求等引起的个体与社会的矛盾冲突，可以避免过分张扬传统商法理念而可能导致的秩序混乱，能够建立理想的、兼顾个体利益与社会利益的海上贸易发展模式。在新的理想模式下，有着个体经济自由、经济权利同社会协调、和谐的秩序；有着个体经济效率同社会总体和长远经济效率相协调的效率；个体权利虽受到适当限制，但社会公益在更大程度上得到维护又保障了广大个体利益的实现。

20 世纪以来，海商法顺应民商法强调社会本位的发展趋势，在其价值取向和法律理念中体现出社会化精神，强调海洋环境的保护、维护港口国的利益、对船舶和船员要求的提高以保证航海安全等立法理念开始在海商法的发展中占据重要地位。表现在各国海商法中保护性立法在加强，出现了公法扩大化的趋势。为了保护本国的航运业、保护海洋环境，近年来各国政府都加强了对海运业的行政干预，制定了一系列保护性的海事行政法规。欧洲 14 国联合签署的《巴黎备忘录》就是典型一例。在此推动下，1993 年亚太地区 18 个国家和地区通过了《东京备忘录》，1994 年拉美国家签署了《拉美备忘录》。现在已基本形成全球性的港口国监控网。国际海事组织从海上人命安全考虑，自美国“9·11”事件后，迅速作出反应，并于 2002 年 12 月 18 日，在海上保安外交会议上通过船舶反恐的新举措，作为海上人命安全公约的第十一章和第十二章，于 2004 年 7 月 1 日生效。这种新举措包括港口国可以拒绝船舶进入港口，船长可以取消进港意图。这些国际公约和多边协议均属公法性质，当公法的规定与私法的规定指向同一标的或同一事实时，多数国家都遵循“公法优于私法原则”。[①]

如果说传统民商事法律在 20 世纪后都渐次发生法理念的变化，即不再采取权利本位（权利本位的真正含义就是个人权利本位[②]），而是以公共利益、诚实信用和公序良俗等原则约束的社会本位为价值取向，那么海商法除了具有共性特征之外，还因其突出的国际性、技术性、涉海性而在发展中表现出民商法的基本原则和理念所无法包容的独特性质。

海商法是为调整以海洋为媒介的国家（或地区）之间的通商关系而产生的。海上运输的特殊性决定了海商法中包含许多独特的法律制度，如船舶优先权、共同海损、海难救助、海事赔偿责任限制等。在长期的制度发展和学理研究中，考虑如何平衡海运风险发生

---

① 司玉琢：《论“公法优于私法原则”及其在海事司法实践中的应用》，《中国涉外商事海事审判指导与研究》（2002 年第 2 卷），人民法院出版社，2002 年版。

② 参见史际春：《从民法看法本位》，《法律学习与研究》，1992 年第 7 期。

或可能发生而形成的人与人之间权利、义务、责任的分配关系是法学界、航运界关注的主要内容，也体现了传统法律主要调整人与人之间关系的特点。问题的另一面是，航海贸易及各类海事活动均与海洋环境发生作用，海上行为不可避免地要对海洋环境造成影响，人类的海上活动及其影响一旦超出了环境承受能力的极限，势必造成人类难以解决的环境问题。海上风险可能吞没商业利益，为此，海商法设计出精巧的机制对风险责任的分配予以安排；海洋环境的破坏岂止是令人类追求的商业利益损失殆尽，人类的基本生存与发展也将陷入危机状态！随着海上运输及其他海上作业的迅猛发展，船舶污染对海洋环境的损害日趋严重，而船舶油污事故造成的损失是惊人的，也给生态环境和可持续发展带来严重威胁。然而，在相当长的时期里，海商法并未将协调人类与海洋的关系上升为立法的理念。

第二节　海商法的理念更新

20 世纪中后叶，来自环境的压迫降临到人类的头上。这给人类的发展增添了一个不容回避的新问题——环境问题。诚如学者所言，“这个新近降临的灾难，这个刚刚出现的领域，促使人们进行新的思考，寻求新的解救的办法”①。1967 年 Torry Canyon 油污事件后，防止海洋污染引起广泛关注。国际海事组织（IMO）于 1969 年制定了《国际干预公海油污事件公约》和《1969 年国际油污损害民事责任公约》（简称《CLC1969》），此后又制定了大量防止海洋污染的国际公约，如《1971 年设立国际油污损害赔偿基金公约》（简称《FUND1971》）。《CLC1969》和《FUND1971》曾于 1984 年和 1992 年的议定书中提高赔偿限额。2000 年 10 月，国际海事组织提出议定书修正案，将责任限额提高了 50%。我国交通部于 2001 年 7 月 12 日颁布《中华人民共和国船舶安全营运和防止污染管理规则》（试行）。这些都反映了海商法重视保护海洋环境的强劲势头。

海商法是一种极具开放品格的法律，它总是在不断的自我否定中发展着。受到全球高度重视的海洋环境保护问题给海商法带来了一系列新的课题，也为海商法提供了观念更新、制度创新的动力和契机。如前所述，20 世纪民商法普遍由个人本位向社会本位推移的发展倾向已促使海商法增进环境意识，开始强调保护海洋环境；那么，21 世纪海商法的发展中，将会更加重视保护海洋环境、重视海运业及各项海事活动可持续发展。

21 世纪是重建人与自然和谐统一、生态与经济协调发展的时代，特别强调环境资源对人类生存、发展的制约作用。当今世界正在经历着由工业文明向生态文明、由资源经济向知识经济、由非持续发展向可持续发展的“三重转变”。这种全方位的社会变革必然会对各国的法制产生影响。② 其影响首先反映在法律理念的更新上。法律理念，相信存在着

① 徐祥民：《环境权论——人权发展历史分期的视角》，《中国社会科学》，2004 年第 4 期。

② 吕忠梅：《物权法的绿化》，《中国法学》，2000 年第 5 期。

或能够实现一种有秩序、有效率和公平、正义的属于理想境界的社会，并相信借助于法的调整和规范可以达到或接近于这种目标。海商法，因其调整的船舶关系、海运关系涉及海洋，故在这部传统“营利法”中输入法律生态化理念，具有显著的必要性和现实意义。所谓输入法律生态化理念，就是将生态保护要求和可持续发展的思想融入海商海事法律制度中，确保海商法、海事行政执法的各项制度、措施不违背海洋生态环境保护的原理，容纳和满足海洋环境保护的要求，推动海商法（国际海事法）朝着与环境友好、有利于实现可持续发展的方向改革。法律与社会的密切关系，要求法律不断地顺应所调整的社会关系的发展和变化，适时创新。保护海洋环境并促进合理开发利用海洋，是“海洋世纪”的历史使命。海商法也应在法律生态化理念的引领下，更新立法指导思想，以可持续发展观指导海商法律制度全面改进。

第三节 环境时代我国海商法的发展趋势

以科学发展观指导海商法律制度开拓创新，是生态文明发展的要求，也是环境时代国际海事立法①的趋势。

一、建立科学发展观指导下的船舶油污损害赔偿法律机制

科学发展观对环境保护和法制建设具有普遍指导意义，越来越多的国际船舶油污责任赔偿法律文件承认、吸收了这一理论。科学发展观现已成为完善现行油污损害赔偿制度的理论基础，它将油污防治的眼前利益与长远利益结合起来，力求减少船舶溢油防治中的短期行为，缓解因油污而造成经济绝对增长量降低、社会整体结构发展失衡的现象，有助于各国政府间相互配合、协作和综合决策，共同处理船舶溢油事件。

为了实现人类社会的可持续发展，各国必须尽快改变现行的国家海洋政策②，特别是石油政策和航运政策，并确立适当的船舶油污赔偿责任机制，这也正好是《里约环境与发展宣言》和《人类环境宣言》所宣示的原则。首先，传统石油生产和消费方式必须改变。发达国家的生产和消费历来是石油污染的主要来源，因此这些国家能否迅速转变生产和消费方式对扭转当前海洋环境的恶化趋势具有决定性作用。发展中国家，尤其是其中少数经济增长较快的国家，更应避免成为制造海洋油污的新生力量。其次，各国必须推行适当的航运政策以减少船舶溢油事故，减轻海洋环境的负担。在这方面，亚洲、非洲和拉丁美洲的发展中国家任务更为艰巨。

---

① “与船舶航海有关之法律，称为海事法。海事法律，可区分为海事公法与海事私法。海商法属于海事法中私法之范畴。”参见张新平：《海商法》，中国政法大学出版社，2002年版，第18页。

② 国家海洋政策是指一个海洋国家在海军、航运、能源、渔业、海底矿藏和海洋环境保护等方面的方针和指导思想。

在船舶油污损害赔偿的案件中，关键是如何有效、及时地支付污染清除费用和对油污受害人的补偿款项，如何公正地分摊油污赔偿责任。从这种立场出发，建立船舶油污损害赔偿法律机制，就是顺应可持续发展的潮流，其应成为各国海洋政策中一块重要的组成部分。当前，"防止油污和确定油污责任已成为海事国际公约中发展最快、涉及量最大的两个课题"①。海上船舶油污的防治与赔偿制度成为海商法、海洋环境保护法中发展最为迅速的法律部门。②

国际社会越来越重视海洋环境的保护，国际海事组织（IMO）把"让海洋更清洁，让航行更安全"作为神圣的奋斗目标。在有关国际组织和世界各国的共同努力下，有关船舶污染损害赔偿的国际公约相继出现，已经生效的有《1992年国际油污损害民事责任公约》、《1992年设立国际油污损害赔偿责任基金公约》，尚未生效的有《1996年国际海上运输有毒有害物质损害责任和赔偿公约》（以下简称《HNS公约》），以及《2001年船舶燃油污染损害民事责任公约》（以下简称《2001年燃油公约》）。这些公约的制定和实施，标志着国际船舶污染损害赔偿制度③进一步趋于完善。

我国关于海洋环境保护和防止海洋污染方面的法律法规，多数属于行政法律规范。实践中，船舶发生污染事故多数也是由行政主管机关——港务监督部门④进行处理，有关的民事责任赔偿纠纷大多在港监的主持下调解结案。产生这一现象是我国有关海上污染的民事立法不完善的结果。虽然《海洋环境保护法》第66条规定"国家完善并实施船舶油污保险、油污损害民事赔偿责任制度"，但是"实施船舶油污保险、油污损害赔偿基金制度的具体办法"，截至目前，尚未出台。在我国，目前尚无专门的民事法律规范油污损害行为，海商法也缺乏相关规定。虽然我国是《1969年国际油污损害民事责任公约》的参加国，然而到目前为止，在我国的法律体系中还没有建立完善的有关油污损害的强制保险制度和基金分摊制度。关于油污损害的民事责任，除了依照《海洋环境保护法》等专门法律法规中的有关规定外，主要还是参照《民法通则》中有关侵权行为的原则性规定。

当前，我国对海上油污损害赔偿问题，尤其是不具有涉外因素的海上油污损害赔偿问题，尚未制定专门立法，而且，由于我国是世界上唯一一个既未加入《1971年设立国际油污损害赔偿基金的国际公约》及其议定书，又未设立油污损害国内基金赔偿机制的国家，这就造成了一方面我国的油船所有人在发生油污损害时面临巨大的赔偿，另一方面油

① 司玉琢：《国际海事法趋势及对策研究》，法律出版社，2002年版，第325页。

② "海洋环境损害赔偿纠纷案件将是今后海事法院审理的大量的重点类型案件之一。"参见徐富斌：《论海洋环境损害赔偿的民事主体》，中国涉外商事海事审判网。

③ 船舶造成的污染损害，包括船舶载运的货物油、船舶燃油和船舶载运的有毒有害物质造成的海洋和其他水域的污染及损害。

④ 原中华人民共和国港务监督局（交通安全监督局）与原中华人民共和国船舶检验局（交通部船舶检验局）现已合并组建成中华人民共和国海事局。根据法律、法规的授权，海事局负责行使国家水上安全监督和防止船舶污染、船舶及海上设施检验、航海保障管理和行政执法，并履行交通部安全生产等管理职能。

污受害人也常常得不到应有的赔付，特别是清污费用得不到补偿。同时，石油运输最大的受益者不参加油污损失的分担，也不利于这两个问题的解决。海洋环境损害赔偿纠纷中民事主体的认定、赔偿制度、赔偿范围、强制保险、基金分摊、承担责任的基础、责任限额及免责等都具有特殊性，缺乏与此相配套的明确的法律规定和相应的制度，必然给法院公正、合理地审理海洋环境损害赔偿纠纷案件增加难度，也不利于保护我国的海洋环境。因此，尽快完善我国关于海洋环境损害赔偿方面的民事立法已迫在眉睫。有学者建议，我国应借鉴船舶油污损害赔偿公约及美国油污法，确立船舶油污损害二重赔偿义务主体，即油污损害民事责任人及其保险人和油污损害赔偿基金，共同完成对油污损害的赔偿，充分实现损害转移和损害分散。①

我国《海商法》在修改时应遵循适时性原则，在科学发展观的指导下，更新立法指导思想，更加重视保护海洋环境、重视海运业及海事活动的可持续发展，尽快建立符合我国国情的船舶污染损害赔偿法律制度。②

二、规定严格的船舶登记制度，建立方便旗船船籍国油污染损害国家责任制度

近半个世纪以来，方便旗船的燃油泄漏事故屡屡造成严重的海域污染，引发无法弥补的生态灾难。之所以方便旗船易生祸患，是由于方便旗船的船籍国忽视对方便旗船的有效管辖与管制，放任一些“高龄”服役的单壳油轮去经营风险性很强的海上石油运输业务。实行船舶“开放登记”制度的国家，大都是一些经济不发达的小国家，为了谋求外汇收入，对前来登记的船舶，条件放得很宽，有些近乎没有限制条件。由于其对申请登记的船舶的具体规范的真伪核实不严，一些船东肆无忌惮地伪造船名，提供有关船舶规范的全套假材料。这些国家在行政、技术及社会事务上也几乎不对方便旗船进行管制，使得船东得以逃避有关国际条约的义务。此外，由于合法船东③、经营船东④和实际受益船东的关系十分混乱，真正船东一般只是在方便船籍国设立一个无资金和信誉的“皮包公司”作为合法船东，而其自己的资产却在授籍国外，同时又可能把经营权授予经营船东，于是，真正船东的身份很难确定。一旦发生船东欺诈事件，真正船东很容易逃避法律制裁。方便旗船的船籍国普遍缺乏有效的船舶安全立法，也不参加相关的国际公约，即使参加了也没有力量、同时主观上也不愿去履行公约下的义务，因此，方便旗船造成的燃油泄漏等海损事故

---

①　张湘兰、徐国平:《试论船舶油污损害赔偿义务主体》，载于《武汉大学学报（哲学社会科学版）》2004 年第 3 期。

②　海商法专家在《中华人民共和国海商法》修改建议案中提出，鉴于我国和国际海洋环境污染损害赔偿立法的现状，参照《1992 年船舶油污损害民事责任公约》《1992 年设立国际油污损害赔偿基金的国际公约》《1996 年国际海上运输有毒有害物质损害责任和赔偿公约》以及《2001 年船舶燃油污染损害民事责任公约》《海商法》中宜增设船舶污染损害赔偿一章，对船舶油污损害赔偿、船舶燃油污染损害赔偿、有毒有害物质损害赔偿予以规定。

③　合法船东也叫登记船东或注册船东，指在登记国船舶登记册上登记为船舶所有人的自然人或法人。

④　经营船东指所有人或光船承租人，或经正式转让承担所有人或光船承租人的责任的其他任何自然人或法人。

不仅发生率高，而且处理上十分麻烦。

为消除“方便旗”问题，不少国家规定了严格的船舶登记制度，一些重要的国际公约也做出了相应的规定。如，1958 年《公海公约》第 6 条规定：“船舶如悬挂两国或两国以上国旗航行，视方便而换用，则在其对任何其他国家关系上，不得声称具有上述任何一国国籍，而应以无国籍船舶论。”《联合国海洋法公约》第 91 条则规定：“每个国家应确定对船舶给予国籍、船舶在其领土内登记及船舶悬挂该国旗帜的权利和条件。船舶具有其有权悬挂的旗帜所属国家的国籍。国家和船舶之间必须有真正联系。”

虽然应该取消船舶开放登记制度，取消方便船籍，确立以有实质性内容的真正联系为船舶授籍的限制[①]，但是由于航运发达国家、发展中国家和船舶开放登记国各自有各自的经济利益，而且在海运业中他们的实力相差悬殊，在短时间内达成一致不大可能。国际社会还要为彻底消除方便船籍的现象做长期的斗争。但是，面对国际方便旗船市场对航运业的负面影响[②]、方便旗船事故对海洋环境的巨大威胁与破坏，笔者认为，敦促实行“开放登记”的国家加入上述国际公约，责成方便旗船的船籍国对其油轮造成的污染损害承担国家责任，是不容迟缓，须切实实行的举措。船旗国在一定条件下应承担的国家责任，与船东油污损害赔偿责任在产生原因上、法律性质上有根本区别。这种国家责任在法理上有其成立的依据：方便旗国违反了其依前述公约应承担的监督、管理船舶、避免和防止环境污染的义务，基于这种国家行为存在过错，国家应对其行为承担责任。追究直接责任人所属国的国家责任，可使受害国的损害得到合理赔偿。现实的困难是，国际法上关于国家责任的法律制度还正在发展中，不但没有国际公约，习惯法规则也远非完备和明确。如何使方便旗船的船籍国实际担负起国家责任，是一个值得深入研究的问题。笔者认为，当前，国家间应加强联合行动，强调此项国家责任的存在及其意义，使方便旗船的船籍国在国际社会的压力下改变现状，加强管理。同时，加快国际统一立法活动，使得此项国家责任在法律上有确定的依据。

我国作为沿海国家，受油污损害非常严重。目前，我国海域发生船舶污染事故的次数越来越多。据专家预测，未来我国也将是油污事故的多发区和重灾区。我国又是航运大国，随着航运业的发展，我国油轮船队不断扩大，各类油船广泛开展着海上石油运输业务。积极敦促建立、完善相关国家责任制度，是我国海洋环境保护战略、防治船舶油污染制度的要求。我国的《海洋环境保护法》《防止船舶污染海域管理条例》等法律、法规规定，国家海事行政主管部门（海事局）依法负责中国籍船舶登记、发证、检查和进出港

① 钟国定、倪昊：《方便旗船与真正联系》，文见“中国涉外商事海事审判网”。

② “从整体上看一些方便船籍国忽视了对方便旗船的有效管辖与管制，给世界航运经济带来了一系列负面影响。”参见《方便旗船与真正联系》一文，作者：钟国定、倪昊，文见“中国涉外商事海事审判网”。另据报道，全球最大的内陆国家蒙古共和国虽无法发展航运业，但该国国会于 2003 年 1 月 8 日正式通过新的船舶注册条例，进军方便旗船市场。参见 2003 年 3 月 11 日的香港《大公报》。

(境)签证；负责外国籍船舶入出境及在我国港口、水域的监督管理；负责船舶载运危险货物及其他货物的安全监督；组织实施国际海事条约；履行“船旗国”及“港口国”监督管理义务，依法维护国家主权；调查、处理船舶污染事故；在发生油污事故后，海事局应依法履行监督管理职责，主要包括接受事故报告，做出事故评价，监督清污行为和效果等。这体现了我国对防治船舶油污事故、监督管理油船和保护海洋环境的重视。从全局和长远角度考虑，我国应承认油船污染事故发生后，船旗国在一定的情况下负有国家责任。①

三、船舶立法渐成海事立法的中心

在航运的历史上，船舶本身的安全较少得到航运界和社会的关注。有航运之初，船舶只是其所有人利益所依的工具。确保船舶能从一地航行至另一地，是船舶所有人自己的事情。当船舶所有人与商人利用船舶旅行时，其利益的自我保护通常要求有一般安全系数。时至近世，也很少有安全航行规则，更无任何船舶建造标准。航运不断成熟的实际后果是航运更加不安全。船东不再亲自航海，海员的生活便宜，船舶、货物都已保险。航行的安全标准已变得不适应，并很容易降低，海上保险虽然完备，但无权或不愿意将其自己的规则强加于船东。海洋国家更关注促进船东的商业利益，较少关注执行船东和国家对整个社会和在船上航行的人所承担的义务。传统海商法往往是以运输的对象——货物为轴心而进行立法。因为在帆船时代，货价通常大于船价，货物运输合同中承托双方权利义务都是围绕货物而确定的。至今，海上货物运输合同一章仍是各国海商法的核心章节。

到了19世纪后期才第一次出现有关船舶安全的法律——英国的载重线法案和避碰规则。进入20世纪60年代，货物集装化给海上运输带来一场革命。这场革命给海上运输带来的直接后果是：货物周转加快，货损明显减少，运输程序简单化、围绕运输产生的纠纷相对下降。与此相对应的，由于船舶的现代化和大型化，不仅技术密集，而且资金密集，船价正常情况下要大于货价。因此，现代海商法，突出了船舶立法。围绕着船舶的立法，如船舶安全、航行安全、防止环境污损等国际国内立法逐年增多，而属于货物的立法则相对比较稳定。比如，国际海事组织（IMO）近一二十年制定的近百个国际海事公约、修正案或议定书中，绝大部分都是围绕船舶或船舶安全而制定的。为了给船舶安全营运和防止海洋污染管理提供一个规范化的国际标准，IMO于1993年通过了《国际安全管理规则》(International Safety Management Code，简称ISM Code)。这个规则的制定为船舶营运和防止海洋污染的安全管理提供了一个国际标准。按照ISM规则的规定，今后国际航行的船舶应具有各国主管机关或其承认的组织所颁发的符合安全管理系统（SMS）要求的合格证书；而航运公司应具有各国主管机关或其承认的组织所颁发的符合ISM规则的合格文件；所有国际航行船舶应由被授予这类合格文件的航运公司来经营。ISM规则分别于1998年7

① 梅宏：《试论造成海上油污事故的油船所属国应承担国家责任》，《中国法学》2003年增刊。

月1日和2002年1月1日起对不同类型的船舶生效。

总之，近年来，有关船舶质量和船公司营运管理以及防止油污和保护海洋环境方面的国际、国内立法层出不穷，这方面的学术研究也方兴未艾。社会发展使得环境与资源保护已经作为一个全球关注的问题。海商法正在由狭义的海商法向广义的海商法过渡。随着科学技术的发展，航运业对船舶的要求越来越高了。有鉴于此，我国应加紧对国际有关船舶的最新立法的研究，结合我国实际情况，提出对策，健全国内立法。

四、加强船员立法、提高船员的素质

传统海商法建立在航海技术比较落后的基础之上，并以货物、船员为中心。围绕船舶营运的航运业是一种劳动密集型的行业。传统的航海技术以船员的技能经验为主。与之相适应的货物运输法以确定船方与货方的权利义务为主，船员法则以保护船员的最低权益为主。随着船舶的现代化与大型化，整个航运业发展为知识、资金与技术密集型的以船舶、船员为中心的行业，航运企业向着管理科学化，船员向着知识不断更新、素质要求不断提高的方向发展。作为船舶的驾驶与直接管理者的船员的航海责任加重，船员的任职资格已由单纯的技术性素质向集技术、管理、经营、法律为一体的复合性素质转变。IMO充分认识到加强对船员的管理，提高船员的素质，以适应新技术发展的需要，是确保船舶安全、避免船舶侵权发生的基础，遂通过了《1978年国际海员培训、发证和值班标准公约》(STCW)，并根据形势变化分别于1992年、1994年、1995年进行修订。在船舶侵权事故中，许多事故是人为因素引起的。提高船员的素质、加重船员的职业责任，对控制和减少人为因素在船舶侵权行为中的影响，保障船舶与人员安全，防止船舶造成海洋环境损害起着重要作用。

为了适应船员立法的国际发展趋势，加强船员立法、提高我国船员素质是当务之急。我国尚无专门的《船员法》，现行《海商法》第三章“船员”的规定仅限于船员证书和船长的职权。交通部于1999年11月根据“依法治国”的总方略，编制了立法规划，已着手起草船员法。

海商法学者指出，鉴于1994年出台的《劳动法》很多内容陈旧，我国大多数船员就业模式已从船公司的长期固定职工转变为自由职业，以及我国船员劳务外派的大量增加，本章需参照国际劳工组织（ILO）公约和其他国家的船员法，增加“船员劳务合同”一节，具体规定船员就业、劳动和社会保障方面的权利义务。主要内容包括：船员劳动合同的内容、订立、解除与终止，船员遣返，船员人身伤亡和疾病的保险以及船员中介机构的法律地位等。其中，关于船员中介机构的法律地位，宜规定：船员劳务中介服务应由依法设立的具有相应资质的机构进行，以及船员劳务中介机构不得向船员收取工资或者其他劳务报酬的差价、佣金、管理费或者其他以营利为目的的费用。

此外，应根据《1995年STCW公约》，将高级船员持证修改为组成值班人员的持证。

在船长职责中，增加船舶安全和防污的规定。根据IMO规则的要求，明确船长对于船舶沉没、毁灭不可避免的判断权和弃船的决定权，以及弃船后船舶所有人对船舶的权利和义务不受影响。增加船舶管理人（ship manager）在船长职责中的规定。内容为：在非紧急的情况下，船长弃船之前可报经船舶管理人同意；当船长在航行中死亡或者因故不能执行职务时，船舶管理人负有指派新船长接任的义务。

五、保护海洋环境已成为21世纪海难救助法的立法宗旨

随着人类海上活动多样化，对海洋环境构成威胁的因素将会愈来愈多，保护海洋环境已成为21世纪海难救助法律的立法宗旨，并使海难救助的法律向着保护海洋环境的趋势发展。这一趋势反映在《1989年救助公约》中，主要表现为增加了“特别补偿”的规定。该规定使救助人在对构成环境污染威胁的船舶或船上货物进行救助时，即使救助没有效果，也可得到相应的补偿。《公约》中判断救助报酬的标准发生变化，增加了环境因素。救助人如果在防止或减少环境损害方面做出了努力，可以相应地增加救助报酬。这些重要变化主要基于保护海洋环境，鼓励救助人在救助的同时努力防止和减少环境污染损害上的考虑。

从海难救助国际立法现状可以看出，21世纪海难救助立法的以下特点将进一步明确。

（一）救助标的范围不断扩大

如前所述，21世纪海难救助法中，作为救助标的海上财产的范围将不断扩大。这是由海上财产多样化的发展趋势所决定的。出于保障海上安全和保护社会财产的需要，有必要在立法上将这些新出现的海上财产，如，勘探和开发海底资源的设备、浮船坞、海上仓库等也纳入海难救助的范畴，作为一种救助标的，使它们同传统的船舶和船上财产一样，在遭遇风险的时候能够得以救助，避免更大的损失。

《1910年救助公约》将海难救助的救助标的限于海船、船上财产和运费。为了适应海上财产多样化的趋势，《1989年救助公约》扩大了救助标的范围，将船舶定义为任何船只、艇筏或任何能够航行的构造物；财产包括非永久性和非有意地依附于岸线上的任何财产以及运费。根据《1989年救助公约》，救助环境也可以获得补偿。有学者认为，环境责任是除船舶、货物、到付运费之外的第四种救助标的，并将其命名为第四海事财产。[①] 由此可以看出，随着海上财产多样化，扩大救助标的范围将成为21世纪海难救助法的立法趋势。

---

① 《1989年国际救助公约》在第1条第4款明确规定了“环境损害”（Damage to the Environment），从而对“防止或减轻环境损害赔偿责任”做了详尽规定。随着环境意识的加强，LOF80、LOF90、LOF95、LOF2000、CMAC1994等救助格式合同都对“无效果－无报酬”原则作了例外条款规定。据此，“防止或减轻环境损害的责任”即“环境责任”已成为现代海难救助的新标的。

（二）对于特殊情况下的救助，不再适用自愿原则

自愿原则是传统海难救助的构成要件之一。这一原则源于较早的纯救助的情况，在现代普遍采用的合同救助的情况下仍然沿用这一原则。然而，随着海上风险的变化，特别是自海洋环境污染为世界各国普遍重视后，传统的海难救助自愿原则发生了变化。沿海国为保护其海岸线或有关利益方免受污染或污染威胁，在发生海难时，有权采取必要的强制措施。在这种情况下的救助不能再适用传统的自愿原则。21 世纪海难救助法律制度呈现的重要特点之一，就是突破了自愿原则的限制。

（三）请求救助报酬突破了“无效果—无报酬”原则的限制

早在公元前 1000 年前后的《罗德海法》就确立了根据获救财产价值的一定比例（20%）确定救助人救助报酬的原则。救助人进行救助，如果没有使被救助人获益，救助人不得请求救助报酬。这一原则被《1910 年救助公约》所确认，即著名的“无效果—无报酬”原则。在“劳氏救助合同标准格式”中，1980 年以前的格式都沿用这一原则。然而，随着海上风险的变化，“无效果—无报酬”原则已不再适应海上救助发展的新形势，特别是就救助有潜在污染环境危险的船舶时，这一原则将使救助方面临不利的条件。

（1）当船货损失扩大时，溢油和污染危险增加，船货的价值在减少，获救的可能性相应地也在减少，救助方获得救助报酬的机会也就减少。

（2）溢油事故一方面给救助作业本身带来困难，另一方面可能受到沿海国家的干预或禁止难船进入安全水域，使救助方可能得不到救助报酬。

（3）对造成环境污染或有污染损害威胁的船舶进行救助，所付出的费用可能会高于所能得到的救助报酬。

上述问题都表明，如果“无效果—无报酬”原则不予修改，就很难鼓励救助方设法去积极救助那些处于危险之中，并威胁到海洋环境的遇难船舶。

为了鼓励救助，保护海洋环境，“劳氏救助合同标准格式”的 1980 年版本（LOF80）在传统的“无效果—无报酬”原则基础上，对救助油轮作了例外规定。在救助满载或部分装载油类货物的油船时，只要救助人、其雇佣人员和（或）代理人没有过失，即使救助人不成功或只有部分成功或救助人由于受阻未能完成救助工作，以上任何一种情况下，油船所有人都应单独向救助人支付为此而发生的合理费用和不超过该项费用 15% 的附加费（Bonus）。这就是“安全网”条款。它标志着对“无效果—无报酬”原则的背离。在其以后的标准格式中如“LOF90”和“LOF95”对“安全网”条款进行了补充和完善。《1989 年救助公约》以立法的形式确定了这一做法。在公约第 14 条中规定，当船舶或船上货物对环境污损构成威胁时，救助方对其进行了救助作业，被救财产无效果或效果不明显，且未能减轻或防止环境污损，根据第 13 条确定的救助报酬少于其所花费用时，救助人有权获得相当于该费用的特别补偿。如果在被救助作业的同时，防止或减轻了环境污损，特别

补偿可以增加到救助人所花费用的130%，特殊情况下，法院或仲裁庭可以将此项补偿增加至200%。很明显，按照这一规定，在对构成环境污染威胁的船舶或船上货物进行救助时，不受传统的“无效果—无报酬”原则的约束，而是实行无效果也有报酬的特殊原则。

（四）增加救助人的救助报酬

海难救助是一项积极的法律制度。随着人类海上活动的多样化，海洋环境受到日益严重的威胁，救助有潜在污染环境危险的船舶，使救助人面临着特殊困难。因此，为了吸引救助人投入到救助行业，特别是吸引救助人对具有产生污染损害或污染损害威胁的船舶进行救助，在确定救助报酬的时候就不应仅仅是让救助人收回本次救助作业中所花的成本费用，而应在救助成功时使其获得丰厚的利润。这样可以使救助人能够不断更新救助设备，配置高素质救助人员，从而更好地实施救助。

保护海洋环境、尽量防止和减少海洋污染本是救助方应尽的义务，必要时公约规定对救助方有利于防止或减少环境污染的行为给予补偿，但“特别补偿”并非营利性业务的酬金，它是“费用”，有补偿性质，含鼓励的目的。《1989 年救助公约》除了做出“特别补偿”的规定外，在第 13 条第 1 款规定的确定救助报酬所应考虑的因素中，增加了救助人防止或减少环境损害的能力和所做出的努力。这一规定成为增加救助人的救助报酬的基础，使得仲裁庭或法院在确定救助报酬时，除了考虑传统因素外，还增加了对环境因素的考虑。这样对于在防止或减轻环境损害方面做出贡献的救助人除了可以获得特别补偿外，其救助报酬因增加了对环境因素的考虑，也将高于按传统的标准所应获得的数额。

（五）保护救助人的利益，鼓励救助行为

鼓励救助的立法趋势不但反映在增加救助人的救助报酬上，立法上还将采取多种保护措施以维护救助人利益。立法上的这一趋势反映在《1989 年救助公约》中一些增加被救助方义务的条款，如前述的被救助方接受救助财产的义务、被救助人提供担保的义务、被救助财产所有人的先行给付的义务等。出于对救助行为的鼓励，21 世纪海难救助的法律将更加注意对救助人利益的保护，立法中将制定措施增加被救助方的义务，减轻救助人的负担，保证救助人救助报酬请求权的实现。

海难救助是国际服务贸易活动的一种，世界经济一体化的趋势使海事国际私法趋同化的倾向不断加强，而海难救助法律关系的特殊性决定海难救助法是海事国际私法中统一趋势最为强烈的部门法律，其法律冲突的范围正渐缩小。《1910 年救助公约》《1938 年救助公约》《1967 年议定书》《1989 年救助公约》以及世界主要海运国家的海难救助法律的发展和修订亦说明这一点。

我国参照《1989 年救助公约》，在 1992 年颁布的《海商法》第九章中对海难救助作了专章规定。这一章内容既吸收了传统海难救助法的原理，也反映当代国际海难救助的最新发展。《1989 年救助公约》在《海商法》于 1993 年 7 月 1 日开始实施之时尚未生效，因而我国《海商法》的规定具有超前性。1996 年 7 月 14 日，《1989 年救助公约》对我国生效，依我国《海商法》第 268 条规定，该公约具有优先适用效力。《1993 年船舶优先权和抵押权国际公约》和《1994 年约克—安特卫普规则》等的产生更使我国《海商法》下的海难救助法律与国际公约、国际惯例以及其他国家的通行做法的法律冲突趋于明朗化。我国的海难救助立法具有国际性和先进性，体现了立法上的兼容并蓄和求同存异的中国特色，但也存在缺漏之处，使涉外海事争议的处理面临新的困难。就我国《海商法》与《1989 年国际救助公约》而言，存在救助标的范围、法律适用范围、诉讼时效的延长、公平费率等方面的差异。为了与《1989 年国际救助公约》的规定相一致，学者建议，在修改《海商法》时，将第九章中“环境污染损害”修改为“环境损害”；在法院或者仲裁机构原有的变更救助合同的权利的基础上，赋予其撤销救助合同的权利，增加救助船舶的所有人与承租人之间、救助船舶的所有人或光船承租人与船长和船员之间，救助款项分配的规定；增加救助方对其过失致使被救助方遭受的损失承担赔偿责任的规定；明确救助方为担保救助款项或者救助报酬的请求权，对其占有的获救的船舶和其他财产具有留置权；明确国家有关主管机关在职责范围内从事救助作业时，第九章规定的救助方的权利和义务适用于该主管机关。

第十章　海洋防灾减灾法的建设与完善

我国是海洋大国，又是世界上海洋灾害最严重的国家之一。影响我国沿海的风暴潮、海浪、海冰、海雾、地震海啸、海岸侵蚀和赤潮及其他海洋生物灾害等海洋灾害，在全国各类自然灾害总经济损失中，仅次于洪涝灾害和农业气象灾害，约为全部损失的10%。一次灾害可能造成几百亿元的经济损失。20世纪我国死亡人数最多的一次风暴潮灾发生于1922年8月2日。强台风袭击了广东省汕头地区，台风强度超过12级。在这次灾害中有7万余人丧生，几十万人流离失所。

随着沿海地区经济的迅速发展、人口的快速增加和海洋开发规模的不断扩大，海洋防灾减灾系统的能力建设和管理也需要进一步加强。海洋防灾减灾是一项系统工程，需要海洋、气象、交通、电信、海洋开发和新闻媒体等部门的协作配合，需要纳入国民经济和社会发展计划，需要建立完善的管理制度。

第一节　我国海洋灾害情况分析

我国海洋环境多变，海洋灾害频发，不仅直接威胁到人民生命财产的安全，而且使各类海洋生产活动受到很大的限制，使国民经济遭受严重损失。尤其是最近10年来，中国大陆沿海地区遭受的海洋灾害损失巨大，灾害影响的规模空前，对沿海地区的可持续发展构成严重威胁。大陆沿海地区多数年份海洋灾害造成的直接损失超过100亿元，其中1996年和1997年分别达到290亿元和300亿元。最近10年来风暴潮和海浪灾害造成的人员死亡、失踪总计3 000多人。

我国频繁遭受海洋灾害的地区都是社会经济发达的区域。我国沿海省（区、市）总面积125万平方千米，占全国陆地总面积的13%，承载人口近5亿人，占全国人口的40%，国民生产总值（GDP）占全国的58%，其在经济地位上的重要性不言而喻。频繁发生的海洋灾害不仅给沿海地区的人民和财产带来重大损失，而且还严重地制约相关地区经济的发展。因此沿海地区成为实施减灾战略和强化海洋灾害管理的重点。

发生在我国沿海的海洋灾害主要有风暴潮、海浪、海冰、海雾、海啸、海岸侵蚀、赤潮、海平面上升等。

一、风暴潮

我国历史上，由于风暴潮灾害造成的生命财产损失触目惊心。据统计，中国风暴潮的年均经济损失已由 20 世纪 50 年代的 1 亿元左右，增至 80 年代后期的年均约 20 亿元，90 年代前期的年均 76 亿元。其中 1992 年和 1994 年分别达到 93.2 亿元和 157.9 亿元。风暴潮正成为沿海社会经济发展的一大制约因素。2005 年，沿海共发生 11 次台风风暴潮，其中 9 次造成灾害。[①] 2006 年，沿海共发生 9 次台风风暴潮，其中“珍珠”、“碧利斯”、“派比安”和“桑美”4 次台风风暴潮过程给福建省、浙江省、广东省和广西壮族自治区造成 210.08 亿元的经济损失，受灾群众 2 000 万人次。[②]

二、海浪

海浪在近海常能掀翻船舶，摧毁海上工程，给海上航行、海上施工、海上军事活动、渔业捕捞等带来危害。在岸边不仅会冲击摧毁沿海的堤岸、海塘、码头和各类构筑物，还会沉损船只、席卷人畜、淹没农作物、冲毁水产养殖品。海浪所导致的泥沙运动可使海港和航道淤塞。灾害性海浪到了近海和岸边，对海岸的压力可达到每平方米 30～50 吨。发生在我国海域的灾害性海浪给近几十年来大规模发展的海上油气勘探开发事业带来了巨大损失。

三、海冰

海冰，特别是异常海冰，会对海上交通运输、海上石油开采、海洋渔业、海上建筑等造成极大的危害。我国北方的渤海和黄海经常遭受海冰灾害。

四、海雾

无论在海上还是在海岸带地区，海雾都因其降低能见度而对交通运输、渔业捕捞和养殖、海上油气勘探开发以及军事活动等造成不利影响。海雾是一种危害很大的海洋灾害。因海上能见度原因造成的船舶海难事故，在全部因海洋和气象原因造成的海难事故中，占有相当的比例。

五、地震海啸

我国海区辽阔，渤海、黄海、东海、南海等沿海地带都曾发生过由地震引起的海啸灾害。

六、海岸侵蚀

我国大陆海岸线中有 25% 属三角洲及平原海岸，其中不少岸段因河流改道、海岸夷平

---

① 国家海洋局《2004 年中国海洋灾害公报》和《2005 年中国海洋灾害公报》，国家海洋局官方网站：http：//www. soa. gov. cn/hygbhttp：//www. soa. gov. cn/hygb。2008 年 10 月 1 日访问。

② 参见国家海洋局发布：《2004 年中国海洋灾害公报》《2005 年中国海洋灾害公报》和《2006 年中国海洋灾害公报》，国家海洋局官方网站：http：//www. soa. gov. cn/hygbhttp：//www. soa. gov. cn/hygb。2008 年 10 月 1 日访问。

作用、暴风浪及强潮的冲刷而发生不同程度的侵蚀后退。海岸侵蚀能使土地、护岸坝、码头、房屋遭受损坏，破坏海防工事、防护林、公路等交通设施、海水浴场等旅游设施。

近年来，我国海岸侵蚀范围在扩大。如，山东境内黄河故道附近，由于入海泥沙来源的中止，海岸侵蚀一直在持续。而一些过去是淤涨或稳定的海岸，如山东境内的某些平直沙海岸，现已成为侵蚀严重的海岸。据估计，近40年来渤海沿岸约有400平方千米的耕地、盐场和村庄被海水吞没。

七、赤潮

赤潮是世界性的海洋灾害，其危害主要包括对海洋动物的危害、对人类健康和生命安全的危害，以及恶化局部海域的生态环境、影响滨海景观等。

我国是世界上赤潮灾害的多发国之一。近年来，海洋赤潮在我国发生的频率和规模以及危害的范围和程度呈逐年上升的趋势。纵观我国赤潮发生的动态，危害较大的赤潮在20世纪60年代以前只记录了4次，70年代为6次，80年代为16次，90年代为120次。进入21世纪后，赤潮的发生频率更是成倍增长。2000年，我国海域共发现赤潮29起，赤潮面积超过5 800平方千米。到2004年，共发生赤潮96次，面积为历史最大。2008年，共发生赤潮68次，累计赤潮面积13 768平方千米①，赤潮的频发不仅严重地影响海域的生态环境和滨海景观，而且危害渔业资源，给水产养殖业造成巨大的经济损失，甚至威胁人民的身体健康和生命安全。如1989年，渤海发生大面积赤潮，波及7县市，持续72天，造成渔业经济损失达4亿元（人民币）。其中，河北省黄骅市对虾减产上万吨，经济损失达2亿元（人民币）。1986年，福建省东山岛居民因食用赤潮毒素污染的水产品造成136人中毒、1人死亡。

八、海平面上升

由于全球变暖，海平面上升已成为全球性重大环境问题之一。海平面上升会带来严重的不良后果：① 沿海土地会被淹没。按照海平面上升30厘米估算，仅“珠三角”、“长三角”和黄河三角洲就将有2.3万平方千米的土地被淹没；② 沿海工程设施会降低其使用寿命和防灾标准；③ 风暴潮灾害会加剧，沿海地区风暴成灾几率会大大增加；④ 河口水资源会越来越短缺。在海平面上升的情况下，潮流顶托作用增强，河口海水倒灌，咸潮入侵，地表和地下淡水资源被咸化，必然影响饮用水供应安全。例如，澳门已连续三年受咸潮入侵影响而出现短期供水中断；⑤ 洪涝灾害加剧，洪水下泄入海能力会减弱（有些地区会减弱20%以上）；⑥ 海岸侵蚀会加快。海平面上升使水深和潮差加大，海浪和潮流作

---

① 参见国家海洋局发布：《2003年中国海洋灾害公报》《2004年中国海洋灾害公报》《2008年中国海洋灾害公报》，国家海洋局官方网站：http：//www. soa. gov. cn/hygbhttp：//www. soa. gov. cn/hygb。2008年10月1日访问。

用加强，会增大海岸侵蚀范围和速率；⑦ 沿海生态环境会受影响，重要经济生物（鱼、虾、贝、蟹）可能会大量减产。

第二节 我国海洋防灾减灾的法制实践

我国党和政府历来十分重视自然灾害的预防、救援和灾后重建工作。经过几十年的努力，我国已初步建成了由近海到远海、多部门合作的海洋环境及灾害观测网络和预报、警报系统，开展了主要海洋灾害分析、预警报和评估业务，建设了海上搜救中心和沿岸防灾准备应急系统，形成了海洋防灾减灾体系。1998 年 4 月国务院批准了《中华人民共和国减灾规划（1998—2010 年）》，提出了为国民经济和社会发展服务；坚持以防为主，防抗救相结合；把握全局，突出重点；充分发挥科学技术和教育在减灾中的作用；调动一切积极因素；加强减灾国际交流与合作的减灾工作指导方针。通过建设一批对国民经济和社会发展具有全局性、关键性作用的减灾工程，广泛应用减灾科技成果，提高全民减灾意识和知识水平，建立比较完善的减灾工作运行机制，减轻各种灾害对我国经济和社会发展的影响，使灾害造成的直接经济损失率显著下降，人员伤亡明显减少。①

一、海洋环境和海洋灾害预报警报

在国民经济三年恢复时期和第一个五年计划期间，我国开始由中央气象局系统负责发布海洋天气预报和民用港口的潮汐预报。有的省、市、自治区的气象台还发布海浪、海雾和海冰预报。20 世纪 50 年代，根据《1956 年至 1968 年海洋科学技术发展规划》要求，中央气象局在沿海建立了 60 多个海洋站。1964 年，国家海洋局成立了海洋水文气象预报总台，负责除潮汐预报外的全部海洋水文气象预报工作。其中海洋观测和断面调查由北海、东海、南海 3 个分局负责；潮汐预报由海洋情报资料中心负责。1982 年，海洋水文气象预报总台扩编，改名为国家海洋局海洋环境预报中心。各分局也设立了海洋环境预报区台。经过多年的努力，我国已经初步形成了一个由预报中心、预报区台、中心海洋台、海洋站、调查船、测报船和卫星地面接收站组成的海洋水文气象资料收集、传递和预报系统。现在的主要预报业务项目包括海浪、风暴潮、海啸、赤潮、海冰、海流、海水温度、厄尔尼诺、拉尼娜和海水浴场环境等。②

为加强海洋环境预报的管理，避免海洋环境预报多渠道发布给社会活动带来不良后果，国家海洋局加强了对各级海洋预报机构的管理。国家海洋局先后制定了《海洋预报业务管理规定》《海洋环境监测站和志愿船监测数据传输规程》。国家海洋局还建立了海洋

① 《中华人民共和国减灾规划（1998—2010 年）》，国发（1998）13 号文件。

② 国家海洋局《海洋大事记》。国家海洋局官方网站：http：//www. soa. gov. cnmemoindex. html。2008 年 10 月访问。

环境预报监视值班和签发制度等，进一步明确预报职责和发布范围，理顺了工作关系，使海洋灾害预报有章可循、责任到位。

根据国务院赋予的“发布海洋灾害预报警报和海洋环境预报的职能”，20 世纪 80 年代中期以来，国家海洋局通过“一个网络三个系统”① 的建设，以及与沿海省（区、市）共建海洋环境预报台的工作，已经初步形成了一个从中央到地方，从近海到远洋，多部门联合的海洋灾害预报预警系统，实现了海洋环境和灾害的预报警报的法制化。从 1989 年开始我国沿海省（区、市）和计划单列市相继成立了地方海洋环境预报机构。这些机构接受国家海洋局的管理。

为了配合“国际减轻自然灾害十年”（1990—2000 年）的国际行动，1987 年 10 月，我国成立了多部门联合的“中国自然灾害防御协会”。1989 年 4 月，成立了“中国国际减轻自然灾害十年委员会”。1989 年 8 月，国家科委组织直接负责灾情调研的部（局），建立了“中国重大自然灾害调研组”，进行重大灾害调查和对策的联合立项研究，并规划“减轻自然灾害系统工程”。调研组提出了到 2020 年前达到减灾 50% 的奋斗目标。按照这个目标，平均每年要减少 100 亿 ~250 亿元的直接经济损失，并且要大幅度降低灾害人口死亡率。1990 年 3 月，国家计委、国家科委和地质矿产部批准实施《全国地质灾害防治工作规划纲要》。1993 年 11 月又对该纲要做了修订。1993 年，国家海洋局首次发布《中国海洋环境年报》《中国海洋灾害公报》《中国近海海域环境质量年报》和《中国海平面公告》。1993 年为加强我国海洋环境预报与海洋灾害预报警报工作的管理，国家海洋局发布《海洋环境预报与海洋灾害预报警报发布管理规定》，建立了海洋环境预警报发布管理制度。1994 年 3 月，国务院常务会议通过《中国 21 世纪议程》，把“防灾减灾”作为保障我国社会、经济可持续发展的重大国策之一，并相应提出了提高海洋灾害管理水平、加强防灾减灾体系建设、减少自然和人为灾害损失的总体目标和行动纲领。1996 年为加强对专项海洋环境预报服务的管理，国家海洋局制定了《专项海洋环境预报服务资格证书管理办法》，规定凡从事专项海洋环境预报服务的单位，须按照规定申领《专项海洋环境预报服务资格证书》申请登记表，经海洋行政主管部门审查合格并取得《资格证书》后，方可承担专项海洋环境预报服务工作。该管理办法为海洋预报的规范化和科学化提供了制度保障。2001 年，国家海洋预报中心开始发布赤潮生成条件预测预报，为水产养殖、环境保护和防灾减灾服务。2002 年，国家海洋预报中心开始进行全国主要海水浴场的海洋环境预报，为发展滨海旅游，保障人民生命安全和健康发挥了积极的作用。2005 年 6 月，我国第一次发布了奥帆赛场及邻近海域赤潮预警预报信息。该项预报为 2008 年青岛奥帆赛场的顺利进行提供了有力的帮助。

① 指海洋监测监视网络、海洋管理系统、海洋资料服务系统和海洋环境预报服务系统。

二、海洋灾害应急反应

2006年1月8日，国务院发布了《国家突发公共事件总体应急预案》（以下简称“总体预案”），明确提出应对各类突发公共事件的六条原则，即以人为本，减少危害；居安思危，预防为主；统一领导，分级负责；依法规范，加强管理；快速反应，协同应对；依靠科技，提高素质。“总体预案”将突发公共事件分为自然灾害、事故灾难、公共卫生事件、社会安全事件四类。“总体预案”规定，突发公共事件发生后，事发地的省级人民政府或者国务院有关部门在立即报告特别重大、重大突发公共事件信息的同时，要根据职责和规定的权限启动相关应急预案，及时、有效地进行处置，控制事态。必要时，国务院相关应急指挥机构或国务院工作组可以统一指挥或指导有关地区、部门开展处置工作。目前，国务院各有关部门已编制了国家专项预案和部门预案。全国各省、自治区、直辖市的省级突发公共事件总体应急预案均已编制完成。各地还结合实际编制了专项应急预案和保障预案。许多市（地）、县（市）以及企事业单位也制定了应急预案。至此，全国应急预案框架体系初步形成。2006年1月11日，国务院发布了5件自然灾害类突发事件应急预案。其中《国家自然灾害救助应急预案》规定，国家自然灾害救助应急预案适用于凡在我国发生的水旱灾害，台风、冰雹、雪、沙尘暴等气象灾害，火山、地震灾害，山体崩塌、滑坡、泥石流等地质灾害，风暴潮、海啸等海洋灾害，森林草原火灾和重大生物灾害等自然灾害及其他达到启动条件的突发公共事件。该预案规定了以下工作原则：以人为本，最大程度地保护人民群众的生命和财产安全；政府统一领导，分级管理，条块结合，以块为主；部门密切配合，分工协作，各司其职，各尽其责；依靠群众，充分发挥基层群众自治组织和公益性社会团体的作用。

2008年我国颁布了《突发事件应对法》。风暴潮、海啸、赤潮、海冰等突发性海洋灾害事件的预防与应急准备、监测与预警、应急处置与救援、事后恢复与重建等应对活动适用《突发事件应对法》。突发事件应对工作实行预防为主、预防与应急相结合的原则。《突发事件应对法》规定了政府为处置突发事件可以采取的各种必要措施。《突发事件应对法》还要求建立健全预防和应急准备制度和突发事件信息系统和预警制度。

三、地震和其他地质灾害的防治

我国一直注意地震和其他地质灾害防治工作。1975年我国地震工作者成功地预报了海城大地震，一场7.3级的大地震仅死亡1 328人。1997年，我国制定了《防震减灾法》。2008年汶川大地震之后又对其进行了修订。《防震减灾法》规定防震减灾工作实行预防为主、防御与救助相结合的方针。要求县级以上人民政府加强对防震减灾工作的领导，组织有关部门采取措施，做好防震减灾工作，将防震减灾工作纳入本级国民经济和社会发展规划。国家鼓励和支持防震减灾的科学技术研究，推广先进的科学研究成果。同时《防震减灾法》对防震减灾规划、地震监测预报、地震灾害预防、地震应急救援、地震灾后过渡性安置和恢复重建以及监督管理等进行了全面的规范。汶川地震给我国人民提供了一个重新审视人与自然、人与人之间的关系的样本，重新审视国家、社会、公民关系的样本。我国人民在这场灾难中也开始了更多的相关法律行动。2008 年 6 月 1 日，民政部颁布了《汶川地震抗震救灾生活类物资分配办法》，对汶川地震救灾生活类物资分配、发放和使用的原则、制度、监督等作出了明确的规定。2008 年 6 月 8 日，国务院公布实施《汶川地震灾后恢复重建条例》，不仅设定了政府部门的职责，还积极鼓励社会力量参与重建；不仅对灾后重建的选址、配套设施建设以及资金和物资的分配使用等做了规定，还确立了全方位的监督管理机制。这些规定对沿海地震灾害的防治也有重要的借鉴意义。

2003 年 11 月国务院发布了《地质灾害防治条例》，对由于自然因素或者人为活动引发的危害人民生命财产安全的山体崩塌、滑坡、泥石流、地面塌陷、地裂缝、地面沉降等与地质作用有关灾害的防治工作做了规定。《地质灾害防治条例》主要确立了三项原则：一是“预防为主、避让与治理相结合，全面规划、突出重点”的原则；二是“自然因素造成的地质灾害，由各级人民政府负责治理；人为因素引发的地质灾害，谁引发、谁治理”的原则；三是地质灾害防治的“统一管理，分工协作”的原则；国务院国土资源主管部门负责全国地质灾害防治的组织、协调、指导和监管工作。国务院其他有关部门按照各自的职责负责有关的地质灾害防治工作。《地质灾害防治条例》规定了以下五项主要的法律制度：一是地质灾害调查制度；二是地质灾害预报制度；三是地质灾害易发区工程建设地质灾害危险性评估制度；四是对从事地质灾害危险性评估的单位实行资质管理的制度；五是与建设工程配套实施的地质灾害治理工程的“三同时”制度。同时，《地质灾害防治条例》还就地质灾害防治管理规定了各级人民政府必须采取的五项防灾措施。其中包括：一国家建立地质灾害监测网络和预警信息系统；二县级以上地方人民政府要制定年度地质灾害防治方案并公布实施；三县级以上人民政府要制定和公布突发性地质灾害的应急预案；四县级以上人民政府可以根据地质灾害抢险救灾工作的需要成立地质灾害抢险救灾指挥机构，在本级人民政府的领导下，统一指挥和组织地质灾害的抢险救灾工作；五地质灾害易发区的县、乡、村应当加强地质灾害的群测群防工作。

四、沿海防护林建设

1987 年 2 月，林业部在广东省湛江市召开了首次全国沿海防护林建设经验交流会，总结了 20 世纪 50 年代以来沿海地区造林经验，提出以沿海县为单位建设沿海防护林体系的思路。同年 4 月，林业部组织编制了《全国沿海防护林体系建设工程总体规划》。规划包括辽宁、天津、河北、山东、江苏、上海、浙江、福建、广东、广西、海南 11 个省、自治区、直辖市的 195 个县（市、区）。规划造林总任务 355. 8 万公顷。截至 1995 年年底，沿海防护林工程完成造林 187 公顷，营造海岸基干防护林带 7 063 千米，大陆海岸基干林带基本合龙，有25个县（区、市）达到林业部颁布的海防林一期工程建设标准。已实施近20年的沿海防护林体系建设总体规划取得了较好的效果。全国沿海防护林体系一期工程已结束，至2005年，工程区森林覆盖率由24.5%上升到35.5%。目前正在实施的全国沿海防护林体系二期工程建设规划，建设区域范围北起辽宁的鸭绿江口，南至广西的北仑河口，大陆海岸线长18 340千米，包括11个沿海省、市、区，总面积2 598.22万公顷。在巩固一期工程建设成就的基础上，二期工程以泥岸盐碱地区和台风登陆频繁地区为重点，突出沿海基干林带建设和山地丘陵水土保持林建设，其目标是使沿海基干林带全面合拢，珍稀红树林资源得到恢复和发展。

五、河口治理

河流大多带有大量泥沙，入海河口的动力因素和泥沙运动复杂，而且普遍存在拦门沙，如果不进行整治，会给防洪和船舶航行带来巨大的危害，所以必须对重要的河口区域进行整治和疏浚。为此，1997年我国《防洪法》规定，“河道、湖泊管理实行按水系统一管理和分级管理相结合的原则，加强防护，确保畅通”。我国的一些中、小河口，如瓯江、甬江、闽江、射阳河、鸭绿江、黄浦江等的河口治理已取得了若干宝贵的经验，大河河口深水航道治理，如长江口、珠江口等已开展工作并施工建设，黄河口的稳定及航运建设事业已在研究之中，钱塘江口在取得大规模围涂治江、加固海塘的经验后，正在拟订杭州湾开发计划。

第三节　我国海洋防灾减灾工作中存在的问题

虽然我国在海洋防灾减灾方面取得了巨大的成就，但是我们必须承认，无论是国民的社会减灾意识、科研队伍组织与技术装备，还是紧急救援能力和灾后重建等方面，我国的减灾效能都低于国际先进水平。目前我国海洋防灾减灾工作中仍然存在很多问题。这些问题需要我们从战略的高度和具体的措施上加以解决。

一、海岸带人为破坏严重

海岸带的人为破坏使海岸带抵御海洋灾害的能力大大降低。这类破坏主要表现在以下几个方面。

（一）不合理的围海造地和其他围海工程

新中国成立以来，我国围海造地、开垦海涂总面积超过滩涂总面积的50%。这对缓和沿海地区人多地少的矛盾，发展生产起了积极作用，但也同时拉近了人们生活与海洋灾害之间的距离。红树林和珊瑚礁破坏后，海岸直接受到海浪冲刷破坏，沿岸土地盐碱化，红树林和珊瑚礁鱼类由此失去了生存环境和营养供应地。芦苇也是重要的湿地屏障。自20

世纪60年代中期以来，一些地区大肆毁苇开垦。现在，全国沿海芦苇面积比50年代减少了一半，只剩下134万亩。海岸湿地生态系统的破坏，使海岸带对灾害的缓冲能力大大减弱。

（二）滥采砂石、地下水引起海岸侵蚀和海水入侵

岸滩砂石对稳定海岸生态环境具有重要作用。盲目地大规模采挖砂石，会破坏海水动力与岸滩的平衡，引起岸滩侵蚀。但长期以来，我国对采挖砂石一直缺乏有效的管理。据估算，从20世纪的80年代初到90年代初的10年间，全国共采海砂4亿吨，等于在全国每千米砂质海岸上取砂4万吨。

二、海洋防灾减灾基础设施不完善

海洋防灾减灾的基础设施既包括沿海堤坝、公路、码头、电站、电网等建设也包括海洋监测预报设施和信息网络的建设。

海洋预报台设立的测点是获得监测预报资料的基础技术平台，但是在预报观测点设立的浮标等设施受到人为破坏的情况屡有发生。尽管这些设施在设立时都办理了海域使用证，也设有安全警示标志，并且通过海事部门发布了航行通告，但是这些设施仍未得到有效保护。对破坏海洋环境监测设施行为的处罚依据尚不明确，不具体。

三、对海平面上升准备不足

海平面上升的潜在影响已经引起世界各国的科学家、社会团体和政府的广泛关注。我国海岸线很长，沿海的河口三角洲和滨海平原面积广阔，高程低于5米的沿海面积达14.39万平方千米，约占全国国土面积的1.5%，是海平面上升影响的脆弱区，其中珠江三角洲、长江三角洲及苏北沿岸、黄河三角洲等为重点脆弱区。

我国对海平面变化的研究已取得了一些成果，包括：发现了中国沿海海平面的南高北低分布特点，建立了一种海平面的本征分析和随机动态分析预报的联合模型。研究者们认为，应对海平面上升除控制温室气体排放遏制全球变暖之外，可以采取地面沉降系统综合防治（包括控制地下水开采等）；提高防潮和防汛工程标准等。但我国对应对海平面所做的准备工作尚不充分。

在现有防潮设施情况下，若未来海平面在历史最高潮位上升时，三个重点区的相应防护海堤的加高加固费要高于发达国家的比率。而我国现在尚无应对海平面上升的计划。为了应对海平面的上升，中国还有很多工作要做，包括：建立中国沿海海平面变化监测系统；预测中国沿海海平面变化；渤黄东海海平面变化机制及其对太平洋海平面变化的响应；潮汐影响地区饮用水安全保障，等等。

四、现有的海洋管理体制不太适应海洋防灾减灾的需要

目前的海洋防灾减灾管理体制还存在着不足。例如，海洋环境预报是海洋防灾减灾工

作的重要组成部分，其准确性和及时性直接关系到防灾减灾的效果。海洋环境预报需要海洋、水利、气象、交通、农业、林业、邮电通信及新闻媒体等部门的通力协作，需要海洋开发各部门和沿海一切可能受海洋灾害影响的社会各界积极配合。由于我国没有设置对所辖海洋区域进行预报管理的强有力的综合性行政主管机构，致使目前国家海洋预报行政管理工作被部门行业的行政管理所分割。这种情况会造成海洋环境预报的发布延误和准确率降低，从而降低减轻和防御海洋灾害工作的效率。例如，2004 年的第 14 号强台风“云娜”到来之前，国家海洋环境预报中心提前 30 个小时把准确的预报送到了浙江沿海地区，当地紧急转移了 40 多万人，近 1 万艘出海船舶回港避风，减少了风暴潮造成的损失。但由于气象局对这次台风的预报路径出现了偏差①，有关地区还是被“云娜”打了个措手不及，导致浙江省受灾人口达1 299万人，直接经济损失 181. 28 亿元。

对海洋环境预报精确度要求如此“苛刻”，更需要一个完善的管理体制来保障。

五、相关的防灾减灾法律制度不健全

海洋防灾减灾是一项非常复杂的系统工程，需要建立在科学的基础上，完善于法制体系的保障下。在海洋防灾减灾实践中，我国已积累了大量经验，也初步建立了一定的制度和规范。但总体来讲，仍然存在许多不足。例如，目前尚未建立起海洋灾害调查、评估分析、鼓励建设海洋防灾减灾基础设施等制度。除此之外，人们对海洋防灾减灾的法制观念淡薄，有法不依、执法不严的情况普遍存在。这也大大降低了海洋防灾减灾工作的效率。

第四节　加强我国海洋防灾减灾法制建设的对策与建议

根据我国海洋防灾减灾的任务，相关法制建设取得的成就以及尚存在的问题和不足，我们认为我国海洋防灾减灾法制建设还应当注意以下几个方面。

一、完善海洋防灾减灾法

在相关法律中，应当对海洋防灾减灾资金投入、加强海洋防灾减灾能力建设、重点防灾减灾工程建设等做出明确具体的规定，应该把这些内容落实为具体的管理机关或部门的职责。

在相关立法中应当向有关部门提出掌握我国海洋灾害发生规律，制定海洋防灾规划并组织实施的任务。

国家应当制定专门的法律规定海洋环境包括海洋气象的观测、监测以及信息发布和使用等，为海洋防灾减灾工作的顺利开展提供基础信息的保障。

---

① 24 小时路径预报误差为 0. 7 个纬距。这个误差小于目前国际预报平均误差 1. 4 个纬距。

有关法律应当明确规定按照海洋防灾减灾的需要调整沿海产业布局。对于能够引发地面沉降、侵蚀的产业或工程项目严格控制。

二、加强海洋防灾减灾的国际合作

国家要加强国际海洋科研合作，跟踪全球气候变化，加强海洋环境变化的监测和预报。全球变暖、厄尔尼诺、拉尼娜等是全球性环境问题，国际海洋科研在解决这些全球性科学问题的过程中扮演着极其重要的角色。作为一个发展中国家，我国应加强与国际组织和相关国家的海洋科研合作，积极参加相关的国际组织，参与有关项目的实施。

三、鼓励参加海洋防灾减灾的预防和救助活动

海洋防灾减灾是政府的责任，也是每一个公民的道德义务。我国是一个大国，对国际海洋事务负有国际义务。因此，一方面，我国应当积极参加国际海洋灾害预防及救助的活动；另一方面，在努力提高全民的海洋防灾减灾意识的同时，国家应当鼓励公民积极参与海洋灾害的防治工作，包括参与公益性的海洋防灾减灾的宣传、调研等。

第十一章　海洋科学研究和海洋教育法的建设与发展

随着我国海洋科学研究和海洋教育的不断发展和进步，我国的海洋科技立法和海洋教育法制建设也取得了一定的进步。但是，作为我国海洋法制体系中的一个组成部分，海洋科技立法和海洋教育立法与其他法律分支相比较，显得较为落后。从我国海洋事业发展的需要，尤其是海洋科技发展和海洋教育的需要来看，我国这方面的法律制度建设亟须加强。

第一节　我国海洋科学研究的法律调整及其完善设想

海洋管理水平、海洋产业的发展水平与海洋科学技术进步是直接相关的。改革开放以来，我国的海洋科学技术，包括与海洋产业直接相关的和没有直接关系的，都得到了迅速的发展，取得了举世瞩目的成就。与这个进步相伴随的海洋科学研究管理水平取得了提高，相关立法逐步发达。不过，总的来说，我国对海洋研究提供的法律指引和法律保障尚不能满足海洋研究所提出的要求。

一、我国海洋科学研究的成就

新中国成立以来，我国在海洋调查和海洋科学研究方面做了大量的工作。其中海洋调查的范围从近海逐步扩展到大洋，调查方式也从海面观测逐步发展到航空航天遥感和水下探查。

1950 年，中国科学院在青岛成立水生生物研究所海洋生物研究室，于 1959 年扩建为中国科学院海洋研究所。[①] 1952 年，山东大学成立了海洋系。1959 年，山东海洋学院正式建立。随后，我国还陆续建立了其他一批海洋科学研究机构。到现在，中国科学院、国家海洋局、教育部、国土资源部、石油部、农业部、交通运输部和沿海省、市、自治区共建立各种海洋科研调查机构 100 多个。

20 世纪 50 年代初期，我国对海洋生物、海洋水文开展了调查研究。1953 年，在青岛市小麦岛建立了我国第一个波浪观测站，开始波浪研究工作。同时，一些单位开始研究天

---

① 杨文鹤等编著：《二十一世纪中国海洋要事》，海洋出版社，2003 年版，第 365－386 页。

津新港泥沙回淤问题、河流入海河口的演变规律、近海水声学等。1957—1958 年，中国科学院海洋生物研究所进行了渤海及北黄海西部海洋综合调查，并与水产部黄海水产研究所、海军和山东大学海洋系等单位协作，完成了多次同步观测。1958—1960 年，国家科委海洋组组织全国 60 多个单位开展全国海洋综合调查。1959 年，地质部第五物探大队和中国科学院海洋研究所协作，开始在渤海海域进行以寻找石油资源为目标的海洋地球物理调查。同年，地质部航空测量大队对整个渤海及沿渤海地区，进行了我国首次海上航空磁力测量。1958 年至 1960 年，我国组织了全国海洋综合普查。60 年代后期以来，为寻找海底石油和天然气，我国开展了大规模的海洋地质和地球物理调查。1974 年，中国科学院南海海洋研究所综合考察了西沙群岛海域。1980—1985 年，国家海洋局等组织我国沿海 11 省、市、自治区进行全国海岸带和海涂资源综合调查，并开展了海岸带综合开发利用试验。1988—1995 年，我国进行了全国海岛资源综合调查和海岛综合开发试验等。进入 21 世纪，海洋领域的项目列入国家“973”计划并先后启动，对推动海洋科学的发展及海洋事业为国家经济社会发展服务产生了重大的影响。2005 年联合国环境署和全球环境基金会资助的黄海大生态系研究项目启动。

随着近岸海洋科学调查和研究的深入，我国海洋科学研究的范围也不断扩大。1976—1980 年，国家海洋局根据我国第一次远程运载火箭试验的需要，在太平洋中部特定海区开展了综合调查。1978—1979 年，国家海洋局等部门参加了第一次全球大气试验，在中太平洋西部进行调查、试验。1983 年，国家海洋局进行了北太平洋锰结核调查和南海中部综合调查。翌年，中国科学院南海海洋研究所对南沙群岛邻近海域进行了综合考察。1983 年，我国加入了《南极条约》。第二年，我国首次派出南极考察队进行南大洋和南极大陆科学考察。此后对南极进行了十几次考察，建立了“长城”“中山”和“昆仑”三个南极科学考察站。1986—1989 年，中国科学院开展了“西太平洋海域海气相互作用及其年际气候变化调查研究”。1987 年我国对南沙群岛及其邻近海区进行了综合科学考察。1985—1990 年，中国派出 3 艘船、300 多名海洋科技人员参加了热带西太平洋海气耦合响应试验，获得大量科学资料，为了解西太平洋“暖池区”海气耦合作用对全球气候变化的影响，改进全球海洋和气候预报模式，研究厄尔尼诺等现象提供了重要依据。1990 年，中国参加了北太平洋海洋科学组织（PICES），并于 1992 年参加了政府间海洋学委员会西太分委会。中国还参加了联合国亚太经社理事会海洋环境与海洋学研究工作组等地区性组织。中国参与了联合国教科文组织政府间海洋学委员会等国际组织倡导和发起的全球海洋观测计划（GOOS），并发起组织东北亚海洋观测系统。1996 年我国又加入了国际北极科学委员会，积极参与“北极在全球变化中的作用”等相关的国际合作项目。①

① 《海洋大事记》，国家海洋局官方网站 http：//www. soa. gov. cn/hyjww/hydsj/A0211index_ 1. htm。2009 年 10 月 10 日访问。

此外我国还参与了一些其他的全球性海洋科研活动，包括全球海洋污染研究与监测、热带海洋与全球大气研究（TOGA）、世界大洋环流试验（WOCE）、全球联合海洋通量研究（JGOFS）、海岸带陆海相互作用研究（LOICE）、全球海洋生态系统动力学研究（GLO-BEC）、气候变异与预测研究（CLIVAR）、大洋钻探计划研究（ODP）、上层海洋与底层大气研究（SOLAS）、全球海洋赤潮的生态学与海洋学研究（GEOHAB）等，为推动全球海洋科技合作做出了积极的努力。这些国际合作项目把我国学者的研究带到国际的前沿，也大大提高了我国基础研究的水平。①

我国海洋科学研究以近海陆架区海洋学为主，逐渐向远洋发展，已经形成了具有区域特征的多学科的海洋科学体系。我国已经在物理海洋学、生物海洋学、海洋地质学、海洋化学等学科取得了显著进展，为海洋渔业发展、海洋油气资源开发、海洋环境保护和海洋防灾减灾等提供了科学指导和依据。我国积极发展海洋技术，已经形成了海洋环境技术、资源勘探开发技术、海洋通用工程技术三大类，包括20多个技术领域的海洋技术体系。目前，我国正在实施海洋高技术计划、海洋科技攻关计划和“科技兴海”计划。我国海洋高技术研究的重点是海洋监测技术、海洋探查资源开发技术、海洋生物技术。海洋科技攻关计划的重点是海岸带资源与环境可持续利用、海水淡化、海洋能利用和海水资源综合利用等与现代海洋开发直接相关的领域。

二、推动海洋科学研究需要采取的措施

尽管我国在海洋科学研究方面已经取得了一定成就，但是与其他先进国家相比，我国过去对海洋科技发展重视程度和投入仍然有一定的差距。最近15年来，虽然有多种专项计划推动海洋科研的发展，但是我国海洋科研总体水平仍落后于先进国家。这在很大程度上制约了海洋产业、海上安全、海洋环境保护事业的发展和国际竞争能力的提高。与海洋科技先进国家相比较，我国的海洋科研发展的差距主要表现在以下几个方面：管辖海域调查的程度较低，综合保障服务能力不足，海洋科技产业化发展缓慢。为了解决这些问题，应当采取以下措施。

（一）政府对海洋科研应进行统一管理

海洋是一个广阔的、开放的、具有多样性的复杂系统，其中具有各种不同尺度和不同层次的物质存在和运动形态。这一属性决定了海洋科学研究的多学科综合与交叉。因此，在海洋科学研究过程中必须树立统筹兼顾、综合平衡的观念，对各种海洋科研活动进行系统规划、综合管理。我国的海洋科技力量分属各个部门，各个部门又各自为政，使得我国海洋科研力量得不到整合，难以形成大型科研团队。我国条块分割的科研管理体制分散了我国的海洋科研力量和有限的海洋科研投入，同时也使得海洋科研活动在地区布局、专业

① 于宜法等著：《中国海洋事业发展对策研究》，中国海洋大学出版社，2008年版，第122－123页。

配置等方面存在着重复建设等问题。这要求政府对海洋科研进行统一管理，组织各种海洋科研力量，充分发挥政府的协调管理作用。

（二）政府应加强对海洋科研的财政支持

海洋相对于陆地来说更难以接近。这一特性决定了海洋科学研究的高投入性和高风险性。再加上海洋科学研究的成果最终是为整个社会服务的，所以单个单位无法单独承担科技创新相应的成本和风险，需要政府职能部门的协助和国家财政的支持。虽然我国每年投入到海洋科研中的经费数十亿元人民币，但是与世界发达国家的海洋科研投入相比，还很少。由于没有充足的后续资金保证，科技人员容易形成"有钱干，没钱换"的心态。这种状态必然造成科技人员精力的浪费和科技资源的潜性流失。①

（三）加强海洋科学研究国际合作

海洋的流动性、关联性特点决定了海洋科学研究的国际性。目前我国海洋科学研究主要在近海进行。虽然我国也开展了南北极研究和部分的大洋研究工作，但是对于其他很多领域的研究仍然参与不多。例如，海洋环流的研究是了解气候演变的关键，海洋对二氧化碳的吸收是减少温室气体的主要因素，海洋生物地球化学循环是海洋固碳的基础，上层海洋环境监测是进行可靠渔场预报的基础，海洋沉积样品是了解古气候变化的重要渠道，海洋高度分布研究是了解全球海平面变化的重要渠道，不同海域海水运动差异是海洋能量保持和传递的关键，海冰覆盖面积和厚度的研究是了解地球能量平衡的重要因子，全球海洋参数是地球很多学科年代际和长期变化的基础数据。在这些方面，我国参与的都不多。国家应当鼓励参与以上领域的国际合作，积极支持全球性的海洋科学研究。

（四）促进海洋科研信息的共享

尽管我国现在有多种渠道发布科研信息，但是由于涉海科研部门缺乏沟通，一些重要的海洋基础数据仍然难以实现共享，大量宝贵的数据资源不能发挥效益，严重妨碍了国家的科技发展。所以应当采取措施，建设科技信息共享通道，保障科技信息的共享。

（五）促进海洋研究成果的产业化

在海洋科技成果产业化方面，中国传统海洋产业技术改造的速度过慢，海洋高新技术产业化技术产品批量小，海洋科技成果转化率不高。此外由于科研投入有限，不能及时开发出适应市场需求变化的新产品。正是由于这些问题的存在，削弱了海洋科技进步对海洋产业发展的支撑力度。②

① 于宜法等著：《中国海洋事业发展政策研究》，中国海洋大学出版社，2008年版，第126－127页。

② 国家海洋局海洋发展战略研究所课题组：《中国海洋发展报告》，海洋出版社，2007年版，第163页。

三、促进海洋科学研究的法制实践

（一）我国的科技立法和主要法律制度

海洋科学研究是科学技术活动的重要组成部分，其产生和发展受到总的科技法律制度的调整。20世纪80年代，我国科技立法全面启动。在邓小平同志提出“科学技术是第一生产力”这一当代马克思主义论断以后，尤其是党的“十五大”确立“依法治国，建立社会主义法治国家”这一治国方略和“科技兴国”、“可持续发展”两大战略以后，我国科技立法工作得以全面推进。迄今为止，除了在宪法、民法、行政法、刑法等传统法域的立法中确立了大量的科技法律规范以外，还进行了科技领域内的专门立法。这些专门性的法律，包括法律、行政法规和规章、地方性法规和自治法规、军事法规等，已有1 000余件，其主要立法和主要法律制度大体包括以下几个方面。

1. 科学技术进步法

1993年出台2007年修改的《科学技术进步法》，是我国科技领域的基本法性质的法律。这部立法确定了我国科技立法总的指导思想和基本原则，构筑了我国科技法律制度体系的框架。这个框架可以概括为以下几个组成部分：第一，推动我国科技事业全面发展的制度；第二，依靠科技进步，解决社会发展的重大问题，促进可持续发展的制度。包括促进人口科学发展的制度、减灾防灾制度、以科技促进医药卫生水平和社会公共设施水平的制度、推动科技手段保护环境和自然资源的制度等；第三，促进科技发展的保障制度。包括关于科技投入的保障制度、科技奖励制度等；第四，动员全社会力量投入科技进步事业的制度。包括政府部门、研究开发机构、科技人员、金融部门、基金组织和其他社会组织、企业和农村等各方面的职权和职责、权利和义务的法律制度；第五，加强科技工作管理的制度，如，科技行政管理体系的制度，有关国防科技、科技信息、生物种质资源出入境、国际科技交流与合作等方面的制度。

2. 技术合同法

1981年12月13日第五届全国人大常委会第四次会议通过的《经济合同法》曾把“科技合作合同”作为经济合同列入法律。1985年1月，国务院发布了《关于技术转让的暂行规定》。1987年6月23日，《中华人民共和国技术合同法》出台。它对于推动我国技术商品化和技术贸易的发展起到了极为重要的作用。1999年3月15日颁布的《合同法》将技术合同制度列为专章，即第18章。同年10月1日，《合同法》实施后《中华人民共和国技术合同法》同时废止。技术合同制度并入《合同法》以后，其适用范围由原来只适用于我国法人、公民之间的合同扩展到适用于涉外合同。新《合同法》关于技术合同的规定更为详尽并与其他合同制度相协调，实现了与国际商事规则的接轨。在技术合同制度保障之下，我国技术年交易额由1981年几千万元上升到目前的800多亿元。在全国人大常委会的执法检查中，技术合同制度是实施情况最好的制度之一。

3. 科技成果权保护和科技奖励制度

20世纪80年代以后，我国陆续颁布的《专利法》《商标法》《计算机软件保护条例》《反不正当竞争法》《植物新品种保护条例》《民法通则》和《刑法》等法律、法规中，对科技成果权（知识产权）都规定了保护措施。同时，我国加入了一系列国际知识产权公约。到目前为止，我国科技成果权保护已经做到有法可依。我国的《宪法》《科学技术进步法》《促进科技成果转化法》《专利法》国务院及其有关部委的数十个奖励条例，构建了我国的科技奖励立法体系。根据规定，目前我国的科技奖励分为三类：一是国家荣誉称号奖；二是政府科学奖；三是法定科技成果提成奖。上述奖励也可以折算为企业股份或者出资比例。此外，有关法律、法规和规章所确定的评奖授奖制度和奖励基金制度，也是我国科技成果奖励制度的重要组成部分。

4. 涉外海洋科学研究管理制度

海洋科研活动同时也受到海洋科学研究专门法律的调整。为了规范涉外海洋科研活动，国家海洋局发布了《涉外海洋科学管理规定》。该文件规定了涉外海洋科研活动的审批制度、科研资料的所有和共享制度、科研船只的检查制度等。《规定》为涉外海洋科研管理提供了法律依据。

（二）海洋科技规划

海洋科技计划与规划是国家保障海洋科技投入和指导海洋科技发展的重要手段。自1956年国务院科学技术规划委员会编制12年科学技术发展规划，第一次将海洋科学技术发展列入国家的科学技术规划起，我国先后出台了一系列直接针对海洋科技发展的纲领性文件。在“中国海洋21世纪议程”“中国海洋政策”等文件中，也涉及了海洋科技发展的内容。①

20世纪80年代末，为了实现海洋经济的可持续增长，国家加大了对海洋事业的支持力度。② 1986年，海洋环境数值预报研究项目被批准列入“七五”期间国家科技攻关计划。1988年6月，我国制定了海洋行业科技发展的指导性文件《国家中长期海洋科学技术发展纲要》，提出了我国海洋科技发展的战略和目标、重点任务和关键技术、支撑条件和重要措施。“八五”计划期间将一大批海洋科技项目列入国家攻关计划，投入总经费36亿元。“九五”计划期间为了进一步促进海洋经济的快速发展，国家在“九五”科技攻关项目中继续对海洋科学技术给予高度重视和较大支持，对解决海洋资源开发和海洋环境保护中的重大关键问题发挥了重要作用。1996年，我国政府有关部门联合制定了《“九五”（1996—2000年）和2010年全国科技兴海实施纲要》，同年海洋高技术被列入我国高技术研究和发展计划（“863计划”），在海洋技术领域确定了一批重要项目。这标志着我国海

① 国家海洋局海洋发展战略研究课题组：《中国海洋发展报告》，海洋出版社，2007年版，第167页。

② 邓力群等主编：《当代中国的海洋事业》，中国社会科学出版社，1985年版，第35－159页。

洋高技术研究进入一个新的发展阶段。1997 年海洋领域项目列入了国家“973”计划。2006 年，国务院发布的《国家中长期科学和技术发展规划纲要》（2006—2020 年），海洋科技是规划确定的战略重点之一。为了落实这个规划纲要，国家有关部门联合制定了《国家“十一五”海洋科学和技术发展规划纲要》，确定了我国“十一五”期间海洋科技发展的指导方针、基本原则、发展目标、重点任务及相关保障措施。

四、制定我国海洋科学研究促进法的设想

21 世纪初以来，经济全球化受到世人的普遍重视。随着世界贸易组织等国际经济组织活动的不断扩展，经济全球化在深度和广度上也不断加强。海洋作为经济全球化的重要载体，其地位也就显得日益突出。我国是一个海洋大国，其在构建世界“和谐海洋”中发挥着重要的作用。当前，我国海洋科技创新能力与国际先进水平差距仍然较大。这一方面与我国科技投入不足、市场机制发育不完善有关；另一方面也与相关的法律法规建立不完善有关。我国海洋科技体制难以适应海洋科技发展的形势，已成为海洋科技发展的“瓶颈”。科学数据无法实现共享、海洋科研与应用脱节、高水平科技团队不多、经费支持不稳定、难以形成长期目标等原因都影响了高水平海洋科技成果的形成。

为了有效解决当前海洋科学研究发展中存在的问题，进一步推进海洋科技的进步，建议制定《海洋科学研究促进法》，并就立法的重要内容提出以下原则建议。

（1）明确海洋科学研究的公益性特点、其对海洋事业的开展、收入的增加和国民经济发展的重要作用，确定政府在推进海洋科技进步中的不可替代的地位。

（2）把海洋科技摆在国家科研工作的突出位置。在制定国家科技政策、分配科技增量投入和实施国家重大科技行动中，重点向海洋科技倾斜。

（3）明确中央与地方、科技主管部门与有关产业部门、政府与企业在海洋科技活动中的分工和职责，发挥各自的优势和作用，促进科技与产业紧密结合。

（4）完善以政府为主体的多元化投入长效机制，保障海洋科研投入持续增加。各级财政对科技投入的增长既要高于同期财政收入增长的幅度，又要高于同期科技投入总量增长的幅度。加大重大关键海洋技术攻关、海洋科技成果中试熟化、推广应用、科技普及和培训等方面的投入。加大对海洋权益维护方面的科技投入力度。完善海洋科研立项和投入分配机制。

（5）加强海洋科技人才队伍建设。深化海洋科研机构人事、分配和管理制度改革，建立人尽其才、优秀人才脱颖而出的人才评价和培养机制，使科研任务向优势群体和杰出人才倾斜。

（6）深化改革，加强海洋科技推广体系建设，在充分发挥海洋科研院所、大专院校、科技园区、海洋产品企业、专业合作组织等各方面积极性的同时，强化政府的海洋科技推广主渠道的作用。

（7）加强海洋科技基础教育和职业技术培训，提高相关人群科学文化素质和接受海洋新技术的能力。

第二节　我国海洋教育与人才培养法律调整及其完善设想

随着我国海洋经济的发展和海洋科学研究的深入，国家对海洋专业人才的需求也不断增加，海洋教育的规模也在不断扩大。据不完全统计，我国大陆实施海洋专业教育的高等院校已有47所，中等专业学校29所，其中直接以海洋命名的综合性院校有3所。目前国内主要涉海院校包括中国海洋大学、广东海洋大学、浙江海洋学院、厦门大学、同济大学、大连海事大学、上海海运学院、上海水产大学等。此外还有一些大学也开展了涉海方面的教学与科研工作，如北京大学、清华大学、南京大学、中山大学、上海交通大学、河海大学、大连理工大学、华东理工大学等，这些高等学校也设置了海洋科学、海洋工程等方面的专业，成立了涉海研究开发中心和重点实验室。全国共设有海洋专业领域博士后流动站11个，博士点36个，硕士点68个，本科专业93个。在这些学科专业中，共有国家重点学科19个，国家级、部省级本科重点专业9个，国家级、部省级重点实验室13个。我国已经形成了由普通高等教育、成人高等教育和职业高等教育等不同类型构成，具有研究生教育、本科教育和专科教育等不同层次结构的海洋专业人才培养体系。海洋专业教育可以向海洋渔业、海水养殖、海产品加工、海洋化工、海洋采掘、海洋设备制造、海洋电力和海水利用、海洋工程建筑、海洋地质勘查、海洋交通运输、海事保险、海洋社会服务、滨海旅游、海洋信息咨询服务、海洋科学研究与综合技术服务等海洋产业提供后备人力资源。①

除了高等教育以外，进入21世纪，中小学课本中加入了我国海疆和海洋权益知识的介绍，有关海洋资源开发的内容也被列入到高考的复习大纲中。此外我国还常年通过新闻媒体对公众进行海洋知识教育，并在沿海地区公众中开展合理开发利用海洋和保护海洋环境的常识教育。在20世纪80年代，分别在北京和青岛举办了“人和海洋”大型科普展览会和“南极考察”展览，参观人数达30多万人次。近年来我国拍摄了《我们所见到的南极》《开发海洋宝库》《潮汐发电》《中国首次南极考察》《海上丝绸之路》《海洋石油——勘探开发》《中国首次环球科学考察记》《大洋锰结核》等科教片，出版了《海洋史话》《小航海家》《喧闹的海洋》《海洋开发》《神秘的航标灯》《世界港口游记》等科普书籍，举办了以海洋科普为题材的夏令营10多期。90年代20集大型电视系列片《万里海疆》在中央电视台正式播出，此后有20多部影视片加入了全国海洋科普活动。1991年以后出版了《中国海湾志》《中国海洋统计年鉴》《中国海洋发展报告》《中国自然资源丛

① 于宜法等著：《中国海洋事业发展政策研究》，中国海洋大学出版社，2008年版，第153页。

书·海洋卷》等重要书籍和刊物。1990年创刊了《中国海洋报》。现在电视台、报纸大量刊登有关海洋知识、海洋时事的报道，人们可以通过媒体了解海洋。

目前我国从事海洋教学、科研的人员数万人，其中拥有高级专业技术职务的占28.8%，拥有中级和初级专业技术职务的各占30.6%和24.9%，其他人员占15.7%；获得博士学位的占9.0%，获得硕士学位的占20.5%，具有大学或者大专学历的共44.1%，其他学历的占26.4%，已经形成了一支集海洋基础科学研究与海洋应用科学研究为一体的海洋专业人才队伍。这支队伍在海洋基础科学研究、海洋环境保护、海洋调查与科考、海洋资源开发与利用、海洋法学、海洋管理、海洋权益维护等方面取得了一定的成就。①

一、我国的海洋教育法制建设

作为我国整个教育事业中不可分割的一部分，海洋教育在我国教育法规的指导、调整下不断发展。我国现行的教育法律体系是20世纪80年代建立的。1982年《宪法》就国家对教育事业的基本政策、公民受教育的基本权利义务作了原则规定。全国人大及其常委会于1980年至今先后通过了《学位条例》《义务教育法》《教师法》《教育法》《职业教育法》《高等教育法》《民办教育促进法》7个教育法律法规。它们构成了我国现行教育法律制度的基本框架。为了实施这些法律和促进教育的发展，国务院先后颁布了十余部教育法规，教育部发布了200多项部门规章。②以上法律法规确认了我国公民受教育的权利，明确了公民有受教育的平等机会，强调国家要保障公民受教育的权利，要以财政投入教育，以国家财力支持教育发展，并在经济发展的基础上，逐步提高教育经费的投入，帮助贫困学生，帮助贫困地区和少数民族地区发展教育事业，在一定范围内实施免费教育和义务教育，所有这些对促进包括海洋教育在内的教育事业的发展起到了积极的作用。

除了国家立法外，一些规范性文件也有海洋教育的内容。《国家中长期科学和技术发展规划纲要》（2006—2020年）指出："科技创新，人才为本，人才资源已经成为最重要的战略资源。""科技人才是提高自主创新能力的关键所在。"《中国教育改革和发展纲要》要求国家造就一批具有远见卓识的领导者和决策人才，建立一支门类齐全、整体素质良好的科技人才队伍和具有一定劳动技能和科学文化素质的劳动者大军，包括海洋领域的专业人才和劳动者。《中国海洋21世纪议程》提出要逐步增加海洋教育的投入，加强成人海洋科学普及教育和大专院校海洋专业知识、技能的教育，培养造就一支专业海洋科技人才和懂得海洋知识的劳动者队伍。坚持不断完善以国家财政拨款为主，多渠道筹措教育经费的体制，通过协调一致的正式的和非正式的项目，有计划有步骤地增加海洋教育机构、经费和力量，加大海洋教育投资规模，通过建立"海洋科技教育发展基金"和"海洋教育基

① 于宜法等著：《中国海洋事业发展政策研究》，中国海洋大学出版社，2008年版，第154页。

② 李赐平：《我国25年的教育立法：现状、局限与展望》，《前沿》2005年第6期，第95-99页。

金”等，提高海洋专业教师和研究人员的待遇，改善工作和生活条件，吸引和鼓励优秀的海洋教育专业人才积极投入海洋教育事业。这些文件是国家法律的重要补充，对确立和实现我国海洋教育发展政策和战略具有重要作用。

二、加强我国海洋教育的法律对策和建议

加强我国海洋教育，最重要的是提高整个民族的海洋法律意识。一个具有高素质的人群是最宝贵的财富。尽管我国目前有很多与教育和海洋有关的法律，但是却很少看到法律对海洋教育做专门的规定。根据这种情况，我们建议制定专门的《海洋教育条例》。条例应当包括以下主要内容。

（一）加强公民海洋意识的培养

虽然我国公民对海洋都有所了解，但是总的来说海洋意识仍然不强，海洋知识仍然很缺乏。国家应当把强化全民族的海洋意识、传播海洋知识作为战略任务来抓，广泛、持久、深入地把这项工作坚持下去。应当利用一切宣传手段，如广播、电视、电影、报刊、网络、书籍等在全民中开展海洋教育，普及海洋知识，营造一种全方位、多层次的海洋教育氛围，形成一种海洋知识无处不在的影响局面。①

目前我国媒体虽然有有关海洋信息的报道，但内容较少，涉及范围也窄。加强媒体宣传是提高民族海洋意识的一个重要方法。媒体应当加强海洋知识和相关信息的报道与宣传。普及海洋知识，提高劳动者的海洋科学文化素质，培养公众保护海洋环境资源的自觉性和能力。再者，应当从政府、社会、学校、家庭等各方面加强海洋知识的普及教育。在各级各类考试中都应当有海洋知识的内容。应当充分发挥海洋保护区、海洋科研院所、海洋馆、科技馆、海洋台站的教育作用，使海洋知识的普及工作更生动，更务实。

（二）建立健全我国海洋教育体系

海洋教育体系包括海洋教育管理部门、师资、受教育者、内容、方式方法等诸多方面组成的统一整体。海洋教育管理部门不仅仅包括教育主管部门，还应当包括海洋相关的其他主管部门，包括海洋、环保、海事、渔业、公安、海关等诸多部门。这些部门都应在职责范围内对管理干部和群众进行海洋教育。海洋教育体系中最主要的部分还是学校，包括大专院校和中小学校。现在中学课本中有关于海洋权益方面的法律制度介绍，但缺乏如海洋资源开发利用、海洋环境保护与管理等方面法律的内容。我国目前普通的高等院校多没有开设海洋方面的专业。《海洋教育条例》应当规定在所有的高校中都应设海洋通识课程。这样大专院校的学生就有机会对海洋有一个更深入的理解。以法学为例，我国从 1977 年恢复法学教育以来，法学教育得到了蓬勃的发展。据统计，到 2005 年，全国开办法学教育的学校已有 400 余所，各类法学高校的在校生加在一起已有 40 万人的规模。法律大专、

① 于宜法，王殿昌：《中国海洋事业发展政策研究》，中国海洋大学出版社，第 160 页。

本科、法律硕士、博士各个教育层次俱全，培养方式又有全日制、在职培养、函授、远程等。而在这些教育中，海洋法的地位显然不高。[①] 直到今天，这种状况也无大的改观。我国设立了司法考试制度，只有通过司法考试取得了资格的人才能从事法官、律师、检察官职业。每年的司法考试大纲只是将海洋法的内容作为国际法的一部分，其他海洋法律基本没有涉及。此类情况应通过制定海洋教育条例或其他类似的法律来加以解决。

① 张娜著：《法学教育的困惑与出路》，《人民法院报》，2005 年 5 月 25 日。

第十二章　加强我国海事审判法律制度的战略思考

海事审判是人民法院依法审理裁判海事案件的专门活动，它是人民司法工作的重要组成部分。海事法院自成立以来，在发挥人民法院审判职能作用、维护社会经济秩序和构建社会主义和谐社会等方面发挥了重要作用。随着我国加入 WTO 后对外贸易和航运业的飞速发展，海事纠纷案件不断增多，海事法律关系日趋复杂，海事审判工作也面临着极大的挑战，因此加强我国的海事审判工作是摆在我们面前的紧迫任务。

第一节　海事审判的概念和特点

海事审判，是一种特殊的民事审判。和刑事、一般民事、行政等审判门类相比较，它具有审判机关专门化、法律关系复杂化、国际化、专业化、适用法律多元化和审判程序特殊化等特征。海事审判法律制度在维护国家主权、促进和保障国家对外贸易、海上运输等方面都起着不可替代的重要作用。

一、海事审判的概念

审判活动，古即有之。古汉语“审”字的本意是“详知、明悉”。《淮南子·说山川》：“万事由此所先后上下，不可不审”，“审”具有详尽细密之意。“审”字的第二层意思是“详查，细究”。《论语·尧曰》中“谨权衡，审法度”的审即是此意，后来“审”引申为“审讯”，如审理，审判。“判”，《说文解字》注为“分也”，引申为“评断”。“判”又专指对案件的裁决。《旧唐书·李元紘传》：“元紘大署判厉曰：南山或可改移，此判终无摇动”。“审”与“判”组合即包括了审理与裁决两层含义。“审判”一词在现代汉语中的词意即是指国家审判机关应用法律审理和裁判案件的活动。[①] 在“审判”前冠以海事一词对审判的门类或对象加以限定，就构成了海事审判的特有内涵，以区别于刑事、一般民事、行政等审判门类。

我们所说的“海事”有狭义和广义之分。[②] 狭义的“海事”，局限于在海上发生的事

① 李守芹、李洪积：《中国的海事审判》，法律出版社，2002 年版，第 6 页。

② 中国海事仲裁委员会秘书处编著：《海事仲裁入门指南》，中国政法大学出版社，2001 年版，第 101 页。

故，如，船舶在海上航行或停泊过程中发生的碰撞、触礁、搁浅、火灾、沉没等造成财产损失或人身伤亡的事故，一般单指海事侵权纠纷案件。而广义的“海事”，还包括海上活动所涉及的与船舶有关的各种法律事实。因一方没有认真地履行运输合同而出现的货损货差、承租人未按期支付租金的违约行为、船东未按劳务出租合同付给船员工资，以及有关海上安全、航运管理、港口管理、防止海洋环境污染、船舶船员管理、港口管理、海洋资源开发、渔业捕捞等领域中发生的各种事故等，统称为海事。①

当事人之间因海事而产生的纠纷，称为海事争议（Maritime Disputes）。而系属到法院里来需要通过海事法院审理和裁决的海事争议，我们称之为海事案件。根据我国最高人民法院于1984年11月通过的《关于设立海事法院几个问题的决定》，海事法院现设海事审判庭、海商审判庭等机构。各海事法院一般都把因船舶及其海上运输、生产经营活动而产生的当事人之间的合同纠纷划归海商审判庭受理，非合同类纠纷归海事审判庭受理，故人们又习惯地把海事审判庭受理的案件称为“海事案件”，归海商审判庭受理的案件称为“海商案件”。实际上，普遍的理解是“海事”与“海商”属同一或同等的概念。在英文里，“maritime”一词，既可以翻译为“海商”，也可以翻译为“海事”，其所指均为同一对象。因而通常我们也把它们统称为海事海商案件。为了与海事审判这一表述保持一致，若没有特殊说明，本章所用“海事”一词为广义概念，海事案件为广义的海事海商案件。②

---

① 就“海事”一词而言，在商务印书馆出版的《现代汉语词典》中，也做了广义和狭义之分。广义的海事是“泛指一切有关海上事故，如，航海、造船、航运法规、海损事故处理等”；狭义的海事是“指船舶在海上航行或停泊所发生的事故，如触礁、灭失等”。参见《现代汉语词典》（2002年增补本），商务印书馆，2002年版，第491页。

② 我国不称海事法而称海商法，是有一定的历史背景的。其原因是，作为民事法律关系中的特别法，《海商法》是党的十四大闭幕后颁布的法律之一，为了在1992年市场经济初期当时的立法背景下突出“商”字，强调对市场经济条件下平等主体之间海上运输关系和船舶关系的调整，因此对一些行政法很少涉及，只有在民商事法律关系必须涉及的内容方面加入了一些行政法条文，而“海事法”的名称则无法体现这一在立法颁行当时非常重要的价值观。（参见王千华、白越先主编：《海商法》，中山大学出版社2003年版，第2页。）从国际的历史背景来看，在中世纪，船舶所有人和货主是同一个主体，航海只是货主进行商品交换的手段，并非目的。故调整的法律规范称为“海商法”。18世纪以来，随着航运事业的发展，船舶所有人已经逐渐与货主完成分离。现在世界许多国家创立了独立的航运企业，如美国的总统轮船有限公司（APL）、荷兰的铁行渣华有限公司（P&O）等。与航运贸易应运而生的“海商”已经不能确切反映这个法律部门所调整的内容。大连海事大学司玉琢教授曾建议将海商法正名为海事法。上海海事大学侯军教授在其著作中也直接把我国海商法调整的对象作为海事法调整的对象研究。海事法官在认识法律部门时，应该侧重于法的实质，而不是法的名称。我国的海商法包括船员、船舶物权、海上运输、船舶买卖、船舶碰撞、共同海损和船舶油污损害等多方面的内容，实际上也就是广义海事所涉及的内容。我国的海商法、海事诉讼特别程序法及相关司法解释等调整海上运输有关活动的特殊民商事规范，属于海事法律规范。在国际海事领域，没有海商国际公约或海商国际惯例的称谓，而把有关船舶关系和海上运输关系的公约或惯例，如《海牙规则》（H. R.）《汉堡规则》（HBR）《1974年清洁提单问题》（CBL1974）、《2002年国际船壳保险条款》（RHC2002）等，称为海事国际公约或海事国际惯例（参见饶中享、王建新：《论海事法官审判能力的内核》，资料来源于中国海事审判网站：http：//www. ccmt. org. cn/hs/explore/exploreDetial. php？sId＝2156，2009年9月12日访问）。

二、海事审判的特征

和普通的民事审判形式相区别，海事审判是一种特殊的民事审判。它的特殊性表现在以下六个方面。

（一）审判机关专门化

改革开放以来，我国的经济建设进入了一个持续、高速发展的时期。为了适应社会主义经济发展的需要，满足海事审判工作之急需，1984 年 11 月 4 日第六届全国人民代表大会常务委员会第八次会议通过了《关于在沿海港口城市设立海事法院的决定》。最高人民法院为贯彻实施这一决定，于 1984 年 11 月 28 日作出了《关于设立海事法院几个问题的决定》，决定设立广州、大连、上海、青岛、天津海事法院。之后，最高人民法院又相继在武汉、厦门、海口、宁波、北海等地增设海事法院。海事法院作为处理海事案件的专门性法院，管辖国内及涉外的第一审海事案件，不受理刑事和其他民事案件。对海事法院的判决和裁定的上诉案件，由海事法院所在地的高级人民法院管辖。

（二）法律关系复杂化

海事案件涉及的法律关系往往十分复杂，如同一船舶碰撞损害事故，既可能涉及船舶及其所载货物的损害赔偿关系，又可能涉及人身伤亡损害赔偿关系，还可能涉及污染损害赔偿关系、救助、打捞关系、共同海损关系、单位责任限制关系、海事赔偿责任限制关系等。由于国际海上货物运输合同纠纷既涉及国际货物运输关系，又可能与国际货物买卖关系、国际贸易支付关系、海上保险关系等产生种种联系，因而在海事审判工作中，应准确界定各种复杂海事关系，从而正确适用相关法律。

（三）涉外特征明显

海事纠纷大都因船舶运输、生产经营活动等产生。由于海上运输具有跨洋越界的特征，往来于不同国家的港口间的船舶一旦发生海事争议，往往涉及多个国家当事人的利益。从全国海事法院收案情况看，涉外海事案件比例始终保持在受理案件总数的 20% 左右，案件当事人遍及世界 70 多个国家和地区。① 该种状况决定了涉外海事审判在整个海事审判工作中占有重要地位，由此也决定了涉外的海事审判中要面对一些更棘手的问题，如涉外海事案件管辖权的确定、涉外海事关系的法律适用、涉外诉讼文书的送达等。

（四）审判活动专业性强

海事审判的专业化主要是由船舶、海上运输、生产经营、海上保险等海事活动及由此形成的海事关系具有较强的专业性、技术性等所决定的。从事海事审判工作不仅要具有全

① 该数据来源于中国法院网：“2006 年 10 月最高人民法院万鄂湘副院长在全国海事审判工作会议上的讲话”，http：//www. zfwlxt. com/seachdemohtml2008111111362529678197 6685. html，2009 年 8 月 10 日访问。

面的法律功底，而且要掌握航运技术、贸易规范等专业知识、业务技能等海事专业知识。聘请专家鉴定或担任陪审员等，也是海事审判中常用的方法。[①]

（五）适用法律多元化

就总体而言，海事审判所需适用的实体法数量多、门类广、层级多。既有国内法，又有国际公约、国际惯例，甚至外国法；既有合同法等所谓的“私法”，又有行政法等所谓的“公法”；既有基本法律、法规，又有条例、规章和解释。而就同一案件或同一纠纷事实所产生的数种法律关系，也可能适用多种法律、法规，有时还要适用相应的国际公约、国际惯例。

（六）审判程序特殊化

海事审判是特殊的民事审判，适用我国民诉法确定的诉讼程序，特别是第一审普通程序。同时，由海事案件自身的特点所决定，海事审判还优先适用《中华人民共和国海事诉讼特别程序法》规定的特别程序。比如管辖、海事财产保全（海事请求保全）[②]、海事证据保全、海事行为保全（海事强制令）[③]、船舶优先权催告等，都适用《海事诉讼特别程序法的规定》。

三、海事审判的任务和作用

海事审判是人民司法工作的重要组成部分，它在发挥人民法院审判职能作用、维护社会经济秩序和构建社会主义和谐社会等方面具有重要作用。

（一）行使涉外海事司法管辖权，维护国家主权和法律尊严

中华文明源远流长，但其奔涌到近代却遇到了来自海洋的险恶“逆流”：1840 年，英国舰队从海上敲开了中国国门。尔后百余年间，西方列强从海上入侵中国达 84 次，入侵舰艇达 1860 多艘次，入侵兵力达 47 万人。[④] 故从一定意义上说，一部中国近代史，即是一部列强从海上侵略中国并频频得手的历史。伴随新中国的诞生、崛起，中国的海权也得以恢复、巩固。海权是国家主权的主要组成部分，是国家独立自主处理所辖海域有关内外

① 与一般的民商事案件相比，像国际海上货物运输、船舶碰撞损害赔偿、海洋污染损害赔偿、共同海损分摊、船舶建造及买卖等海事纠纷则需要熟知更多的专业知识来推动审判活动的开展，海事司法活动由此也就具有了专业化的明显特征。为适应海事司法专业化的需要，实践中人们主要采取了如下一些对策：一是聘请专家就相关专业问题进行鉴定；二是聘任相关专家担任人民陪审员，直接参与海事司法活动；三是致力于培养专家型的海事法官，造就专业化的海事司法队伍。参见：李守芹著：《海事诉讼与海事（商）法》，人民出版社，2007 年版，第 274 页。

② 按照《海事诉讼特别程序法》第 12 条规定，海事请求保全是“对被请求人的财产所采取的强制措施”，因此可知该海事请求保全即是海事财产保全。它与海事行为保全、海事证据保全共同构成海事诉讼领域的三大保全措施。

③ 根据《海事诉讼特别程序法》第 51 条的规定，海事强制令是指“海事法院根据海事请求人的申请，为使其合法权益免受侵害，责令被请求人作为或者不作为的强制措施”。它借鉴了英国民事诉讼的保全措施 Mareva Injunction 的做法，弥补了财产保全和证据保全不能针对被请求人的不足，与财产保全和证据保全一道为海事请求人的合法权益提供了全方位的保护。

④ 新华：《近代中国海权问题的历史反思》，《光明日报》1999 年 11 月 19 日刊登。

事物的权利，包括对内最高权，对外独立权、自卫权、管辖权等。要全面振兴中华，必不可少的一个重要方面就是要进一步巩固、维护、发展、壮大自己的海权。

发生在海洋、港口等区域的海事纠纷，大多具有涉外因素，常常出现就同一海事纠纷数个国家的法院都可主张管辖的情况。在该种情形下，维护本国管辖权扩大本国在国际社会的影响力，就成为各国司法机关的共同选择与追求。我国的海事司法机关，同样可通过积极、有效地行使涉外海事司法管辖权，来维护国家主权和法律尊严，从而不断提高我国的国际声望与地位。

（二）依法审理涉港澳台海事案件，保障和促进区际关系健康发展

特殊的国情使我国产生了内地与香港、澳门、台湾之间的法律包括海事法律冲突，亦即区际法律冲突。内地海事审判机关遵循促进和维护国家统一、“一国两制”、平等互利、促进和保障区际关系健康发展、原则性与灵活性相结合等原则，积极稳妥地处理了涉港澳台海事案件，为维护国家统一，保障和促进区际关系健康发展，发挥了专门审判机关的作用。

（三）依法审理各类海事案件，促进我国市场经济建设和改革开放事业顺利发展

我国是一个航运与贸易大国，现船舶总吨位、年进出口货物总值均居世界前列，且进出口货物的90%左右是通过海运来完成的。[①] 海运业与贸易业在国民经济中占有重要的地位。我国海事审判机关在海事合同纠纷案件、海事侵权纠纷案件、海洋开发利用纠纷案件、海事保全案件等各类海事案件的审理中发挥着不可替代的作用，促进和保障了国家航运业、贸易业及整个改革开放事业顺利发展。

（四）不断积累经验，积极探索符合我国国情的海事审判制度

专门的海事审判是我国新兴的一个审判门类。其究竟应走什么样的道路，建立什么样的审判制度，系在海事审判实践中不断探索建立起来的。在各海事审判机关积极行使涉外海事司法管辖权、扣押、拍卖船舶等丰富实践的基础上，最高人民法院依据我国法律的有关规定，结合我国海事司法实践，参照国际公约和国际惯例[②]，相继作出了《关于海事法

① 万霞著：《国际环境保护的法律理论与实践》，经济科学出版社，2003年版，第215页。

② 调整国际海事关系的国际公约和国际惯例主要有：一、有关船舶担保物权的国际公约：①《1926年统一船舶优先权和抵押权某些法律规定的国际公约》；②《1952年统一有关扣押海运船舶的若干规则的国际公约》；③《1967年统一船舶优先权和抵押权某些规定的国际公约》；④《1993年船舶优先权和抵押权公约》。二、有关国际海上货物运输合同的国际公约：①《海牙规则》；②《维斯比规则》；③《汉堡规则》。三、有关船舶碰撞的国际公约：①《1910年统一船舶碰撞某些法律规定的国际公约》；②《1952年船舶碰撞民事管辖权某些规定的国际公约》；③《1977年里约热内卢公约》（草案）；四、有关海难救助的国际公约：①《1910年统一海难援助和救助某些法律规定公约》；②《1989年国际救助公约》。五、有关共同海损的理算规则：①《1974年约克－安特卫普规则》；②《1994年约克－安特卫普规则》；③《中国国际贸易促进委员会共同海损理算暂行规则》。六、有关海事赔偿责任限制的国际公约：①《1957年关于海运船舶所有人责任限制的国际公约》；②《1976年海事赔偿责任限制公约》；③《1974年海上旅客及其行李运输雅典公约》；④《2002年海上旅客及其行李运输雅典公约》。

院收案范围的规定》《关于涉外海事诉讼管辖的具体规定》《关于诉讼前扣押船舶的具体规定》《关于强制变卖被扣押船舶清偿债务的具体规定》等司法解释，初步确立了我国海事诉讼的专门管辖制度、涉外海事诉讼管辖制度、诉讼前扣押船舶制度、强制拍卖被扣押船舶清偿债务制度、海事担保制度等海事诉讼（审判）制度。随着海事审判活动的不断深入，又出现了海事行为保全、海事证据保全、设立海事赔偿责任限制基金、船舶优先权催告、海事公示催告等丰富多彩的海事司法实践，这些成功的实践、做法连同上述“司法解释”确定的海事诉讼制度，大多被吸收进《海事诉讼特别程序法》，作为成功的海事诉讼制度以法律的形式确立下来。以《海事诉讼特别程序法》的颁行为主要标志，与国际社会普遍做法较一致的、充分体现我国特色的海事诉讼制度的基本框架业已确立，我国的海事审判步入了规范化、制度化的轨道。①

第二节　我国海事审判法律制度的历史发展概况

新中国的海事审判工作始于20世纪50年代初期。当时，海事案件数量不多，统一由人民法院民事审判庭审理。1954年全国人民代表大会第一次会议通过的《中华人民共和国人民法院组织法》明确了设置水上运输法院等专门法院的问题。1954年10月至1955年7月，天津、上海、武汉三个水上运输法院成立。上海市和天津市高级人民法院是水上运输法院的上诉审法院。最高人民法院设立了交通运输审判庭。武汉水上运输法院设置了重庆、芜湖、九江、南京四个水上派出法庭。

水上运输法院以审理水上运输系统内部的刑事案件为主，还受理刑事附带民事、交通事故、重大责任事故、海事货损、一般货损、货差等运输纠纷案件。由于当时美国对中国实行封锁禁运政策，中国尚无远洋船队，沿海运输的总运量亦很有限，中国的对外进出口货物运输主要是通过铁路与前苏联等国家进行，故海事案件数量很少。再加上国家当时正大力推行精简节约政策，1957年8月国务院通过了《撤销铁路、水上运输法院的决定》，各水上运输法院及最高人民法院交通运输审判庭于同年下半年全部撤销。自水上运输法院撤销后，原属其管辖的刑事和海事案件分别归由地方人民法院的刑事审判庭和民事审判庭审理。同时，除了诉讼途径外，海事纠纷还通过仲裁机构仲裁或港航行政主管机关裁处等途径予以解决。实际上，在一个相当长的时间里，海事纠纷主要是由港航行政主管机关调解处理的。

为适应社会经济发展的需要，1979年7月1日，第五届全国人大第二次会议通过的

① 为保障《中华人民共和国海商法》及其他海事实体法的实施，履行我国缔结或加入的海事国际公约义务，1999年12月25日，第9届全国人民代表大会常务委员会第13次会议通过了《中华人民共和国海事诉讼特别程序法》，并于2000年7月1日起实施，这就弥补了我国海事诉讼程序立法方面的不足，是我国海事、海商法领域的一件大事，它的颁布标志着中国的海事审判进入了一个崭新的历史时期。

《人民法院组织法》明确将水上运输法院列入专门法院范畴。1984 年 11 月 4 日，第六届全国人民代表大会常务委员会第八次会议通过了《关于在沿海港口城市设立海事法院的决定》。最高人民法院为贯彻实施这一决定，于 1984 年 11 月 28 日作出了《关于设立海事法院几个问题的决定》，决定设立广州、上海、青岛、天津、大连海事法院。为加强对海事审判工作的监督指导，1987 年 3 月最高人民法院设立了交通运输审判庭，后又改为民事审判第四庭，以监督、指导海事审判工作，协调海事法院与地方法院之间的关系。1987 年后，由于海事案件的进一步增加，最高人民法院又相继在武汉、厦门、海口、宁波、北海等地增设海事法院。

自海事法院成立以来，经过 20 多年的探索、实践，海事审判已发展成为一项独具特色的审判门类。据统计，20 多年来海事法院和上诉审高级人民法院共受理各类一审海事、海商案件 72 000 件，案件诉讼标的总金额 700 亿元人民币，案件类型 60 余种，案件的数量和种类均居世界首位。[①] 在相关法律配套设施的建设方面，最高人民法院在不断总结我国海事审判经验的基础上，适当参照国际做法，相继系统作出了《关于海事法院收案范围的规定》《关于涉外海事诉讼管辖的具体规定》《关于海事法院诉讼前扣押船舶的具体规定》《关于海事法院强制拍卖被扣押船舶清偿债务的具体规定》《关于审理涉外海上人身伤亡案件损害赔偿的具体规定（试行）》《关于审理船舶碰撞和触碰案件财产损害赔偿的规定》《对“柳林海”轮保函纠纷案中的保函效力的批复》《关于船舶营运损失和船员工资损失应否列入海损赔偿范围的批复》等司法解释，较好地规范了全国的海事司法活动，促进了海事司法水平的提高。而 1992 年 12 月 7 日第七届全国人民代表大会常务委员会第二十八次会议通过的《中华人民共和国海商法》（以下简称《海商法》），1999 年 12 月 25 日第九届全国人民代表大会常务委员会第十三次会议通过的《中华人民共和国海事诉讼特别程序法》（以下简称《海事诉讼特别程序法》），则在我国海事审判制度建设中具有里程碑的意义，标志着中国的海事审判进入了一个崭新的历史时期。

第三节　海事审判的主要法律制度

海事案件，可视为一种特殊的民事案件。海事审判作为迥异于普通审判的一种特殊的民事审判形式，有着自身独特的内涵和审判规律。我国的海事审判主要有以下五项基本制度：海事审判机关、海事法院的受案范围、海事案件的管辖、海事审判程序、海事审判的法律适用。

---

① 参见法制网：《法院管辖超越行政区域有利于司法公正——访最高人民法院副院长万鄂湘委员》，http://www.legaldaily.com.cn/misc/2008-03/07/content_810892.htm，2009 年 8 月 12 日访问。

一、海事审判机关

如前所述，海事审判具有审判机关专门化的特点。与一般的民事案件的“四级两审终审制”不同，海事案件的审级为“三级两审终审制”，三级分别为各海事法院、海事法院所在地高级人民法院和最高人民法院。海事法院管辖第一审海事案件，其所在地的高级人民法院管辖该海事法院辖区内有重大影响的第一审海事案件和不服该海事法院一审的上诉审案件。根据海事案件的性质、标的以及社会影响程度，海事法院所在地的高级人民法院和最高人民法院可以受理第一审海事案件。当前，我国的海事法院主要设有海事审判庭、海商审判庭、立案庭、执行庭、审判监督庭等业务机构。近年来随着受理海事案件的增多，一些海事法院在其辖区内陆续设立了派出法庭，如青岛海事法院即设有烟台、石岛、威海、日照、潍坊5个派出法庭。到目前为止，全国海事法院系统共设有23个派出法庭。[①] 在海事法院与党政机关的关系方面，根据《全国人民代表大会常务委员会关于在沿海港口城市设立海事法院的决定》，海事法院对所在地的市人民代表大会常务委员会负责；海事法院的院长由所在地的市人民代表大会常务委员会主任提请本级人民代表大会常务委员会任免；副院长、庭长、副庭长、审判员和审判委员会委员，由院长提请所在地的市人民代表大会常务委员会任免。

二、海事法院的受案范围

海事法院的受案范围是指海事法院受理并审理海事诉讼争议的范围。[②]《海事诉讼特别程序法》第四条对海事法院的受案范围作了明确的规定：“海事法院受理当事人因海事侵权纠纷、海商合同纠纷以及法律规定的其他海事纠纷提起的诉讼。”根据这一原则性的规定，最高人民法院审判委员会于2001年8月9日通过了《最高人民法院关于海事法院受理案件范围的若干规定》，对海事法院的受案范围作出了明确的规定。根据该规定，海事法院管辖的海事案件共分为以下四大类。

（一）海事侵权纠纷案件

海事侵权纠纷案件是指在海上或者通海水域发生的，涉及船舶的，或者在航运、生产、作业过程中发生的非合同关系的人身、财产权益损害所提起的民事纠纷。如，船舶碰撞损害赔偿案件；船舶触碰海上、通海水域、港口及其岸上的设施或者其他财产的损害赔偿纠纷案件；船舶损坏在空中架设或者在海底、通海水域下敷设的设施或者其他财产的损害赔偿纠纷案件；船舶排放、泄漏、倾倒油类、污水或者其他有害物质，造成水

① 具体请参见“青岛海事法院网站”，http：//qdhs. chinacourt. org/public/detail. php？id =417，访问日期2009年9月13日。

② 屈广清：《海事诉讼与海事仲裁法》，法律出版社，2007年版，第19页。

域污染或者他船、货物及其他财产损失的损害赔偿纠纷案件；海上或者通海水域的航运、生产、作业或者船舶建造、修理、拆解或者港口作业、建设，造成水域污染、滩涂污染或者他船、货物及其他财产损失的损害赔偿纠纷案件；船舶的航行或者作业损害捕捞、养殖设施、水产养殖物的赔偿纠纷案件；航道中的沉船沉物及其残骸、废弃物，海上或者通海水域的临时或者永久性设施、装置不当，影响船舶航行，造成船舶、货物及其他财产损失的损害赔偿纠纷案件；船舶在海上或者通海水域进行航运、作业，或者港口作业过程中的人身伤亡事故引起的损害赔偿纠纷案件；非法留置船舶、船载货物和船舶物料、备品纠纷案件等。

（二）海商合同纠纷案件

海商合同指当事人之间达成的在海上或者通海水域及其港口进行民商事活动的权利义务关系的协议。基于海商合同法律关系发生争议提起的诉讼请求即为海商合同纠纷案件。如，海上、通海水域货物运输合同纠纷案件，其中包括远洋运输、含有海运区段的国际多式联运、沿海和内河运输，以及水水联运、水陆联运等水上货物运输合同纠纷案件；船舶经营管理合同纠纷案件；船舶租用合同纠纷案件，其中包括光船租赁（含租购）、定期租船、航次租船合同纠纷案件；船舶融资租赁合同纠纷案件；沿海、通海水域的运输船舶的承包合同纠纷案件；渔船承包合同纠纷案件；船舶属具和海运集装箱租赁、保管合同纠纷案件等。

（三）其他海事纠纷案件

其他海事纠纷案件是指不易简单地分别归类于海事纠纷或者海商合同纠纷的案件，案件存在责任竞合现象，根据当事人的诉讼请求，可以分别归类于海事或者海商纠纷案件。如，在海上或者通海水域、港口的运输、作业（含捕捞作业）中发生的重大责任事故引起的赔偿纠纷案件；港口作业纠纷案件；共同海损纠纷案件；海洋开发利用纠纷案件，其中包括对大陆架的开发和利用（如海洋石油、天然气的开采），海水淡化和综合利用、海洋水下工程、海洋科学考察等纠纷案件等。

（四）海事执行案件

海事执行案件主要指申请执行海事法院及其上诉审高级人民法院和最高人民法院就海事请求作出的生效法律文书的案件。其他还有申请执行海事仲裁裁决书、海事行政处罚决定书以及与船舶和船舶营运有关的公证债权文书等相关案件。包括申请执行海事法院及其上诉审高级人民法院和最高人民法院就海事请求做出的生效法律文书案件；海洋、通海水域行政主管机关依法申请强制执行的案件；依据1958年《承认及执行外国仲裁裁决公约》的规定，申请承认、执行外国仲裁机构海事仲裁裁决的案件；申请执行公证机关确认的与船舶和船舶经营有关的债权文书的案件；依照我国与外国签订的司法协助协定，或者按照互惠原则申请承认和协助执行外国法院裁决的海事海商案件等。

三、海事案件的管辖

与其他诉讼类型的管辖构成有所不同的是，海事案件的管辖体系主要由四部分构成：地域管辖、专属管辖、协议管辖、裁定管辖。

（一）地域管辖

海事诉讼的地域管辖，是指各海事法院之间受理第一审海事案件的分工和权限，它解决的是各海事法院之间受理第一审海事案件的横向分工。[①] 目前，我国各海事法院的管辖区域不完全是按照行政区划标准来划定的，而是以案件事实与海域的关系来确定全国的10个海事法院管辖区域。

（1）海口海事法院的管辖区域包括海南省所属港口和水域以及西沙群岛、中沙群岛、南沙群岛、黄岩岛等岛屿及其水域（该法院在三亚、洋浦设立派出法庭）。

（2）北海海事法院的管辖区域包括广西壮族自治区所属港口和水域、北部湾海域及其岛屿和水域内，以及云南省的澜沧江至湄公河等与海相通的可航水域发生的海事、海商案件。其与广州海事法院的管辖区域以英罗岛河道中心线为界，河道中心线及其延伸海域以东由广州海事法院管辖，河道中心线及其延伸海域以西，包括乌泥岛、涠洲岛、斜阳岛等水域由北海海事法院管辖。发生在云南省水域内的船舶碰撞、共同海损、海难救助、船舶污染、船舶扣押和拍卖案件，以及涉外海事、海商案件，由北海海事法院管辖，发生在云南省水域内的其他海事、海商案件，由地方人民法院管辖（但审理应适用《海商法》《海事诉讼特别程序法》等有关法律的规定）。

（3）广州海事法院的管辖区域包括西至北部湾英罗岛河道中心线，东至广东省与福建省交界处的延伸海域和珠江口至广州港一段水域，其中包括南澳岛及其他海上岛屿和湛江、黄埔、广州、深圳、汕头、惠州等主要港口。

（4）厦门海事法院的管辖区域包括南自福建省与广东省交界处，北至福建省与浙江省交界处的延伸海域，其中包括东海南部、台湾省、海上岛屿和福建省所属港口（该法院在福州设立派出法庭）。

（5）宁波海事法院的管辖区域包括浙江全省所属港口和水域（包括所辖岛屿、所属港口和通海的内河水域）（该法院在温州设立派出法庭）。

（6）上海海事法院的管辖区域包括上海、江苏沿海海域和长江浏河口以下水域范围（该法院在连云港市设立派出法庭）。根据2006年6月20日最新通知，洋山港及附近海域发生的海商海事纠纷由上海海事法案管辖。

（7）武汉海事法院的管辖区域包括自四川省宜宾市合江门至江苏省浏河口之间与海相通的可航水域、港口发生的海事、海商案件。发生在长江支流水域内的船舶碰撞、共同海

① 屈广清：《海事诉讼与海事仲裁法》，法律出版社，2007年版，第17页。

损、海难救助、船舶污染、船舶扣押和拍卖案件，以及涉外海事、海商案件，由武汉海事法院管辖，发生在长江支流水域内的其他海事、海商案件，由地方人民法院管辖（但审理应适用《海商法》《海事诉讼特别程序法》等有关法律的规定）。

（8）青岛海事法院的管辖区域包括南自山东省与江苏省的交界处，北至山东省与河北省交界处的延伸海域，其中包括黄海一部分、渤海一部分、海上岛屿和岚山、石臼所、青岛、威海、烟台、蓬莱、龙口、羊口等山东省沿海所有港口。

（9）天津海事法院的管辖区域包括南自河北省与山东省交界处，北至河北省与辽宁省交界处的沿海港口及其海域、海上岛屿的海事、海商案件，以及连接点在北京的共同海损纠纷案件、海上保险纠纷案、海事仲裁裁决的承认和执行案件（该法院在秦皇岛设立派出法庭）。

（10）大连海事法院的管辖区域是南自辽宁省与河北省的交界处、东自鸭绿江口的延伸海域和鸭绿江水域，其中包括黄海一部分、渤海一部分、海上岛屿，以及黑龙江省的黑龙江、松花江、乌苏里江等与海相通可航水域、港口。发生在黑龙江省水域内的船舶碰撞、共同海损、海难救助、船舶污染、船舶扣押和拍卖案件，以及涉外海事、海商案件，由大连海事法院管辖，发生在黑龙江省水域内的其他海事、海商案件，由地方人民法院管辖（但审理应适用《海商法》《海事诉讼特别程序法》等有关法律的规定）。

此外，我国的海事诉讼地域管辖除了在《民事诉讼法》中确定的被告住所地、侵权行为地、合同履行地、诉讼标的物所在地等管辖根据之外，船舶到达地、船籍港所在地是海事案件特有的管辖根据。由于民事诉讼法只对船舶碰撞、海难救助和共同海损等几类案件的地域管辖做了原则规定[①]，因此《海事诉讼特别程序法》对海事诉讼案件的地域管辖进行了如下明确规定：① 海事侵权纠纷，除可以由侵权行为地、被告住所地、事故发生地、船舶最先到达地、碰撞发生地、加害船舶被扣留地人民法院管辖之外，还可以由船籍港所在地海事法院管辖。② 海上运输合同纠纷，可以由运输始发地、目的地或者被告住所地人民法院和转运港所在地海事法院管辖。③ 海船租用合同纠纷，由交船港、还船港、船籍港所在地、被告住所地海事法院管辖。④ 海上保赔合同纠纷，由保赔标的物所在地、事故发生地、被告住所地海事法院管辖。⑤ 海船的船员劳务纠纷，由原告住所地、合同签订地、船员等船港或者离船港所在地、被告住所地海事法院管辖。⑥ 海事担保纠纷，由担保物所在地、被告住所地海事法院管辖；船舶抵押纠纷，还可以由船籍港所在地海事法院管辖。⑦ 船舶所有权、占有权、使用权、优先权纠纷，由船舶所在地、船籍港所在地、被告住所地海事法院管辖。[②]

（二）专属管辖

专属管辖是指法律规定某类案件只能由特定法院管辖，其他法院不能管辖，当事人也

① 具体请参见《中华人民共和国民事诉讼法》第 31 条、第 32 条、第 33 条的规定。

② 有关海事地域管辖的规定，具体请参见《中华人民共和国海事诉讼特别程序法》第 6 条。

不能协议变更管辖法院的管辖制度。[①] 根据《海事诉讼特别程序法》的规定，下列海事诉讼由海事法院专属管辖：① 因沿海港口作业纠纷提起的诉讼，由港口所在地海事法院管辖；② 因船舶排放、泄漏、倾倒油类或者其他有害物质，海上生产、作业或者拆船、修船作业造成海域污染损害提起的诉讼，由污染发生地、损害结果地或者采取预防污染措施地海事法院管辖；③ 因在中华人民共和国领域和有管辖权的海域履行的海洋勘探开发合同纠纷提起的诉讼，由合同履行地海事法院管辖。[②]

（三）协议管辖

协议管辖是国际上普遍承认的管辖原则之一，是指当事人在法律规定的范围内自行约定对双方所争议的案件确定审判的法院，以排除其他法院的管辖。协议的主要目的是为了方便双方当事人进行诉讼，也是国际上通行的惯例，当事人可以书面选择海事法院对某些案件进行管辖，体现了法律对当事人意思自治原则的贯彻。[③] 我国《海事诉讼特别程序法》对协议管辖作了如下规定："海事纠纷的当事人都是外国人、无国籍人、外国企业或者组织，当事人书面协议选择中华人民共和国海事法院管辖的，即使与纠纷有实际联系的地点不在中华人民共和国领域内，中华人民共和国海事法院对该纠纷也具有管辖权。"这说明即使海事争议的双方当事人都是外国人、无国籍人，而且争议的发生与我国没有实际联系，当事人协议由我国海事法院管辖的案件，我国海事法院对其仍然具有管辖权。[④]

（四）裁定管辖

裁定管辖是指以海事法院的上级法院进行裁定的形式来确定案件管辖法院的管辖。我国《海事诉讼特别程序法》对裁定管辖做出了如下规定："海事法院与地方人民法院之间因管辖权发生争议，由争议双方协商解决；协商解决不了的，报请他们的共同上级人民法院指定管辖"。[⑤]

四、海事审判程序

海事审判适用我国《民事诉讼法》确定的诉讼程序，特别是其中的第一审普通程序。同时，由海事审判的特点所决定，海事审判优先适用《海事诉讼特别程序法》规定的"特别"程序。[⑥] 该法规定的审判程序主要包括以下内容。

---

① 田晓云：《海商法教程》，对外经贸大学出版社，2007 年版，第 309 页。

② 有关海事专属管辖的规定，具体请参见《中华人民共和国海事诉讼特别程序法》第 7 条。

③ 屈广清：《海事诉讼与海事仲裁法》，法律出版社，2007 年版，第 19 页。

④ 有关海事协议管辖的规定，具体请参见《中华人民共和国海事诉讼特别程序法》第 8 条。

⑤ 有关海事裁定管辖的规定，具体请参见《中华人民共和国海事诉讼特别程序法》第 10 条。

⑥ 我国《海事诉讼特别程序法》于 1999 年 12 月 25 日第 9 届全国人民代表大会常务委员会第 13 次会议通过并于 2000 年 7 月 1 日起实施。该法对我国海事诉讼的程序作了具体的规定，主要体现在以下几个方面：① 审理船舶碰撞案件的规定；② 审理共同海损案件的规定；③ 海上保险人行使代位请求赔偿权利的规定；④ 简易程序、督促程序和公示催告程序；⑤ 设立海事赔偿责任限制基金程序；⑥ 债权登记与受偿程序；⑦ 船舶优先权催告程序。

（一）审理船舶碰撞案件的规定

船舶碰撞案件是典型的海事案件之一。在审理船舶碰撞案件时，我国《海事诉讼特别程序法》主要规定了以下几方面的内容：原告在起诉时、被告在答辩时，应当如实填写《海事事故调查表》；海事法院向当事人送达起诉状或者答辩状时，不附送有关证据材料；当事人应当在开庭审理前完成举证。当事人完成举证并向海事法院出具完成举证说明书后，可以申请查阅有关船舶碰撞的事实证据材料；当事人不能推翻其在《海事事故调查表》中的陈述和已经完成的举证，但有新的证据，并有充分的理由说明该证据不能在举证期间内提交的除外；船舶检验、估价应当由国家授权或者其他具有专业资格的机构或者个人承担。非经国家授权或者未取得专业资格的机构或者个人所作的检验或者估价结论，海事法院不予采纳；海事法院审理船舶碰撞案件，应当在立案后一年内审结。有特殊情况需要延长的，由本院院长批准。①

（二）审理共同海损案件的规定

当事人就共同海损的纠纷，可以协议委托理算机构理算，也可以直接向海事法院提起诉讼。海事法院受理未经理算的共同海损纠纷，可以委托理算机构理算。理算机构作出的共同海损理算报告，当事人没有提出异议的，可以作为分摊责任的依据。当事人提出异议的，由海事法院决定是否采纳。当事人可以不受因同一海损事故提起的共同海损诉讼程序的影响，就非共同海损损失向责任人提起诉讼；当事人就同一海损事故向受理共同海损案件的海事法院提起非共同海损的诉讼，以及对共同海损分摊向责任人提起追偿诉讼的，海事法院可以合并审理。海事法院审理共同海损案件，应当在立案后一年内审结。有特殊情况需要延长的，由本院院长批准。②

（三）海上保险人行使代位请求赔偿权利的规定

《海商法》对海上保险人的代为求偿权做了明确的规定，但如何行使这种权利，却没有具体的程序上的规定，如保险人是应以自己还是被保险人的名义行使代位求偿权等。《海事诉讼特别程序法》明确了这一问题，规定行使代位求偿权时，若被保险人未向造成保险事故的第三人提起诉讼的，保险人应当以自己的名义向该第三人提起诉讼。若被保险人已经向造成保险事故的第三人提起诉讼的，保险人可以向受理该案的法院提出请求变更当事人。被保险人取得的保险赔偿不能弥补第三人造成的全部损失的，保险人和被保险人可以作为共同原告向第三人请求赔偿。保险人依法提起诉讼或者申请参加诉讼的，应当向受理该案的海事法院提交保险人支付保险赔偿的凭证，以及参加诉讼应当提交的其他文件。对船舶造成油污损害的赔偿请求，受损害人可以向造成油污损害的船舶所有人提出，也可以直接向承担船舶所有人油污损害责任的保险人或者提供财务保证的其他人提出。油

① 有关审理船舶碰撞案件的规定，具体请参见《海事诉讼特别程序法》第 82 – 87 条的规定。

② 有关审理共同海损案件的规定，具体请参见《海事诉讼特别程序法》第 88 – 92 条的规定。

污损害责任的保险人或者提供财务保证的其他人被起诉的，有权要求造成油污损害的船舶所有人参加诉讼。①

（四）简易程序、督促程序和公示催告程序

海事法院审理事实清楚、权利义务关系明确、争议不大的简单的海事案件，可以适用《中华人民共和国民事诉讼法》简易程序的规定。债权人基于海事事由请求债务人给付金钱或者有价证券，符合《中华人民共和国民事诉讼法》有关规定的，可以向有管辖权的海事法院申请支付令。债务人是外国人、无国籍人、外国企业或者组织，但在中华人民共和国领域内有住所、代表机构或者分支机构并能够送达支付令的，债权人可以向有管辖权的海事法院申请支付令。提单等提货凭证持有人，因提货凭证失控或者灭失，可以向货物所在地海事法院申请公示催告。②

（五）设立海事赔偿责任限制基金程序

海事赔偿责任限制是海商法特有的一项制度。它是指在发生重大海损事故时，对事故负有责任的船舶所有人、救助人或其他人等对海事赔偿请求人的赔偿请求，有权依法申请限制在一定额度内的法律制度。③ 我国《海商法》第十一章虽然规定了海事赔偿责任限制制度，但没有规定具体的程序，因此缺乏可操作性。《海事诉讼特别程序法》第九章对这一问题做出了专门的规定。依照该规定，我国船舶所有人、承租人、经营人、救助人、保险人在发生海事事故后，依法申请责任限制的，可以向海事法院申请设立海事赔偿责任限制基金。船舶造成油污损害的，船舶所有人及其责任保险人或者提供财务保证的其他人为取得法律规定的责任限制的权利，应当向海事法院设立油污损害的海事赔偿责任限制基金。设立责任限制基金的申请可以在起诉前或者诉讼中提出，但最迟应当在一审判决作出前提出。当事人在起诉前申请设立海事赔偿责任限制基金的，应当向事故发生地、合同履行地或者船舶扣押地海事法院提出。设立海事赔偿责任限制基金，不受当事人之间关于诉讼管辖协议或者仲裁协议的约束。申请人向海事法院申请设立海事赔偿责任限制基金，应当提交书面申请。申请书应当载明申请设立海事赔偿责任限制基金的数额、理由，以及已知的利害关系人的名称、地址和通讯方法，并附有关证据。

海事法院受理设立海事赔偿责任限制基金申请后，应当在七日内向已知的利害关系人发出通知，同时通过报纸或者其他新闻媒体发布公告。利害关系人对申请人申请设立海事赔偿责任限制基金有异议的，应当在收到通知之日起七日内或者未收到通知的在公告之日起三十日内，以书面形式向海事法院提出。海事法院收到利害关系人提出的书面异议后，应当进行审查，在十五日内作出裁定。异议成立的，裁定驳回申请人的申请；异议不成立

① 有关海上保险人行使代位请求赔偿权利的规定，具体请参见《海事诉讼特别程序法》第93－97条的规定。

② 有关简易程序、督促程序和公示催告程序的规定，具体请参见《海事诉讼特别程序法》第98－100条的规定。

③ 田晓云：《海商法教程》，对外经贸大学出版社，2007年版，第317页。

的，裁定准予申请人设立海事赔偿责任限制基金。当事人对裁定不服的，可以在收到裁定书之日起七日内提起上诉。第二审人民法院应当在收到上诉状之日起十五日内作出裁定。利害关系人在规定的期间内没有提出异议的，海事法院裁定准予申请人设立海事赔偿责任限制基金。准予申请人设立海事赔偿责任限制基金的裁定生效后，申请人应当在海事法院设立海事赔偿责任限制基金。设立海事赔偿责任限制基金可以提供现金，也可以提供经海事法院认可的担保。海事赔偿责任限制基金的数额，为海事赔偿责任限额和自事故发生之日起至基金设立之日止的利息。以担保方式设立基金的，担保数额为基金数额及其在基金设立期间的利息。以现金设立基金的，基金到达海事法院指定账户之日为基金设立之日。以担保设立基的，海事法院接受担保之日为基金设立之日。设立海事赔偿责任限制基金以后，当事人就有关海事纠纷应当向设立海事赔偿责任限制基金的海事法院提起诉讼，但当事人之间订有诉讼管辖协议或者仲裁协议的除外。申请人申请设立海事赔偿责任限制基金错误的，应当赔偿利害关系人因此所遭受的损失。①

（六）债权登记与受偿程序

海事法院裁定强制拍卖船舶的公告发布后，债权人应当在公告期间，就与被拍卖船舶有关的债权申请登记。公告期间届满不登记的，视为放弃在本次拍卖船舶价款中受偿的权利。海事法院受理设立海事赔偿责任限制基金的公告发布后，债权人应当在公告期间就与特定场合发生的海事事故有关的债权申请登记。公告期间届满不登记的，视为放弃债权。债权人向海事法院申请登记债权的，应当提交书面申请，并提供有关债权证据。债权证据，包括证明债权的具有法律效力的判决书、裁定书、调解书、仲裁裁决书和公证债权文书，以及其他证明具有海事请求的证据材料。海事法院应当对债权人的申请进行审查，对提供债权证据的，裁定准予登记；对不提供债权证据的，裁定驳回申请。债权人提供证明债权的判决书、裁定书、调解书、仲裁裁决书或者公证债权文书的，海事法院经审查认定上述文书真实合法的，裁定予以确认。债权人提供其他海事请求证据的，应当在办理债权登记以后，在受理债权登记的海事法院提起确权诉讼。当事人之间有仲裁协议的，应当及时申请仲裁。海事法院对确权诉讼作出的判决、裁定具有法律效力，当事人不得提起上诉。海事法院审理并确认债权后，应当向债权人发出债权人会议通知书，组织召开债权人会议。债权人会议可以协商提出船舶价款或者海事赔偿责任限制基金的分配方案，签订受偿协议。受偿协议经海事法院裁定认可，具有法律效力。债权人会议协商不成的，由海事法院依照《中华人民共和国海商法》以及其他有关法律规定的受偿顺序，裁定船舶价款或者海事赔偿责任限制基金的分配方案。拍卖船舶所得价款及其利息，或者海事赔偿责任限制基金及其利息，应当一并予以分配。分配船舶价款时，应当由责任人承担的诉讼费用，为保存、拍卖船舶和分配船舶价款产生的费用，以及为债权人的共同利益支付的其他费

① 有关设立海事赔偿责任限制基金程序的规定，具体请参见《海事诉讼特别程序法》第 101 - 110 条的规定。

用，应当从船舶价款中先行拨付。清偿债务后的余款，应当退还船舶原所有人或者海事赔偿责任限制基金设立人。①

（七）船舶优先权催告程序

船舶优先权是指海事请求人依照《海商法》的规定，向光船承租人、船舶经营人提出海事请求，对产生该海事请求的船舶具有优先于其他债权人受偿的权利。② 船舶转让时，受让人可以向海事法院申请船舶优先权催告，催促船舶优先权人及时主张权利，消灭该船舶附有的船舶优先权。受让人申请船舶优先权催告的，应当向转让船舶交付地或者受让人住所地海事法院提出。申请船舶优先权催告，应当向海事法院提交申请书、船舶转让合同、船舶技术资料等文件。申请书应当载明船舶的名称、申请船舶优先权催告的事实和理由。海事法院在收到申请书以及有关文件后，应当进行审查，在七日内作出准予或者不准予申请的裁定。受让人对裁定不服的，可以申请复议一次。海事法院在准予申请的裁定生效后，应当通过报纸或者其他新闻媒体发布公告，催促船舶优先权人在催告期间主张船舶优先权。船舶优先权催告期间为六十日。船舶优先权催告期间，船舶优先权人主张权利的，应当在海事法院办理登记；不主张权利的，视为放弃船舶优先权。船舶优先权催告期间届满，无人主张船舶优先权的，海事法院应当根据当事人的申请作出判决，宣告该转让船舶不附有船舶优先权。判决内容应当公告。③

五、海事审判的法律适用

海事审判的法律适用是指海事审判机关或组织，依照法定职权和程序，把法律规范应用到具体的海事案件，进而作出相应裁决，以最终解决海事法律纠纷的专门活动。④ 如前所述，海事审判具有适用法律多元化的明显特征。海事审判所需适用的实体法数量多、门类广、层级多。既有国内法，又有国际公约、国际惯例，甚至外国法；既有合同法等所谓的“私法”，又有行政法等所谓的“公法”；既有基本法律、法规，又有条例、规章和解释。我国的海事审判适用的法律法规、国际公约和惯例主要有以下几类。

（一）海事合同纠纷案件主要适用的法律法规

《海商法》及其配套法规、《合同法》《民法通则》《保险法》《担保法》《公司法》《水路货物运输规则》《水路货物运输管理规则》《水路旅客运输规则》《水路货物滚装运输规则》等。

（二）海事侵权损害赔偿案件和其他海事案件主要适用的法律法规

《海商法》及其配套法规、《民法通则》《海上交通安全法》《内河交通安全管理条

---

① 有关债权登记与受偿程序的规定，具体请参见《海事诉讼特别程序法》第110－119条。

② 陈宪民：《海商法理论与司法实践》，北京大学出版社，2006年版，第376页。

③ 有关船舶优先权催告程序的规定，具体请参见《海事诉讼特别程序法》第120－126条。

④ 李守芹、李洪积：《中国的海事审判》，法律出版社，2002年版，第305页。

例》《船舶登记条例》《渔业船舶登记条例》《海船船员适任考试、评估和发证规则》《海上航行警告和航行通告管理规定》《内河避碰规则》《渔业法》《环境保护法》《海洋环境保护法》《海洋倾废管理条例》《防止船舶污染海域管理条例》《防止拆船污染环境管理条例》《海洋倾废管理条例》，最高人民法院《关于审理船舶碰撞和触碰案件财产损害赔偿的规定》《关于审理涉外海上人身伤亡案件损害赔偿的具体规定（试行）》、交通部制定的《海上雾中航行规则》《海图作业试行规则》《船舶驾驶台规则及操作规则》《油船安全生产管理规则》《船舶海事签证办法》等。

（三）海事审判中主要适用的国际公约

《1958 年承认及执行外国仲裁裁决公约》《1966 年国际船舶载重线公约》及《1975 年修正案》和《1979 年修正案》《1969 年国际油污损害民事责任公约》《1969 年国际船舶吨位丈量公约》《1972 年国际海上避碰规则》《1973 年国际防止船舶污染公约》及《1978 年议定书》《1974 年班轮公会行动守则公约》《1974 年海上旅客及其行李运输的雅典公约》《1976 年海事索赔责任限制公约》《1976 年国际海事卫星组织公约》《1978 年船员培训、发证和值班标准国际公约》《1979 年国际海事搜寻和救助公约》《1989 年国际救助公约》《1992 年国际集装箱安全公约》等。

（四）海事审判中主要适用的国际惯例

《海牙规则》《维斯比规则》《汉堡规则》国际海事委员会《1974 年约克—安特卫普规则》、国际商会《1953 年国际贸易术语解释通则》、《跟单信用证统一惯例》及《1990 年修订本》、国际法协会《1932 年华沙—牛津规则》等。

第四节　我国海事审判制度存在的问题及完善对策

随着我国司法改革的不断推进，尤其是在新世纪人民法院改革和审判工作正面临体制创新[①]和当前海事纠纷日趋复杂的严峻形势下，我国的海事审判囿于历史和现实的诸多原因，其在制度上所存在的问题，严重制约了海事审判工作的进一步发展。因此对目前我国海事审判制度进行必要的改革和完善，已显得十分必要和迫切。

一、海事审判法律制度存在的问题

从总体上看，我国的海事法律、司法体系已经建立，并逐步走向成熟。面对入世后海

① 随着我国政治体制改革的不断深入，依法治国步伐的加快，法院改革的呼声也日渐高涨。大而言之，“法院改革是我国司法体制改革的组成部分，也是国家体制改革的重要内容之一”，即是政治体制改革的重要部分。细处考察，法院改革则关涉诸多方方面面的问题，而这其中最根本的又是体制的改革。按比较普遍的共识，改革的最基本价值取向一是确保司法公正；二是提高司法效益，从而提高司法权威。从体制的层面着眼，基本的思路是：① 由中央直接产生各级或主要层级的法院、任命法官；② 司法预算独立；③ 由任命或任用机关或最高人民法院直接管理法院及其相应的司法行政人员等。具体请参见蒋惠岭：《司法权力地方化之利弊与改革》，载《人民司法》1998 年第 2 期。

事纠纷增多的严峻考验，我国的海事审判仍然存在许多的不足之处，其中海事审判体制和工作机制的不完善是主要弊病之所在。

（一）我国海事法院的审级设置存在弊端

目前我国司法系统的基本建制是“四级二审终审制”，而海事司法系统的建制则为“三级二审终审制”，即各海事法院、其所在地的高级法院和最高法院。明显地与我国整个司法建制不相协调。海事法院虽然在规格上属于中级法院，但在案件审级上均为一审，其下面未设立海事基层法院；二审案件统由其所在地的高级人民法院管辖。实践证明，海事法院管辖的地域范围过大，不便于海事法院及时行使管辖权，也不便于当事人进行诉讼，增加了法院和当事人的诉讼成本。[①] 这种审级制度的设置，未能解决不同类型的案件在审级上的不同需要，海事法院作为中级法院实际上从事着许多基层法院的工作。其中，在海事法院办理的案件中，有很大一部分是由相当于基层人民法院的派出法庭承办的。据统计，截至2003年，8个海事法院（不含上海、海口海事法院）的派出法庭收结案件分别占8个海事法院收结案总数的50.65%和45.76%。其中，2003年，青岛海事法院派出法庭的收案占总数的57.39%，广州海事法院为58%，武汉海事法院为61%，有些海事法院甚至已高达70%。[②] 在大量案件由派出法庭审理的情况下，一方面，海事法院实际上从事着许多基层人民法院的工作，与其规格与地位不符；另一方面，大量案情简单、标的不大的海事案件都由高级人民法院进行二审，与高级人民法院的规格也不相称，客观上弱化了高级人民法院对海事审判工作的监督和指导。

（二）海事法院无刑事审判权，弱化了海事审判的职能和权威

当前我国的几大专门法院中，如铁路运输法院、军事法院，都具有刑事审判权，且内设专门的刑事法庭，而海事法院是没有刑事审判权的，这就弱化了海事审判的职能和权威。赋予我国海事法院刑事审判权的必要性主要体现在以下几个方面：第一，涉及公海和外籍船舶上的刑事犯罪的认定，具有一定法律和专业上的特殊性，地方法院审理难度较大，而海事法院在此类犯罪案件的认定上所具有的专业性优势地方法院无法比拟；第二，海事法院涉诉的海事欺诈、民商事侵权纠纷中涉及刑事犯罪案件、妨碍民事诉讼的审判案件，因法律上没有规定海事法院同地方法院、检察机关相互协调工作的机制而无法顺利处理；第三，一些刑事附带民事案件，海事法院只能依自己的职能受理民事纠纷部分，刑事部分当事人只得向其他机关另行起诉，增加了案件的诉讼成本和当事人诉累。

---

① 海事法院大都设置在沿海大中城市，管辖区域跨越行政区域，面宽线长的审判管辖范围使得诉讼当事人不能就地就近行使海事请求权，海事法院亦不能就地就近开庭审理和调查案件，额外加大了诉讼开支。鉴于以上问题，海事法院增设了派出法庭，试图在案件分流和减轻诉讼负担和开支上打开一条通道，但派出法庭处理案件往往要迢迢长路往返请示汇报，消耗的人力物力得不偿失，诉讼成本依然较高。

② 俞灵雨：《深入贯彻司法为民要求，全面加强海事法院派出法庭规范化制度化建设》，《涉外商事海事审判指导》，2004年第1期。

（三）海事行政审判的现行弱势状态，难以应对当今复杂的涉外海事审判发展需要

最高人民法院于2001年8月9日公布并于9月18日起施行的《关于海事法院受理案件范围的若干规定》第40条、第41条明确规定，“海事行政案件、海事行政赔偿案件由海事法院专属管辖”；第60条规定，“海洋、通海水域行政主管机关依法申请强制执行的案件，由海事法院专属执行”。上述规定突破了专门法院不能审理行政案件的旧规定，赋予了海事法院行政审判权。但是，当前各海事法院对于海事行政案件的审理都未设置专门的机构，配备专门的人员，而是由海事或海商审判庭一并审理，其上诉案件则由分管海事海商案件的审判庭审理，即由民事审判庭审理。这样无论是一审还是二审，将两类案件性质和诉讼程序截然不同的案件混杂其间一并审理的做法，并不符合我国现有的司法审判体制的要求，不利于对审理该类案件的人员的培训和提高，也与WTO要求各成员建立和完善司法审查制度的要求相差甚远。

（四）我国海事案件的管辖有待加强

长期以来，海事法院受案范围的规定不能很好地贯彻执行而导致出现案件管辖不符合法律规定的局面，特别是一些沿海地方法院违规受理和审判涉外商事、海事案件的情况屡见不鲜。这些现象产生的主要根源在于：① 地方法院出于地方保护或人情关系强行收案；② 为增加本院诉讼费收取额而违规受案；③ 为完成本院对部门或本人考察指标而乱管乱审等。对乱争管辖的违法行为，法规和内部纪律没有具体的追究措施和查处方法，使得违规人员无所顾忌放任行为，使乱争管辖权的案件在认定事实和适用法律上的错误比例也相应较大。

到目前为止，我国的海事法院普遍收案较少。[①] 导致这一现象的原因可能较多，但最主要的与目前海事司法管辖领域较狭小有关，这无疑会造成海事司法资源的浪费。因此，根据海事审判实践的需要，逐步理顺和适当扩大海事法院的案件管辖范围，进一步加强和完善海事案件专门管辖制度是十分必要的。比如，有关陆源污染海域及与海相通的可航水域的污染案件应当由海事法院管辖。目前，陆源污染海域及与海相通可航水域污染现象十分严重，比如，渤海污染90%来自陆源。面积约7.7万平方千米的渤海，现在已成为“藏污纳垢”之所，大量的工业、农业和生活污水从50余条河流不断涌入渤海，每年高达28亿吨，其中污染物占全国入海污染物总量的47.7%。彻底根治渤海环境污染，需要长达几

① 受理案件数总量虽大，但年均收案量、人均办案量等都很低。据统计，截至2004年5月，10家海事法院共受理一审海事海商案件64 759件，但这是自海事法院1984年成立以来受理案件的总量。就法院的年均收案量而言，还不到3 238件；具体到每个法院，年均仅收案323.8件。同期10家海事法院拥有法官和其他工作人员544人，其中法官334人。可见，每个法官每年才办理不到9.7件案子；如果算上不直接办理案件的其他工作人员，则每人不到6件，其效率之低可见一斑。尽管最近几年不论是案件受理量还是受理率都有所提高，但较之于地方法院，海事法院年均收案量低、人均办案量低的问题仍显得非常突出。参见付荣：《中国海事法院：问题与出路——兼论其他专门法院》，载于《河北法学》第5期。

十年的艰苦努力。另一方面，三峡工程建成后，长江的污染也日益加重。[①] 鉴于海事法院若审理此领域的案件具有一定的自身优势，适时扩大海事法院的管辖范围的考虑是完全可行的。

二、我国海事审判制度的改革与完善

我国海事审判制度及审判实践所存在的不足和问题，不仅严重地制约了海事审判的发展和作用的发挥，而且也难以适应当前航运高速发展、海事纠纷日益增多的发展趋势。要建立科学、统一、独立、公正、有权威、有公信度的海事司法体制，就必须从对当前我国的海事审判法律制度所存在的弊病进行改革与完善。

（一）关于我国海事法院的审级设置的调整措施

海事审级体制的改革，不仅是十分必要的，而且是可行的。如果对海事审级体制作如下调整，即可克服现存体制的上述缺陷，从而保障海事审判任务的圆满完成。

第一，组建海事高级法院，改革海事法院管理体制，完善专门化审判制度。即在现有海事法院之上，成立一个海事高级法院，统一规范和指导全国海事司法活动。走专门化的审判道路，是我国海事审判体制创新的最终选择。[②] 考虑到当事人便于诉讼的要求，可考虑在北京设置海事高级法院的同时，在南方相应的海事法院所在地（比如宁波或厦门）设立相应的海事高级法院分院，以受理对南方相应海事中级法院的裁决不服而提起上诉的案件。海事高级法院的设立，有利于加强对全国海事审判工作的监督和指导，从而更好地维护我国海事司法的权威和统一。

第二，将现有的海事法院明确确定为海事中级法院，其下再设置相应的海事基层法院（在现海事法院派出法庭的基础上组建）。对不服海事中级法院的裁决而提起上诉的案件仍由现海事法院所在地的高级法院管辖或由新成立的海事高级法院管辖。这样，海事案件的审级就与地方法院相协调，同为“四级二审终审制”。

海事案件在审级制度上的完善，充分地体现了法院审判要求的“两便”原则[③]，使得绝大多数海事案件在两级海事法院内便可得到处理，而且也解决了不同类型的案件在审级

---

① 资料来源于：“2006 年 10 月最高人民法院万鄂湘副院长在全国海事审判工作会议上的讲话”，http：//www. zfwlxt. com/seachdemohtml2008111111362529678197 6685. html，访问日期 2009 年 8 月 20 日。

② 海事法院，实行海事案件的专门管辖，这仅仅是在专门化的审判道路上迈出了第一步。二审海事案件归作为地方法院的高级法院管辖，不符合设立海事法院的初衷，它只是在特定历史条件下的一种权宜之计或过渡。且经过了近 20 年的实践，我国经济形势和司法环境早已发生了很大改变，此种管理体制出现的弊端和问题也愈来愈明显，极大地制约和影响了我国加入世贸组织后面临的统一海事司法的进程。《人民法院五年改革纲要》明确提出要“对设立海事高级法院进行研究”，受到了司法界和理论界的广泛关注和重视。为此，最高人民法院还组织有关各方召开了数次座谈会，对设立海事高级法院的具体问题专门进行了研究、论证。可以说，现在已不再是要不要设立海事高级法院的问题，而是如何组建海事高级法院的问题。参见冯岗明：《我国海事审判制度的改革与完善》，载于《法律适用》2002 年第 12 期。

③ “两便”指的是两个便利，即便利人民群众诉讼，便利法院行使审判权。

上的不同需要，从而更好地适应海事案件专业性强的特点。这样做不仅有利于海事审判职能作用的有效发挥，也有利于在国际上树立我国海事司法的良好形象。

（二）赋予海事法院刑事审判权

为了有效惩罚海上犯罪，特别是海上走私犯罪、涉外犯罪活动，维护国家主权和尊严，保障社会主义市场经济健康发展，应当赋予海事法院以刑事审判权，在其内部机构设置中增设刑事审判庭。这是因为，对海上犯罪案件的审理同样需具备相应的专业知识、业务知识，故刑事审判权的拥有以及刑事审判庭的增设，非但不会影响海事法院作为专门法院的属性，反而会进一步增强其这方面的属性。当然，赋予海事法院以刑事审判权，并不一定就要配套设置相应的海事检察院，其相应的公诉案件由海事法院所在地的同级人民检察院向海事法院提起公诉即可。

（三）尽快增设海事行政审判庭

当前，我国已正式成为WTO的一员。WTO要求各成员国建立和完善司法审查制度，而行政诉讼便是该审查制度的核心。尽管我国已正式确立了司法审查制度，但是实践中尚有许多不完善的情况，最高人民法院2001年9月18日起施行的《关于海事法院受理案件范围的若干规定》，将海事行政案件重新划归海事法院审理，顺应了形势发展的需要，非常及时和必要。海事行政案件属海事法院的新型案件，由于以往法律规定专门人民法院不设行政审判庭，不受理行政案件，故海事法院对行政案件，既没有相应的机构和人员，也缺乏行政审判的知识和经验。而行政案件又不同于民事和以往海事案件的审理，有着其自身的规律。由海事法院受理海事行政案件，体现了此类案件审判的专业化，有利于提高办案质量。但海事行政审判毕竟才刚刚起步，其需要面对的工作很多。眼下当务之急，是尽快设置专门的审判庭，配备专门的人员，并积极做好人员培训和宣传推广工作，争取少走或不走弯路，早日打开海事行政案件审判的新局面。①

（四）完善我国海事专门管辖制度，适时调整海事管辖的范围

海事案件的专门管辖制度是我国海事审判制度的基础。2006年《最高人民法院关于海事审判工作发展的若干意见》中明确指出要进一步完善海事海商案件专门管辖制度。并规定当事人不得通过协议方式或者地方人民法院不得通过改变案由的行为来排除海事法院专门管辖。地方人民法院违反法律规定以及最高人民法院的有关规定受理海事海商案件的，只要一方当事人提出管辖异议，上级人民法院应当予以支持，将案件移送有管辖权的海事法院审理；上级人民法院发现地方人民法院受理海事海商案件的，也可以依职权予以撤销。此外，最高人民法院和各高级人民法院还需要加大监督力度，确保海事海商案件专门管辖这一法律制度落到实处。2007年，最高人民法院对海事海商案件的专门管辖问题进

① 冯岗明：《我国海事审判制度的改革与完善》，载于《法律适用》2002年第12期。

行了专项检查，对违反规定受理案件的，坚决予以纠正并进行了通报。相信通过这些措施进一步落实，海事审判的专门管辖制度将会切实得到规范。

针对当前船舶污染造成的严峻的海洋环境问题，根据海事审判实践的需要，适时调整海事法院的案件管辖范围，将有关陆源污染海域及通海可航水域案件归由海事法院管辖是十分必要的。主要根据与理由有如下几点：第一，尽管该类案件的“污染源”是由陆上来的，但其损害的是海洋环境，即海洋构成了其“损害结果发生地”，而“海洋”无疑为海事法院的“专门”辖区。第二，该种海事污染损害大都呈现出“多因一果”的态势，即大都由数个陆上污染源混合作用导致了同一海域损害结果的出现，而这数个陆上污染源可能又处于不同法院的辖区。在该情况下，若由地方法院对其行使管辖权的话，则管辖法院的确定就成了一大难题，而由海事法院管辖的话，则管辖法院的确定就清楚易行了，因为尽管其污染源可能处在不同区域，但其共同损害的则是同一海区。第三，从近年来的现实情况看，否定海事法院对该类案件管辖权趋势的出现，结果导致了许多该类案件无法院管辖的不利局面。对于将有关陆源污染海域及通海可航水域案件归由海事法院管辖，2006 年《最高人民法院关于海事审判工作发展的若干意见》中也明确指出：要适时调整海事法院的案件管辖范围，有关陆源污染海域及通海可航水域案件应当由海事法院管辖。要充分发挥海事法院跨行政区域设置的优势，充分利用专业特长，积极支持环保公益诉讼，有选择性地管辖一批此类案件。当前，要重点管辖陆源污染渤海水域案件和陆源污染长江水域的案件。①

（五）改革海事法院人事管理体制，从制度上保证海事审判队伍的专业化和高素质，以适应新的形势和任务发展的需要

与其他审判队伍相比较，海事法官队伍的整体职业素养还是较高的。但是，和当前我国海上贸易飞速发展所导致的海事纠纷日趋增多的趋势相比较，海事司法力量尚需进一步加强。海事法官的素养，特别是其职业素养尚需进一步提高。

现阶段，改革海事法院人事管理体制，从制度上保证海事审判队伍的专业化和高素质是十分必要的。应当结合最高人民法院 2002 年 7 月 25 日颁发的《关于加强法官队伍职业化建设的若干意见》，联系海事法院实际，在合理确定法官员额的基础上，切实提高海事法官职业准入“门槛”。从海事审判的专业性、技术性和涉外性较强的特点出发，要将那些既有深厚的法学理论功底、较高的外语水平，又有一定港航实践经验的人才吸收进海事审判队伍中来，以充实审判力量。同时，要通过提高待遇，改善工作条件等办法，把好不容易培养起来的高素质海事法官留下来，以免造成人才流失。故在条件成熟时，对海事法院的组织体制、财政体制也需进行必要的改革。要改进海事法官的教育培训制度，注重和

---

① 资料来源于中国法院网：“2006 年 10 月最高人民法院万鄂湘副院长在全国海事审判工作会议上的讲话”，http：//www. zfwlxt. com/seachdemohtml20081111113625296781976685. html，访问日期 2009 年 8 月 20 日。

加强我国海事法官与国外法官及海事司法机关的交流和合作，积极借鉴其先进的司法管理经验，以改革和完善我国的海事审判制度，促进海事司法制度的现代化和国际化。[①]

① 冯岗明：《我国海事审判制度的改革与完善》，载于《法律适用》，2002年第12期。

参考文献

1. 刘楠来，等．国际海洋法［M］．北京：海洋出版社，1986.
2. 国家计划委员会．中国21世纪议程［M］．北京：中国环境科学出版社，1994.
3. 美国海洋行动计划．2004年12月17日发布．
4. 邓小平．邓小平文集（第三卷）［M］．北京：人民出版社，1993.
5. 国家海洋局．中国海洋政策［M］．北京：海洋出版社，1998.
6. 傅崐成．海洋管理的法律问题［M］．北京：文笙书局，2003.
7. ［美］A. T. 马汉．海权对历史的影响［M］．北京：解放军出版社，2006.
8. 国家海洋局海洋发展战略研究所课题组．中国海洋发展报告［M］．北京：海洋出版社，2007.
9. 国家海洋局海洋发展战略研究所课题组．中国海洋发展报告2009［M］．北京：海洋出版社，2009.
10. 杨文鹤，等．二十一世纪中国海洋要事［M］．北京：海洋出版社，2003.
11. 屈广清．海洋法［M］．北京：中国人民大学出版社，2005.
12. 魏敏．海洋法［M］．北京：法律出版社，1987.
13. 周洪钧．国际法［M］．北京：中国政法大学出版社，1999.
14. 田涛．国际法输入与晚清中国［M］．济南：济南出版社，2001.
15. 杨泽伟．宏观国际法史［M］．武汉：武汉大学出版社，2001.
16. 王铁崖．中外旧约章汇编 第1册［M］．北京：三联书店，1982.
17. 杨国宇．当代中国海军［M］．北京：中国科学出版社，1987.
18. 李明春．海权论衡［M］．北京：海洋出版社，2004.
19. 徐祥民．海洋世纪与中国海洋发展战略研究［M］．青岛：中国海洋大学出版社，2006.
20. 徐祥民，梅宏，时军，等．中国海域有偿使用制度研究［M］．北京：中国环境科学出版社，2009.
21. 徐祥民．海洋权益与海洋发展战略［M］．北京：海洋出版社，2008.
22. 徐祥民．海洋权益［M］．北京：海洋出版社，2009.
23. 徐祥民．海上溢油生态损害赔偿的法律与技术研究［M］．北京：海洋出版社，2009.
24. 徐祥民，孟庆垒，等．国际环境法基本原则研究［M］．北京：中国环境科学出版社，2008.
25. 徐祥民，申进忠．海洋环境的法律保护研究［M］．青岛：中国海洋大学出版社，2006.
26. 徐祥民，田其云，等．环境权：环境法学的基础研究［M］．北京：北京大学出版社，2004.
27. 高建军，等．中国与国际海洋法［M］．北京：海洋出版社，2004.
28. 张乃根．国际法原理［M］．北京：中国政法大学出版社，2002.
29. ［美］G. 吉尔摩，C. L. 布莱克著．海商法［M］．北京：中国大百科全书出版社，2000.
30. 李山译．管子［M］．北京：中华书局，2009.
31. 美国皮尤委员会编．规划美国海洋事业的航程［M］．周秋麟等译．北京：海洋出版社，2005.
32. 王修林，王辉，范德江．中国海洋科学发展战略研究［M］．北京：海洋出版社，2008.

33. 鹿守本．海洋管理通论［M］．北京：海洋出版社，1997.
34. 中国大百科词典编委会．中国大百科辞典［M］．北京：北京银冠电子出版有限公司，2002.
35. 张皓若，卞耀武．海洋环境保护法释义［M］．北京：法律出版社，2000.
36. 胡笑波．渔业经济学［M］．北京：中国农业出版社，1995.
37. 孙宪忠．中国渔业权研究［M］．北京：法律出版社，2006.
38. 国家海洋局海域管理司．国外海洋管理法规选编［M］．北京：海洋出版社，2001.
39. 马英杰．海洋生物多样性保护的法律思考［M］．青岛：中国海洋大学出版社，2006.
40. 马英杰，田其云．海洋资源法律研究［M］．青岛：中国海洋大学出版社，2006.
41. 马英杰．中国珍稀濒危海洋动物保护法律研究［M］．青岛：中国海洋大学出版社，2008.
42. 蔡守秋．环境资源法学［M］．北京：人民法院出版社，2003.
43. 蔡守秋，何卫东．当代海洋环境资源法［M］．北京：煤炭工业出版社，2001.
44. 徐学鹿．商法总论［M］．北京：人民法院出版社，1999.
45. 张新平．海商法［M］．北京：中国政法大学出版社，2002.
46. 司玉琢．国际海事法趋势及对策研究［M］．北京：法律出版社，2002.
47. 于宜法，等．中国海洋事业发展对策研究［M］．青岛：中国海洋大学出版社，2008.
48. 邓力群，等．当代中国的海洋事业［M］．北京：中国社会科学出版社，1985.
49. 李守芹，等．中国的海事审判［M］．北京：法律出版社，2002.
50. 中国海事仲裁委员会秘书处编．海事仲裁入门指南［M］．北京：中国政法大学出版社，2001.
51. 王千华，等．海商法［M］．广州：中山大学出版社，2003.
52. 李守芹．海事诉讼与海事（商）法［M］．北京：人民法院出版社，2007.
53. 张湘兰．海商法问题专论［M］．武汉：武汉大学出版社，2007.
54. 陈宪民．海商法理论与司法实践［M］．北京：北京大学出版社，2006.
55. 田晓云．海商法教程［M］．北京：对外经贸大学出版社，2007.
56. 贺万忠．当代国际海事诉讼的理论和实践［M］．北京：知识产权出版社，2006.
57. 田雪梅，刘惠荣．海事法通论［M］．青岛：青岛海洋大学出版社，1999.
58. 杨金森．中国海洋战略研究文集［M］．北京：海洋出版社，2006.
59. 管华诗，王曙光．海洋管理概论［M］．青岛：中国海洋大学出版社，2003.
60. 万霞．国际环境保护的法律理论与实践［M］．北京：经济科学出版社，2003.
61. 中国共产党第十一届中央委员会第三次全体会议公报//三中全会以来重要文献选编［M］．北京：人民出版社，1982.
62. 漆多俊．经济法价值、理念与原则．经济法论丛第2卷［M］．北京：中国方正出版社，1999.
63. 金永明．日本《海洋基本计划草案》书评//中国海洋法学评论［M］．2008年第1辑，香港：中国评论文化有限公司出版，2008.
64. 司玉琢．论“公法优于私法原则”及其在海事司法实践中的应用．//中国涉外商事海事审判指导与研究．北京：人民法院出版社，2002.
65. 何传添．中国海洋国土的现状和捍卫海洋权益的策略思考［J］．东南亚研究，2001，2.
66. 轻舟．关注我国周边海洋热点问题［J］．现代海军，2004，3.

67. 刘振东．加拿大海洋管理理论和实践的启示与借鉴［J］．海洋开发与管理，2008，3.
68. 陈文文．漫话海洋环保［J］．中学生物学，2007，7.
69. 江泽民．必须把实施可持续发展战略始终作为大事来抓［J］．环境保护，1996，8.
70. 周珂，吕霞．关于制定渤海环境保护单行法必要性的思考［J］．昆明理工大学学报，2007，3.
71. 史际春．从民法看法本位［J］．法律学习与研究，1992，7.
72. 徐祥民．环境权论——人权发展历史分期的视角［J］．中国社会科学，2004，4.
73. 张湘兰，徐国平．试论船舶油污损害赔偿义务主体［J］．武汉大学学报（哲学社会科学版），2004，3.
74. 梅宏．试论造成海上油污事故的油船所属国应承担国家责任［J］．中国法学，2003.
75. 吕忠梅．物权法的绿化［J］．中国法学，2000，5.
76. 俞灵雨．深入贯彻司法为民要求，全面加强海事法院派出法庭规范化制度化建设［J］．涉外商事海事审判指导，2004，1.
77. 冯岗明．我国海事审判制度的改革与完善［J］．法律适用，2002，12.
78. 付荣．中国海事法院：问题与出路——兼论其他专门法院［J］．河北法学，2009，5.
79. 陈承帼．海事案件管辖视角下的我国海事法院的撤并［J］．学术论坛，2007，7.
80. 王彦军．21世纪中国海事审判面临的机遇和挑战［J］．中国远洋航务公告，2001，2.
81. 张皓．浅析海事诉讼中的管辖问题［J］．中国水运，2008，6.
82. 王小品．我国加入WTO后对海事司法审判的影响［J］．青岛远洋船员学院学报，2002，3.
83. 李建设．进一步完善我国海洋行政执法体制［N］．中国海洋报，2007－03－19.
84. 吴继陆．维护国家海洋权益 促进海洋经济发展［N］．中国海洋报，2003－06－03.
85. 王曙光．为人类和平利用南极做出新贡献［N］．人民日报，2004－10－15.
86. 张娜．法学教育的困惑与出路［N］．人民法院报，2005－05－25.
87. 新华．近代中国海权问题的历史反思［N］．光明日报，1999－11－19.
88. 蒋惠岭．司法权力地方化之利弊与改革［J］．人民司法，1998，2.
89. 刘艳龙．海事诉讼管辖．大连海事大学，2007年硕士论文．
90. 林聪．加入WTO后我国海事审判的发展及思考．上海海事大学，2007年硕士论文．
91. 宋宏伟．海事诉讼研究．上海海事大学，2004年硕士论文．
92. 党中央、中央军委推进国防和军队发展60年纪实．中国政府网．http：//www. gov. cnjrzg2009－09/29/content_ 1429946. htm.
93. 我国正式成为南极海洋生物资源养护委员会成员．中国政府网．http：//www. gov. cngzdt2007－10/09/content_ 771385. htm.
94. 极地争夺为何硝烟再起．新华网．http：//news. xinhuanet. com/world/2007－11/04/content_ 7009480. htm.
95. 美国海岸警卫队不再是“没人疼的娃”．新浪军事．http：//mil. news. sina. com. cn/2002－01－01/49586. html.
96. 泛珠三角区域环境保护合作专项规划（2005—2010）．中国环保网，http：//www. chinaenvironment. com.

97. 威廉·泰特利著．海事海商法的简明历史．郭国汀译．http：//4878796. blog. hexun. com/20527660_ d. html.

98. 邹彦．海商法的发展及其趋势对我国《海商法》修改的启示．中国海事审判网．http：//www. ccmt. org. cn/hs/explore/exploreDetial. php？sId = 16.

99. 联合国秘书长科菲·安南世界环境日致辞．新浪新闻网．http：//news. sina. com. cn/w/2004 - 06 - 07/09492736706s. shtml.

100. 徐富斌．论海洋环境损害赔偿的民事主体．http：//www. law - walker. net/detail. asp？ id = 2821.

101. 钟国定，倪昊．方便旗船与真正联系．法易网法律论文库．http：//essay. laweach. com/Essay_ 16379_ 3. html.

102. 国家海洋局．中国海洋灾害公报（1989—2008 年）．国家海洋局官方网站．http：//www. soa. gov. cn/hygbhttp：//www. soa. gov. cn/hygb.

103. 国家海洋局．中国海洋环境质量公报（2000—2008 年）．国家海洋局官方网站．http：//www. soa. gov. cn/hygb.

104. 中华人民共和国环保部．中国近岸海域环境质量公报（2001—2007 年）．中华人民共和国环保部官方网站．http：//www. mep. gov. cn/hjjc09jcxxjagb/.

105. 国家海洋局．海洋大事记．国家海洋局官方网站．http：//www. soa. gov. cnmemoindex. html.

106. 饶中享，王建新．论海事法官审判能力的内核．中国海事审判网站．http：//www. ccmt. org. cn/hs/explore/exploreDetial. php？ sId = 2156.

107. 2006 年 10 月最高人民法院万鄂湘副院长在全国海事审判工作会议上的讲话．中国法院网．http：//www. zfwlxt. com/seachdemohtml20081111113625296781976685. html.

108. 法院管辖超越行政区域有利于司法公正——访最高人民法院副院长万鄂湘委员．法制网．http：//www. legaldaily. com. cnmisc2008 - 03/07/content_ 810892. htm.

109. 2006 年 10 月最高人民法院万鄂湘副院长在全国海事审判工作会议上的讲话．中国法院网．http：//www. zfwlxt. com/seachdemohtml20081111113625296781976685. html.

110. 刘利民．国际法的传播与晚清领海主权观念的嬗变．新浪网．http：//news. sina. com. cn/c/2007 - 05 - 03/100011757473s. shtml.

附录

附录 1

我国涉海法律和行政法规

法规名称	发布机关	发布时间
中华人民共和国海港管理暂行条例	政务院	1954 年
关于渤海、黄海及东海机轮拖网渔业禁渔区的命令	国务院	1955 年
开放舟山群岛与嵊泗列岛之间的习惯航道、老铁山中间水道和登州水道的命令	解放军总参谋部	1956 年
《关于在渤海、黄海及东海机轮拖网渔业禁渔区的命令》的补充规定	国务院	1957 年
中华人民共和国政府关于领海的声明	国务院	1958 年
中华人民共和国国务院关于在中国国际贸易促进委员会内设立海事仲裁委员会的决定	国务院	1958 年
进出口船舶联合检查通则	国务院批准由交通部、对外贸易部、公安部、卫生部联合发布	1961 年
外国籍非军用船舶通过琼州海峡管理规则	国务院	1964 年
中华人民共和国防止沿海水域污染暂行规定	国务院转发交通部	1974 年
中华人民共和国国境卫生检疫条例实施细则	国务院	1977 年
水产资源繁殖保护条例	国务院	1979 年
中华人民共和国对外国籍船舶管理规则	国务院批准	1979 年
关于划定南海区和福建沿海机动渔船底拖网禁渔区线的意见	国务院、中央军委批转国家水产总局	1980 年
设立幼鱼保护区的决定	国务院	1981 年
中华人民共和国对外合作开采海洋石油资源条例	国务院	1982 年
中华人民共和国海洋环境保护法	全国人大常委会	1982 年
中华人民共和国进出口动植物检疫条例	国务院	1982 年
中华人民共和国海上交通安全法	全国人大常委会	1983 年
中华人民共和国防止船舶污染海域管理条例	国务院	1983 年

续表

法规名称	发布机关	发布时间
中华人民共和国海洋石油勘探开发环境保护管理条例	国务院	1983 年
全国人民代表大会常务委员会关于在沿海港口城市设立海事法院的决定	全国人大常委会	1984 年
中华人民共和国外国人入境出境管理法	全国人大常委会	1985 年
中华人民共和国海洋倾废管理条例	国务院	1985 年
中华人民共和国渔业法	全国人大常委会	1986 年
中华人民共和国矿产资源法	全国人大常委会	1986 年
中华人民共和国国境卫生检疫法	全国人大常委会	1986 年
中华人民共和国海关法	全国人大常委会	1987 年
中华人民共和国航道管理条例	国务院	1987 年
中华人民共和国渔业法实施细则	国务院	1987 年
中华人民共和国水路运输管理条例	国务院	1987 年
批准设立“东海产卵带鱼保护区”	国务院	1988 年
中华人民共和国防止拆船污染环境管理条例	国务院	1988 年
中华人民共和国野生动物保护法	全国人大常委会	1988 年
渔业资源增殖保护费征收使用办法	国务院	1988 年
开采海洋石油资源缴纳矿区使用费的规定	国务院批准	1988 年
铺设海底电缆管道管理规定	国务院	1989 年
中华人民共和国渔港水域交通安全管理条例	国务院	1989 年
中华人民共和国水下文物保护管理条例	国务院	1989 年
中华人民共和国海上交通事故调查处理条例	国务院批准	1990 年
中华人民共和国防治陆源污染物污染损害海洋环境管理条例	国务院	1990 年
中华人民共和国防治海岸工程建设项目污染损害海洋环境管理条例	国务院	1990 年
中华人民共和国军事设施保护法	全国人大常委会	1990 年
盐业管理条例	国务院	1990 年
中华人民共和国海上国际集装箱运输管理规定	国务院	1990 年
中华人民共和国领海及毗连区法	全国人大常委会	1992 年
中华人民共和国海商法	全国人大常委会	1992 年
关于外商参与打捞中国沿海水域沉船沉物管理办法	国务院	1992 年

续表

法规名称	发布机关	发布时间
中华人民共和国测绘法	全国人大常委会	1992 年
中华人民共和国海上航行警告和航行通告管理规定	国务院批准	1992 年
中华人民共和国水生野生动物保护实施条例	国务院	1993 年
中华人民共和国船舶和海上设施检验条例	国务院	1993 年
中华人民共和国船舶登记条例	国务院	1994 年
中华人民共和国航标条例	国务院	1995 年
国际航行船舶进出中华人民共和国口岸检查办法	国务院	1995 年
关于批准《联合国海洋法公约》的决定	全国人大常委会	1996 年
中华人民共和国政府关于中华人民共和国领海基线的声明	国务院	1996 年
中华人民共和国涉外海洋科学研究管理规定	国务院	1996 年
国务院关于修改《中华人民共和国水路运输管理条例》的决定	国务院	1997 年
中华人民共和国专属经济区和大陆架法	全国人大常委会	1998 年
国务院关于修改《中华人民共和国海上国际集装箱运输管理规定》的决定	国务院	1998 年
矿产资源开发开采登记管理办法	国务院	1998 年
修订《中华人民共和国海洋环境保护法》的决定	全国人大常委会	1999 年
中华人民共和国海事诉讼程序法	全国人大常委会	1999 年
全国人民代表大会常务委员会关于修改《中华人民共和国渔业法》的决定	全国人大常委会	2000 年
中华人民共和国海域使用管理法	全国人大常委会	2001 年
中华人民共和国国际海运条例	国务院	2002 年
排污费征收使用管理条例	国务院	2003 年
全国人民代表大会常务委员会关于修改《中华人民共和国渔业法》的决定	全国人大常委会	2004 年
全国人民代表大会常务委员会关于修改《中华人民共和国野生动物保护法》的决定	全国人大常委会	2004 年
国家突发环境事件应急预案	国务院	2006 年
中华人民共和国防治海洋工程建设项目污染损害海洋环境管理条例	国务院	2006 年
中华人民共和国濒危野生动植物进出口管理条例	国务院	2006 年

续表

法规名称	发布机关	发布时间
中华人民共和国防治海岸工程建设项目污染损害海洋环境管理条例修正案	国务院	2007 年
中华人民共和国防治船舶污染海洋环境管理条例	国务院	2009 年
中华人民共和国海岛保护法	全国人大常委会	2009 年

附录2

我国参加的与海洋有关的国际公约

公约名称	签订日期/地点/保存机关	生效日期	中国参加情况
确定允许儿童在海上工作的最低年龄公约 Convention Fixing the Minimum Age for Admission of Children to Employment at Sea	1920年6月15日 热那亚（Genoa） 国际劳工局局长	1921年9月27日	1984年6月11日承认（1936年12月2日为当时的中国政府批准） 1984年6月11日对中国生效
在海上工作的儿童及未成年人的强制体格检查公约 Convention Concerning the Compulsory Medical Examination of Children and Young Persons Employed at Sea	1921年10月25日 日内瓦 国际劳工局局长	1922年11月20日	1984年6月11日承认（1936年12月2日为当时的中国政府批准） 1984年6月11日对中国生效
海员遣返公约 Convention Concerning the Repatriation of Seamen	1926年6月23日 日内瓦 国际劳工局局长	1928年4月16日	1984年6月11日承认（1936年12月2日为当时的中国政府批准）1984年6月11日对中国生效
海员协议条款公约 Convention Concerning Seamen's Articles of Agreement	1926年6月24日 日内瓦 国际劳工局局长	1928年4月4日	1984年6月11日承认（1936年12月2日为当时的中国政府批准） 1984年6月11日对中国生效
船舶装卸工人伤害防护公约 Convention Concerning the Protection Against Accidents of Workers Employed in Loading or Unloading Ships	1932年4月27日 日内瓦 国际劳工局局长	1934年10月30日	1984年6月11日承认（1935年11月30日为当时的中国政府批准） 1984年6月11日对中国生效
保护世界文化和自然遗产公约 Convention for the Protection of the World Cultural and Natural Heritage	1972年11月16日 巴黎 联合国教科文组织总干事	1975年12月17日	1985年12月12日交存批准书 1986年3月12日对中国生效
亚洲－太平洋水产养殖中心网协议 Agreement on the Network of Aquaculture Centres in Asia & the Pacific	1988年1月8日 曼谷 粮农组织总干事	1990年1月11日	1988年1月8日签署 1990年1月11日交存加入书

续表

公约名称	签订日期/地点/保存机关	生效日期	中国参加情况
联合国粮食及农业组织章程 Constitution of the Food and Agriculture Organization	1945年10月16日 渥太华 粮农组织秘书长	1945年10月16日	(1945年10月16日由当时的中国政府签署) 1973年4月1日恢复活动 1945年10月16日对中国生效
联合国工业发展组织章程 Constitution of the United Nations Industrial Development Organization	1979年4月8日 维也纳 联合国秘书长	1985年6月21日	1979年9月6日签署 1980年2月14日交存核准书
亚洲和太平洋发展中心章程 Charter of the Asian and Pacific Development Centre	1982年4月1日 曼谷 联合国秘书长	1983年7月1日	1983年2月18日签署 1983年7月1日对中国生效
国际海事组织公约 Convention on the International Maritime Organization	1948年3月6日 日内瓦 联合国秘书长	1958年3月17日	1973年3月1日交存接受书 同日对中国生效
国际海事组织公约1993年修正案 Amendments to the Convention on the International Maritime Organization	1993年11月4日 伦敦 联合国秘书长	2002年11月7日	1994年10月27日交存接受书
便利国际海上运输公约 Convention on Facilitation of International Maritime Traffic	1965年4月9日 伦敦 国际海事组织秘书长	1967年3月5日	1994年12月29日决定加入 1995年1月16日交存加入书 1995年3月16日对中国生效
1966年国际船舶载重线公约 International Convention on Load Lines	1966年4月5日 伦敦 国际海事组织秘书长	1968年7月21日	1973年10月5日交存加入书 对公约附则二第49条和第50条持有保留
1966年国际船舶载重线公约1988年议定书 Protocol of 1988 Relating to International Convention on Loadlines, 1966	1988年11月11日 伦敦 国际海事组织秘书长	2000年2月3日	1994年12月9日核准 1995年2月3日交存核准书 2000年2月3日对中国生效
国际船舶吨位丈量公约 International Convention on Tonnage Measurement of Ships	1969年6月23日 伦敦 国际海事组织秘书长	1982年7月18日	1980年4月8日交存加入书 1982年7月18日对中国生效

续表

公约名称	签订日期/地点/保存机关	生效日期	中国参加情况
国际海上避碰规则公约 Convention on the International Regulations for Preventing Collisions at Sea	1972 年 10 月 20 日 伦敦 国际海事组织秘书长	1977 年 7 月 15 日	1980 年 1 月 7 日交存加入书 同日对中国生效
1972 年国际海上避碰规则 1993 年修正案 1993 Amendments to Convention on the International Regulations for Preventing Collisions at Sea	1993 年 11 月 4 日 伦敦 国际海事组织秘书长	1995 年 11 月 4 日	默认接受，1997 年 5 月 1 日对中国生效
国际集装箱安全公约 International Convention for Safe Containers	1972 年 12 月 2 日 日内瓦 国际海事组织秘书长	1977 年 9 月 6 日	1980 年 9 月 23 日交存加入书 1981 年 9 月 23 日对中国生效
1972 年集装箱关务公约 Customs Convention on Containers	1972 年 12 月 2 日 日内瓦 联合国秘书长	1975 年 12 月 6 日	1986 年 1 月 22 日交存加入书
联合国班轮公会行动守则公约 United Nations Convention on a Code of Conduct for Liner Conferences	1974 年 4 月 6 日 日内瓦 联合国秘书长	1983 年 10 月 6 日	1980 年 9 月 23 日交存加入书 1983 年 10 月 6 日对中国生效
国际海上人命安全公约 International Convention for the Safety of Life at Sea	1974 年 11 月 1 日 伦敦 国际海事组织秘书长	1980 年 5 月 25 日	1975 年 6 月 20 日签署 1980 年 1 月 7 日交存核准书
1974 年国际海上人命安全公约 1988 年议定书 Protocol of 1988 Relating to the International Convention for the Safety of Life at Sea, 1974	1988 年 11 月 11 日 伦敦 国际海事组织秘书长	2000 年 2 月 3 日	1994 年 12 月 9 日核准 1995 年 2 月 3 日交存核准书 2000 年 2 月 3 日对中国生效
1974 年国际海上人命安全公约 1991 年修正案 International Convention for the Safety of Life at Sea, 1974 as Amendment in 1991	1991 年 5 月 23 日 伦敦 国际海事组织秘书长	1994 年 1 月 1 日	1994 年 1 月 1 日对中国生效
1974 年国际海上人命安全公约 1995 年修正案 The May 1995 Amendments to International Convention for the Safety of Life at Sea, 1974	1995 年 5 月 16 日 伦敦 国际海事组织秘书长	1997 年 1 月 1 日	默认接受，1997 年 1 月 1 日对中国生效

续表

公约名称	签订日期/地点/保存机关	生效日期	中国参加情况
1974年国际人命安全公约1995年修正案（ch－Ⅱ－1，Ⅱ－2，Ⅲ，Ⅳ，Ⅴ，Ⅵ）The November 1995 Amendments to International Convention for the Safety of Life at Sea	1995年11月29日 伦敦 国际海事组织秘书长	1997年1月1日	默认接受，1997年7月1日对中国生效
《1974年国际海上人命安全公约》1997年6月修正案 1997（Chapters Ⅱ－1，Ⅴ）Amendments to the International Convention for the Safety of Life at Sea 1974	1997年6月4日 伦敦 国际海事组织秘书长	1999年7月1日	默认接受，1999年7月1日对中国生效
《1974年国际海上人命安全公约》1997年11月修正案 1997［new Chapter Ⅻ，resolution A. 744（18）］Amendments to the International Convention for the Safety of Life at Sea 1974	1997年11月27日 伦敦 国际海事组织秘书长	1999年7月1日	默认接受，1999年7月1日对中国生效
海员培训、发证和值班标准国际公约 International Convention on Standards of Training Certification and Watchkeeping for Seafarers	1978年7月7日 伦敦 国际海事组织秘书长	1984年4月28日	1979年6月3日签署 1984年4月28日对中国生效
国际海上搜寻救助公约 International Convention on Maritime Search and Rescue	1979年4月27日 汉堡 国际海事组织秘书长	1985年6月22日	1980年9月11日签署 1985年6月24日交存核准书
《1979年国际海上搜寻和救助公约》1998年修正案 International Convention on Maritime Search and Rescue，1979（SAR 1979）－1998（Revised Annex）Amendments［MSC. 70（69）］	1998年5月18日 汉堡 国际海事组织秘书长	2000年1月1日	2000年1月1日对中国生效
制止危及海上航行安全非法行为公约 Convention for the Suppression on Unlawful Acts against the Safety of Maritime Navigation	1988年3月10日 罗马 国际海事组织秘书长	1992年3月1日	1988年10月25日签署 1991年8月20日提交批准书 1992年3月1日始对中国生效。不受公约第16条第1款规定的约束

续表

公约名称	签订日期/地点/保存机关	生效日期	中国参加情况
制止危及大陆架固定平台安全非法行为议定书 Protocol for the Suppression on Unlawful Acts against the Safety of Fixed Platforms Located on the Continental Shelf	1988年3月10日 罗马 国际海事组织秘书长	1992年3月1日	1988年10月25日签署 1991年8月20日提交批准书 1992年3月1日对中国生效
1989年国际救助公约 International Rescue Convention 1989	1989年4月28日 伦敦 国际海事组织秘书长	1996年7月14日	1994年3月30日交存加入书 1996年7月14日对中国生效
国际海事卫星组织公约 Convention on the International Maritime Satellite Organization	1976年9月3日 伦敦 国际海事组织秘书长	1979年7月16日	1979年7月13日签署 1979年7月16日对中国生效
国际海事卫星组织业务协定 Operating Agreement Relating to the International Maritime Satellite Organization	1976年9月3日 伦敦 国际海事组织秘书长	1979年7月16日	1979年7月13日签署 1979年7月16日对中国生效
《国际移动卫星组织公约》1998年修正案及《国际移动卫星组织业务协定》1998年修正案 1998 Amendment to the Convention on the International Mobile Satellite Organization (Inmarsat) and Operating Agreement on the International Mobile Satellite Organization	1998年4月24日 伦敦 国际海事组织秘书长	2001年7月31日	1999年6月28日交存接受书
国际海事卫星组织特权与豁免议定书 Protocol on the Privileges and Immunities of INMARSAT	1981年12月1日 伦敦 国际海事组织秘书长	1983年7月30日	1982年5月28日签署 1987年5月13日交存核准书
联合国海洋法公约 United Nations Convention on the Law of the Sea	1982年12月10日 蒙特哥湾 联合国秘书长	1994年11月16日	1982年12月10日签署 1996年6月7日交存批准书 1996年7月7日对中国生效
北太平洋海洋科学组织公约 Convention for the North Pacific Marine Science Organization	1989年12月12日 渥太华 加拿大政府	1992年3月24日	1991年10月22日签署 1992年3月24日对中国生效

续表

公约名称	签订日期/地点/保存机关	生效日期	中国参加情况
世界气象组织公约 Convention of the World Meteorological Organization	1947 年 10 月 11 日 华盛顿 美国政府	1950 年 3 月 23 日	1973 年 4 月 27 日交存批准书 对公约第 29 条持有保留 1973 年 5 月 27 日对中国生效
关于特别是作为水禽栖息地的国际重要湿地公约 Convention on Wetlands of International Importance Especially as Waterfowl Habitat	1971 年 2 月 2 日 巴黎 联合国教科文组织总干事	1975 年 12 月 21 日	1992 年 3 月 31 日交存加入书 1992 年 7 月 31 日对中国生效
濒危野生动植物种国际贸易公约 Convention on International Trade in Endangered Species of Wild Fauna and Flora	1973 年 3 月 3 日 华盛顿 瑞士政府	1975 年 7 月 1 日	1981 年 1 月 8 日交存加入书 1981 年 4 月 8 日对中国生效
国际植物新品种保护公约（1978 年文本） 1978 Act of the International Convention for the Protection of New Varieties of Plants	1978 年 10 月 23 日 日内瓦 国际植物新品种保护联盟秘书长	1981 年 11 月 8 日	1999 年 3 月 23 日交存加入书 1999 年 4 月 23 日对中国生效
控制危险废物越境转移及其处置的巴塞尔公约 Basel Convention on the Control of Transboundary Movements of Hazardous Wastes and Their Disposal	1989 年 12 月 27 日 巴塞尔 联合国秘书长	1992 年 5 月 5 日	1990 年 3 月 22 日签署 1991 年 12 月 17 日交存批准书 1992 年 5 月 5 日对中国生效
生物多样性公约 Convention on Biological Diversity	1992 年 6 月 5 日 里约热内卢 联合国秘书长	1993 年 12 月 29 日	1992 年 6 月 11 日签署 1993 年 1 月 5 日交存批准书
《生物多样性公约》卡塔赫纳生物安全议定书 Cartagena Protocol on Biosafety to the Convention on Biological Diversity	2000 年 1 月 29 日 蒙特利尔 联合国秘书长	2003 年 9 月 11 日	2000 年 8 月 8 日签署 2005 年 6 月 8 日交存核准书
关于持久性有机污染物的斯德哥尔摩公约 Stockholm Convention on Persistent Organic Pollutants	2001 年 5 月 22 日 斯德哥尔摩 联合国秘书长	2004 年 5 月 17 日	2001 年 5 月 23 日签署 2004 年 6 月 25 日十届人大常委会第十次会议批准 2004 年 8 月 13 日交存批准书

续表

公约名称	签订日期/地点/保存机关	生效日期	中国参加情况
国际油污损害民事责任公约 International Convention on Civil Liability for Oil Pollution Damage	1969 年 11 月 29 日 布鲁塞尔 国际海事组织秘书长	1975 年 6 月 19 日	1980 年 1 月 30 日交存接受书 1980 年 4 月 30 日对中国生效
1969 年国际油污损害民事责任公约的议定书 Protocol to the International Convention on Civil Liability for Oil Pollution Damage	1976 年 11 月 19 日 伦敦 国际海事组织秘书长	1981 年 4 月 8 日	1986 年 9 月 29 日交存加入书
修正 1969 年国际油污损害民事责任公约的 1992 年议定书 Protocol of 1992 to Amend the International Convention on Civil Liability for Oil Pollution Damage, 1969	1992 年 11 月 27 日 伦敦 国际海事组织秘书长	1996 年 5 月 30 日	1999 年 1 月 5 日交存加入书 2000 年 1 月 5 日对中国生效
1969 年国际干预公海油污事故公约 International Convention Relating to Intervention on the High Seas in Case of Oil Pollution	1969 年 11 月 29 日 布鲁塞尔 国际海事组织秘书长	1975 年 5 月 6 日	1990 年 2 月 23 日交存加入书 1990 年 5 月 24 日对中国生效
防止倾倒废物和其他物质污染海洋的公约（伦敦倾废公约）及其 1996 年议定书 Convention on the Prevention of Marine Pollution by Dumping of Wastes and other Matters	1972 年 12 月 29 日 伦敦、华盛顿、莫斯科、墨西哥城 国际海事组织秘书长	1975 年 8 月 30 日	1985 年 11 月 14 日交存加入书 2006 年批准了公约的 1996 年议定书
1973 年干预公海非油类物质污染议定书 Protocol Relating to Intervention on the High Seas in Case of Marine Pollution by Substances other than Oil	1973 年 11 月 2 日 伦敦 国际海事组织秘书长	1983 年 3 月 30 日	1990 年 2 月 23 日交存加入书 1990 年 5 月 24 日对中国生效
1973 年国际防止船舶造成污染公约 1978 年议定书 Protocol of 1978 Relating to the 1973 International Convention for the Prevention of Pollution from Ships	1978 年 2 月 17 日 伦敦 国际海事组织秘书长	1983 年 10 月 2 日	1983 年 7 月 1 日交存加入书 1983 年 10 月 2 日对中国生效
1973 年国际防止船舶造成污染公约及其 78 年议定书附则 I 修正案 Amendment to 1973 International Convention for Prevention of Pollution from Ships and Appendix I（MARPOL73/78）	1973 年 11 月 2 日/ 1978 年 2 月 17 日 伦敦 国际海事组织秘书长	1984 年 9 月 7 日	1986 年 1 月 7 日默认接受 1986 年 1 月 7 日对中国生效

续表

公约名称	签订日期/地点/保存机关	生效日期	中国参加情况
1990 年国际油污防备、反应和合作公约 International Convention on Oil Pollution Preparedness, Response and Cooperation, 1990	1990 年 11 月 30 日 伦敦 国际海事组织秘书长	1995 年 5 月 13 日	1998 年 3 月 30 日交存加入书 1998 年 6 月 30 日对中国生效
修正 1971 年设立国际油污损害赔偿基金国际公约的 1992 年议定书 Protocol of 1992 to Amend the International Convention on the Establishment of an International Fund for Compensation for Oil Pollution Damage, 1971	1992 年 11 月 27 日 伦敦 国际海事组织秘书长	1996 年 5 月 30 日	1999 年 1 月 5 日交存加入书 2000 年 1 月 5 日对中国生效 (仅适用于香港特别行政区)
南极条约 Antarctic Treaty	1959 年 12 月 1 日 华盛顿 美国政府	1961 年 6 月 23 日	1983 年 6 月 8 日交存加入书 同日对中国生效
关于环境保护的南极条约议定书 Protocol on Environment Protection to the Antarctic Treaty	1991 年 6 月 23 日 马德里 美国政府	1998 年 1 月 14 日	1991 年 10 月 4 日签署 1994 年 8 月 2 日交存核准书 1998 年 1 月 14 日对中国生效
斯匹次卑尔根群岛条约 Treaty Concerning the Archipelago of Spitsbergen	1920 年 2 月 9 日 巴黎 法国政府	1925 年 8 月 14 日	(1925 年 7 月 1 日 当时国民政府批准)
国际管制捕鲸公约 International Convention for the Regulation of Whaling	1946 年 12 月 2 日 华盛顿 美国政府	1948 年 11 月 10 日	1980 年 9 月 24 日通知加入 同日对中国生效
养护大西洋金枪鱼国际公约 International Convention for the Conservation of Atlantic Tunas	1966 年 5 月 4 日 里约热内卢 粮农组织秘书长	1969 年 3 月 21 日	1996 年 10 月 2 日交存批准书 同日对中国生效
建立印度洋金枪鱼委员会协定 Agreement for the Establishment of the Indian Ocean Tuna Commission	1993 年 11 月 25 日 罗马 粮农组织总干事	1996 年 3 月 27 日	1998 年 10 月 14 日交存接受书 1998 年 10 月 14 日对中国生效
养护和管理高洄游鱼类种群公约 Convention on the Conservation and Management of Highly Migratory Fish Stocks in the Western and Central Pacific Ocean	2000 年 9 月 5 日 美国檀香山 新西兰政府	2004 年 6 月 19 日	2004 年 7 月 9 日核准，暂不适用于香港特别行政区 2004 年 11 月 2 日交存核准书 2004 年 12 月 2 日对中国生效

续表

公约名称	签订日期/地点/保存机关	生效日期	中国参加情况
禁止在海床及其底土安置核武器和其他大规模毁灭性武器公约 Convention on the Prohibition of the Development Production and Stock - piling of Bacteriological (Biological) and Toxin Weapons and Their Destruction	1972 年 4 月 10 日 华盛顿、莫斯科、伦敦 美、俄（前苏联）、英政府	1975 年 3 月 26 日	1984 年 11 月 15 日交存批准书，同日对中国生效
国际水道测量组织公约 Convention on the International Hydrographic organization	1967 年 5 月 3 日 摩纳哥 摩纳哥政府	1970 年 9 月 22 日	1979 年 5 月 15 日通知承认对公约第 17 条持有保留

附录3

我国涉海部门规章

法规名称	通过机关	时间
老铁山水道航行规定	交通部	1956年
中华人民共和国打捞沉船管理办法	交通部	1957年
关于旅大沿海航行规定	交通部	1958年
关于禁止通过遇岩以内海区的规定	交通部	1962年
关于禁止外国籍船舶在万山、佳蓬、担杆诸岛连线以内的海区航行的规定	交通部	1964年
中华人民共和国交通部海港引航工作规定	交通部	1976年
船舶装载危险货物监督管理规则	交通部	1981年
油船安全生产管理规则	交通部	1983年
港口危险货物管理暂行规定	交通部	1984年
中华人民共和国海船船员考试发证规则	交通部	1987年
海船航行设备规范	交通部	1987年
中华人民共和国水路运输管理条例	交通部	2005年
中华人民共和国海员证管理办法	交通部	1989年
中华人民共和国船舶安全检查规则	交通部	1990年
国际船舶代理管理规定	交通部	1990年
港口收费规则	交通部	1990年
交通行政复议管理规定	交通部	1992年
外国籍船舶在中国领海、内水和港口使用国际海事卫星船舶地球站规定	交通部	1993年
中华人民共和国船舶签证管理规则	交通部	1993年
台湾海峡两岸间航运管理办法	交通部	1996年
高速客船安全管理规则	交通部	1996年
中华人民共和国船舶安全检查规则	交通部	1997年
中华人民共和国船舶交通管理系统安全监督管理规则	交通部	1997年
中华人民共和国海船船员适任考试、评估和发证规则	交通部	1997年
中华人民共和国船员培训管理规则	交通部	1997年
中华人民共和国海船船员值班规则	交通部	1997年

续表

法规名称	通过机关	时间
中华人民共和国船舶最低配员规则	交通部	1997 年
中华人民共和国水上安全监督行政处罚规定	交通部	1998 年
中华人民共和国水上水下施工作业通航安全管理规定	交通部	1999 年
国内船舶管理规定	交通部	2001 年
老旧运输船舶管理规定	交通部	2001 年
船舶引航管理规定	交通部	2002 年
海上滚装船舶安全监督管理规定	交通部	2002 年
中华人民共和国国际海运条例实施细则	交通部	2003 年
中华人民共和国海上海事行政处罚规定	交通部	2003 年
沿海航标管理办法	交通部	2003 年
交通建设项目环境保护管理办法	交通部	2003 年
港口危险货物管理规定	交通部	2004 年
中华人民共和国船舶载运危险货物安全监督管理规定	交通部	2004 年
港口经营管理规定	交通部	2004 年
海洋捕捞渔船管理暂行办法	农牧渔业部	1983 年
渔业捕捞许可证管理办法	农业部	1989 年
我国渔船与南朝鲜渔船海上事故处理规定	农业部	1990 年
黄渤海区对虾亲虾资源管理暂行规定	农业部	1990 年
中华人民共和国渔业海上交通事故调查处理规则	农业部	1991 年
中华人民共和国渔业船舶登记办法	农业部	1996 年发布， 1997 年修订
水域污染事故渔业损失计算方法规定	农业部	1996 年
渔业水域污染事故调查处理程序规定	农业部	1997 年
农业部远洋渔业企业资格管理规定	农业部	1997 年
中华人民共和国水生动植物自然保护区管理办法	农业部	1997 年
渔业行政处罚规定	农业部	1998 年
中日渔业协定暂定措施水域管理暂行办法	农业部	1999 年
中华人民共和国水生野生动物利用特许办法	农业部	1999 年
中华人民共和国管辖海域外国人、外国船舶渔业活动管理暂行规定	农业部	1999 年
远洋渔业管理暂行规定	农业部	1999 年

续表

法规名称	通过机关	时间
中华人民共和国渔业港航监督行政处罚规定	农业部	2000 年
渔业污染事故调查鉴定资格管理办法	农业部	2000 年
中华人民共和国海洋渔业船员发证规定	农业部	2006 年
报告环境污染与破坏事故的暂行办法	国家环境保护局	1987 年
污水处理设施环境保护监督管理办法	国家环境保护局	1988 年
水污染物排放许可证管理暂行办法	国家环境保护局	1988 年
环境保护行政处罚办法	国家环境保护局	1992 年
排放污染物申报登记管理规定	国家环境保护局	1992 年
建设项目环境保护设施竣工验收管理规定	国家环境保护局	1994 年
近岸海域环境功能区管理办法	国家环境保护总局	1999 年
建设项目环境影响评价资格证书管理办法	国家环境保护总局	1999 年
建设项目环境保护分类管理名录	国家环境保护总局	1999 年
污染源自动监控管理办法	国家环境保护总局	2005 年
中华人民共和国海洋倾废管理条例实施办法	国家海洋局	1990 年
中华人民共和国海洋石油勘探开发环境保护管理条例实施办法	国家海洋局	1990 年
铺设海底电缆管道管理规定实施办法	国家海洋局	1992 年
国家海域使用管理暂行规定	财政部、国家海洋局联合颁发	1993 年
海底电缆、管道路由调查、勘测简明规则	国家海洋局	1994 年
中国人民解放军《铺设海底电缆管道管理规定》实施办法	国家海洋局、中国人民解放军总参谋部联合颁发	1994 年
海洋自然保护区管理办法	科技部批准、国家海洋局发布	1996 年
中华人民共和国涉外海洋科学研究管理规定	国家海洋局	1996 年
海洋标准化管理规定	国家海洋局	1997 年
海洋信息工作管理暂行办法	国家海洋局	1997 年
海洋预报业务管理暂行规定	国家海洋局	1999 年
海洋石油勘探开发环境保护管理若干问题暂行规定	国家海洋局	1999 年
海洋行政处罚实施办法	国家海洋局	2002 年
无居民海岛保护与利用管理规定	国家海洋局	2003 年
倾倒区管理暂行规定	国家海洋局	2003 年
海底电缆管道保护规定	国家海洋局	2004 年

续表

法规名称	通过机关	时间
船舶吨税暂行办法	政务院财经委批准、海关总署发布	1952 年
划定庙岛列岛禁航区和舟山群岛地区禁航区界线	经总参谋部批准	1953 年
国际航行船舶进出口联合检查进行程序与注意事项	公安部、卫生部、交通部、外贸部联合颁发	1979 年
国际航行船舶试行电信卫生检疫规定	卫生部	1979 年
关于对在我沿海进行石油勘探的外国籍工程船舶、船员及随船人员的管理办法	交通部、外贸部、公安部、卫生部联合颁发	1979 年
关于加强沿海船舶、港口治安管理若干问题的规定	公安部、交通部、农牧渔业部联合颁发	1982 年
中国人民解放军环境保护条例	中央军委	1990 年
水路运输管理费征收和使用办法	交通部、财政部联合发布	1990 年
关于征收海洋废弃物倾倒费和海洋石油勘探开发超标排污费的通知	国家物价局、财政部联合颁布	1992 年
关于调整船舶吨税率的通知	交通部、国家计委、财政部、海关总署联合发布	1994 年

附录 4

我国涉海地方立法

法规名称	通过机关	时间
辽宁省水产资源繁殖保护实施细则	辽宁省人民政府	1987 年
辽宁省重点保护野生动物名录	辽宁省人民政府	1991 年
辽宁省海船登记管理办法	辽宁省人民政府	1992 年
辽宁省环境保护条例	辽宁省人大常委会	1993 年
辽宁省实施《中华人民共和国渔业法》办法	辽宁省人大常委会	1995 年
辽宁省渔船管理条例	辽宁省人大常委会	1996 年
关于在我省沿渤海地区禁止销售和使用含磷洗涤用品的意见	辽宁省人民政府	2000 年
辽宁省海洋渔业安全管理条例	辽宁省人大常委会	2006 年
关于设立大连三山岛海珍品资源增殖保护区的通告	大连市人民政府	1986 年
关于加强对增殖对虾的保护和管理的通告	大连市人民政府	1987 年
关于在旅顺口区、金州区、长海县设立贝类增养殖区的通告	大连市人民政府	1989 年
关于设立大连斑海豹自然保护区的通告	大连市人民政府	1992 年
大连市特种海产品资源保护管理条例	大连市人民政府发布	1994 年
大连市海域使用暂行规定	大连市政府	1995 年
关于加强南大沙滩涂贝类生产管理的通告	大连市人民政府发布	1995 年
大连市沿海水域环境保护管理规定	大连市人民政府	1997 年
蛇岛老铁山国家级自然保护区管理办法	大连市人民政府	1997 年
大连市人民政府关于在全市推广使用无磷洗涤用品的通告	大连市人民政府	1999 年
河北省水产资源繁殖保护试行实施细则	河北省人民政府发布	1980 年
河北省渔业管理条例	河北省人大常委会	1990 年
河北省环境保护条例	河北省人大常委会	1994 年
河北省水生野生动物保护办法	河北省人民政府	1995 年
河北省水产种苗管理办法	河北省人民政府	1997 年
河北省海域使用管理条例	河北省人大常委会	1999 年
河北省放射性污染防治管理办法	河北省人民政府	2001 年
河北省环境监测管理办法	河北省人民政府	2001 年
天津市实施《中华人民共和国渔业法》办法	天津市人大常委会	1989 年

续表

法规名称	通过机关	时间
天津市防止拆船污染环境管理实施办法	天津市人民政府	1993 年
天津市环境保护条例	天津市人大常委会	1994 年
天津市水产种苗管理办法	天津市人民政府	1996 年
天津市海域环境保护管理办法	天津市人民政府	1996 年
天津市危险废物污染环境防治办法	天津市人民政府	1999 年
天津市有毒化学品污染环境防治办法	天津市人民政府	1999 年
天津市建设项目环境保护管理办法	天津市人民政府	2000 年
山东省海洋渔业安全生产管理规定	山东省人民政府	1990 年
山东省浅海滩涂养殖管理规定	山东省人民政府	1992 年
山东省农业环境保护条例	山东省人大常委会	1994 年
山东省环境保护管理条例	山东省人大常委会	1996 年
山东省防治环境污染设施监督管理办法	山东省人民政府	2000 年
山东省环境污染行政责任追究办法	山东省人民政府	2002 年
山东省渔业港口和渔业船舶管理条例	山东省人大常委会	2006 年
青岛市海上旅游管理规定	青岛市人民政府	1993 年
青岛市近岸海域环境保护规定	青岛市人大常委会	1995 年
青岛市海岸带规划管理规定	青岛市人大常委会	1995 年
青岛市海域使用管理暂行规定	青岛市人民政府	1997 年
青岛市海洋渔业管理条例	青岛市人大常委会	1997 年
青岛市海洋渔业安全生产管理办法	青岛市人民政府	1997 年
青岛市海域使用管理条例	青岛市人大常委会	1999 年
关于加强吕泗渔场管理的暂行规定	江苏省人民政府	1982 年
江苏省海州湾渔场管理暂行规定	江苏省人民政府	1984 年
江苏省实施《中华人民共和国渔业法》办法	江苏省人大常委会	1988 年
关于加强、完善鳗鱼苗资源和产销管理的规定	江苏省人民政府	1990 年
江苏省海岸带管理条例	江苏省人大常委会	1991 年
江苏省渔业资源增殖保护费增收使用办法	江苏省人民政府	1992 年
江苏省环境保护条例	江苏省人大常委会	1993 年
江苏省农业生态环境保护条例	江苏省人大常委会	1998 年

续表

法规名称	通过机关	时间
上海市水产养殖保护规定	上海市人大常委会	1985 年 1989—1997 年 间经 3 次修订
上海市渔业资源增殖保护费征收使用实施办法	上海市人民政府	1990 年
上海市鳗鱼苗资源管理办法	上海市人民政府	1991 年
上海市实施《中华人民共和国野生动物保护法》办法	上海市人大常委会	1993 年
上海市水产养殖保护规定实施细则	上海市人民政府	1993 年
上海市环境保护条例	上海市人大常委会	1995 年、 1997 年修订
上海市危险废物污染防治办法	上海市人民政府	1995 年
上海市金山三岛海洋生态自然保护区管理办法	上海市人民政府	1997 年
浙江省乡镇渔业船舶安全管理暂行办法	浙江省人民政府	1988 年
浙江省渔业管理实施办法	浙江省人大常委会	1989 年
浙江省违反渔港水域安全管理法规处罚办法	浙江省人民政府	1994 年
浙江省南麂列岛国家级海洋自然保护区管理条例	浙江省人大常委会	1996 年
浙江省滩涂围垦管理条例	浙江省人大常委会	1996 年
浙江省海域使用管理办法	浙江省人民政府	1998 年
宁波市象山港海洋环境和渔业资源保护条例	浙江省人大常委会	2005 年
杭州市污染物排放许可管理办法	杭州市人民政府	2000 年
宁波市象山港水产资源保护条例	宁波市人大常委会	1989 年
宁波市人民政府关于禁止销售和使用含磷洗涤剂用品的规定	宁波市人民政府	2001 年
福建省水产资源繁殖保护实施细则	福建省人民政府	1983 年
官井洋大黄鱼繁殖保护区管理规定	福建省人民政府	1985 年
福建省渔港及渔港水域管理规定	福建省人民政府	1989 年
福建省渔业资源增殖保护费征收使用实施办法	福建省人民政府	1989 年
福建省长乐海蚌资源增殖保护区管理规定	福建省人大常委会	1992 年
福建省实施《中华人民共和国渔业法》办法	福建省人大常委会	1993 年
福建省实施《中华人民共和国野生动物保护法》办法	福建省人大常委会	1993 年
福建省重点保护野生动物名录	福建省人民政府	1993 年
重要水生动物苗种亲体管理规定	福建省人民政府	1995 年

续表

法规名称	通过机关	时间
福建省环境保护条例	福建省人大常委会	1995 年、 2001 年修订
福建省浅海滩涂水产养殖管理条例	福建省人民政府	1999 年
福建省自然保护区管理办法	福建省人民政府	2000 年
福建省海域使用管理条例	福建省人大常委会	2006 年
厦门市水产资源繁殖保护实施细则（暂行规定）	厦门市人民政府	1981 年
厦门市文昌鱼自然保护区管理办法	厦门市人民政府	1992 年
厦门市环境保护条例	厦门市人大常委会	1994 年
厦门市大屿岛白鹭自然保护区管理办法	厦门市人大常委会	1995 年
厦门市沙、石、土资源管理规定	厦门市人大常委会	1995 年
厦门市海域环境保护规定	厦门市人民政府	1996 年
厦门市浅海滩涂水产增养殖管理规定	厦门市人民政府	1996 年
厦门市中华白海豚保护规定	厦门市人民政府	1997 年
厦门市海域使用管理规定	厦门市人大常委会	1997 年
厦门市风景名胜资源保护管理条例	厦门市人大常委会	1999 年
厦门市禁止销售使用含磷洗涤剂管理规定	厦门市人民政府	1999 年
广东省渔业管理实施办法	广东省人大常委会	1990 年
广东省野生动物保护管理规定	广东省人大常委会	1993 年
广东省浅海滩涂水产增养殖保护管理规定	广东省人民政府	1994 年
广东省海域使用管理规定	广东省人民政府	1996 年
广东省禁止电、炸、毒鱼规定	广东省人民政府	1996 年
广东省铺设海底电缆管道管理办法	广东省人民政府	1999 年
广东省排放污染物许可证管理办法	广东省人民政府	2001 年
关于进一步加强环境保护工作的决定	广东省人民政府	2002 年
深圳市渔业港区管理规定	深圳市人民政府	1990 年发布 1993 年修订
深圳经济特区环境保护条例	深圳市人大常委会	1993 年
深圳经济特区海域污染防治条例	深圳市人大常委会	1999 年
珠海市环境保护条例	珠海市人大常委会	1988 年
珠海市防治船舶污染海域条例	珠海市人大常委会	2001 年

续表

法规名称	通过机关	时间
广西壮族自治区海洋水产资源繁殖保护实施细则暂行规定	广西壮族自治区人民政府	1980 年
广西壮族自治区渔港建设基金征收管理规定	广西壮族自治区人民政府	1984 年发布 1990 年和 1997 年两次修订
广西壮族自治区渔业管理实施办法	广西壮族自治区人大常委会	1989 年
广西壮族自治区水生野生动物保护管理规定	广西壮族自治区人大常委会	1994 年制定 1997 年和 1998 年两次修订
广西壮族自治区水产苗种管理办法	广西壮族自治区人民政府	1994 年发布 1997 年修订
广西壮族自治区开发南沙渔场生产管理暂行办法	广西壮族自治区人民政府	1995 年
广西壮族自治区海域使用管理办法	广西壮族自治区人民政府	1997 年
海南省环境保护条例	海南省人大常委会	1990 年
海南省自然保护区管理条例	海南省人大常委会	1991 年
海南省关于保护西南中沙群岛一带生物资源的布告	海南省人民政府	1991 年
关于严禁炸鱼、毒鱼、电鱼的布告	海南省人民政府	1991 年
海南省实施《中华人民共和国渔业法》办法	海南省人大常委会	1993 年
海南省红树林保护规定	海南省人大常委会	1998 年
海南省珊瑚礁保护规定	海南省人大常委会	1998 年
海南省建设项目环境保护管理规定	海南省人民政府	1998 年
海南省排污费征收使用管理办法	海南省人民政府	1998 年
海南省人民代表大会关于建设生态省的决定	海南省人大常委会	1999 年

附录5

我国签订的涉海双边协定

一、海运类

中华人民共和国船舶检验局和劳埃德船级社关于船舶技术检验合作的协议

中华人民共和国与欧盟海运协定

中华人民共和国和泰王国政府海运协定

中华人民共和国政府和巴基斯坦伊斯兰共和国政府海运协定

中华人民共和国政府和孟加拉人民共和国政府海运协定

中华人民共和国政府和锡兰政府海运协定

中华人民共和国政府和锡兰政府联合海运航线协议

中华人民共和国政府和印度尼西亚共和国政府海运协定

中华人民共和国与伊朗海运协定

中华人民共和国与朝鲜海运协定

中华人民共和国政府和大韩民国政府海运协定

中华人民共和国和日本国海运协定

中华人民共和国交通部和印度尼西亚共和国海运部航运协议

中华人民共和国政府和新加坡共和国政府海运协定

中华人民共和国政府和越南社会主义共和国政府海运协定

中华人民共和国政府和马来西亚政府海运协定

中华人民共和国政府和以色列政府海运协定

中华人民共和国政府和黎巴嫩共和国政府海运协定

中华人民共和国政府和印度共和国政府海运协定

中华人民共和国和朝鲜民主主义人民共和国通商航海条约

中华人民共和国政府和越南民主共和国通商航海条约

中缅关于相互承认船舶证书的换文

中华人民共和国政府和蒙古人民共和国政府关于蒙古通过中国领土出入海洋和过境运输的协定

中华人民共和国政府和芬兰共和国政府海运协定

中华人民共和国政府和挪威王国政府海运协定

中华人民共和国政府和瑞典政府海运协定

中华人民共和国政府和意大利共和国政府海运协定

中华人民共和国政府和罗马尼亚社会主义共和国政府海运协定

中华人民共和国政府和南斯拉夫社会主义联邦共和国执行委员会关于互免国际旅客和（或）货物海洋运输收入税收的协定

中华人民共和国政府和南斯拉夫社会主义联邦共和国政府海运合作协定

中华人民共和国政府和乌克兰政府海运协定

中华人民共和国政府和希腊共和国政府海运协定

中华人民共和国和德意志联邦共和国海运协定

中华人民共和国政府和比利时王国政府海运协定

中华人民共和国政府和丹麦王国政府海运协定

中华人民共和国政府和法兰西共和国政府海运协定

中华人民共和国政府和荷兰王国政府海运协定

中华人民共和国政府和格鲁吉亚共和国政府海运合作协定

中、法（法国）关于互免海运企业运输税收换文

中华人民共和国政府和克罗地亚共和国政府海运协定

中华人民共和国政府和塞浦路斯共和国政府海运协定

中华人民共和国政府和保加利亚人民共和国政府海运协定

中华人民共和国政府和波兰共和国政府海运协定

中华人民共和国政府和大不列颠及爱尔兰联合政府海运协定

中华人民共和国政府和俄罗斯联邦政府海运合作协定

中华人民共和国和阿尔巴尼亚人民共和国通商航海条约

中华人民共和国政府和马耳他共和国政府海运协定

中华人民共和国政府和刚果共和国（布拉柴维尔）政府海运协定

中华人民共和国政府和加纳共和国政府海运协定

中华人民共和国政府与突尼斯共和国政府海运协定

中华人民共和国政府和扎伊尔共和国政府海运协定

中华人民共和国政府和阿尔及利亚民主人民共和国政府海运协定

中华人民共和国政府和美利坚合众国政府关于互免海运、空运企业运输收入税收的规定

中华人民共和国政府和美利坚合众国政府海运协定

中华人民共和国政府与古巴共和国政府海运协定

中华人民共和国政府和加拿大政府海运协定

中华人民共和国政府和墨西哥合众国政府海运合作协定

中华人民共和国政府和巴西联邦共和国政府海运协定

中华人民共和国政府和阿根廷共和国政府海运协定

中、阿（阿根廷）关于互免海运企业运输税收换文

中华人民共和国政府与委内瑞拉共和国政府海运协定

中华人民共和国政府和秘鲁共和国政府海运协定

中华人民共和国政府和智利共和国政府关于互免海运企业运输收入税收的换文

二、环境与资源保护类

中华人民共和国政府和日本国政府保护候鸟及其栖息环境的协定

中华人民共和国政府和澳大利亚政府保护候鸟及其栖息环境的协定

三、渔业类

中华人民共和国和日本国渔业协定

中华人民共和国政府和大韩民国政府渔业协定

中华人民共和国政府和越南社会主义共和国政府北部湾渔业合作协定

中华人民共和国政府和也门共和国政府渔业合作协定

中华人民共和国农业部和大不列颠及北爱尔兰联合王国农业、渔业、食品部农业科学技术合作谅解备忘录

中华人民共和国和毛里塔尼亚伊斯兰共和国政府海洋渔业协定

中华人民共和国政府和美利坚合众国政府关于美国海岸外渔业协定

中华人民共和国国家海洋局和美利坚合众国国家海洋大气局海洋和渔业科学技术合作议定书

中华人民共和国政府和委内瑞拉共和国政府农牧渔业合作协定

中华人民共和国政府和智利共和国政府渔业合作谅解备忘录

中华人民共和国和马绍尔共和国政府渔业合作协定

中华人民共和国政府和巴布亚新几内亚独立国政府渔业合作协定

中华人民共和国政府和几内亚共和国政府渔业合作协定

中华人民共和国政府和澳大利亚联邦政府渔业协定

四、海洋科研类

中华人民共和国中央气象局和美利坚合众国国家海洋大气局大气科学技术合作议定书

中美西太平洋海气相互作用研究太平洋 TOGA 耦合海－气相应合作协议

中华人民共和国国家海洋局和德意志联邦共和国联邦研究技术部关于海洋科学技术发展合作的议定书

中华人民共和国国家海洋局和朝鲜民主主义人民共和国气象水文局海洋科学技术合作议定书

中华人民共和国国家海洋局和日本国科学技术厅关于黑潮合作调查研究项目实施协议

中华人民共和国国家海洋局和苏维埃社会主义共和国联盟国家科学技术合作议定书

中华人民共和国国家海洋局和法兰西共和国海洋开发研究院海洋科学技术合作议定书

中华人民共和国国家海洋局和西班牙王国国家海洋研究院海洋科学技术合作议定书

中华人民共和国国家海洋局和加拿大渔业和海洋部海洋和渔业科学技术合作谅解备忘录

中华人民共和国国家海洋局和大韩民国科学技术部海洋科技合作谅解备忘录

中华人民共和国国家海洋局和大韩民国科学技术部关于建立中韩海洋科学共同研究中心的协议书

中华人民共和国国家海洋局与印度共和国政府海洋开发部海洋科技领域合作谅解备忘录

后　记

本书是教育部人文社会科学重大攻关招标课题“中国海洋发展战略研究”结项成果中的一卷，也是按照课题原设计中的子课题“中国海洋法制发展战略研究”完成的成果。

中国海洋法制发展战略研究子课题的实施方案由徐祥民制订，实施阶段主要由马英杰主持。徐祥民、胡增祥、马英杰、李守芹、田其云、梅宏、于铭、白洋、白佳玉等专家、学者参加了课题研究工作，郭院、阳露昭老师，李瑶、刘翠、朱雯等博士、硕士给课题的研究提供了必要的帮助。

成果撰稿分工如下：引言、第一章、第二章，徐祥民；第三章，徐祥民、梅宏、白洋；第四章，马英杰；第五章，胡增祥；第六章，徐祥民、梅宏、白洋；第七章、第八章，马英杰；第九章，梅宏；第十章、第十一章，马英杰；第十二章，李守芹、白洋。附录由马英杰整理。

在研究和写作过程中，我们参考了国内外专家的研究成果、国家有关部门公布的年度报告等文献。在行文过程中，我们对这些成果和文献等，都尽可能地标注出处。在此，对这些作者和部门表示感谢。标注如有遗漏，我们则表示歉意。

作者

2014 年 12 月